交通运输专业能力培训教材

公路施工现场管理人员
——施工员(专业管理实务)

(2015 版)

交通运输部职业资格中心

人民交通出版社股份有限公司
China Communications Press Co.,Ltd.

内 容 提 要

交通运输专业能力培训教材《公路施工现场管理人员——施工员》由交通运输部职业资格中心组织编写,分为基础知识和专业管理实务两册。本书为专业管理实务分册,共8章,分别为:公路工程施工项目部建设、公路工程施工项目管理与施工组织、公路工程施工安全管理、公路工程施工质量控制、公路工程施工进度控制、公路工程项目成本控制、公路工程施工环境保护、公路工程施工资料管理。

本书可作为公路施工现场管理人员能力培训教材,也可供相关工程技术人员学习参考。

图书在版编目(CIP)数据

公路施工现场管理人员——施工员 :2015版. 专业管理实务 / 交通运输部职业资格中心组织编写. — 北京 :人民交通出版社股份有限公司, 2015.12

ISBN 978-7-114-12673-4

Ⅰ. ①公… Ⅱ. ①交… Ⅲ. ①道路工程－施工现场－施工管理 Ⅳ. ①U415.12

中国版本图书馆 CIP 数据核字(2015)第 290776 号

交通运输专业能力培训教材

书　　名: 公路施工现场管理人员——施工员(专业管理实务)(2015版)
著 作 者: 交通运输部职业资格中心
责任编辑: 孙　玺　黎小东
出版发行: 人民交通出版社股份有限公司
地　　址: (100011)北京市朝阳区安定门外外馆斜街3号
网　　址: http://www.ccpress.com.cn
销售电话: (010)59757973
总 经 销: 人民交通出版社股份有限公司发行部
经　　销: 各地新华书店
印　　刷: 中国电影出版社印刷厂
开　　本: 787×1092　1/16
印　　张: 10.75
字　　数: 256千
版　　次: 2015年12月　第1版
印　　次: 2020年6月　第5次印刷
书　　号: ISBN 978-7-114-12673-4
定　　价: 28.00元

《公路施工现场管理人员——施工员》

审定委员会

主任委员：金仲秋

委　　员：边浩毅　孙　玺　李永成　沈冬柏

杨　康　徐凯燕　梁金江　魏　锋

（以姓氏笔画为序）

编写人员

主　　编：唐杰军（湖南交通职业技术学院）

谢远光（重庆交通大学国际学院）

统　　稿：唐杰军（湖南交通职业技术学院）

参编人员：

（基础知识分册）

第一章　谢远光（重庆交通大学国际学院）

第二章　郭　嘉（湖南交通职业技术学院）

第三章　唐杰军（湖南交通职业技术学院）

第四章　江利民（重庆交通大学国际学院）

第五章　江利民、张凤龙、吴祖松（重庆交通大学国际学院）

申屠德进（浙江省交通工程建设集团）

第六章　艾　冰（湖南交通职业技术学院）

第七章　陈天翔（湖南交通职业技术学院）

第八章　王中伟（湖南交通职业技术学院）

(专业管理实务分册)

第一章　黄剑锋(徐州市交通工程质量监督处)

第二章　吴祖松(重庆交通大学国际学院)

　　　　王元清(中铁第一工程局第五分公司)

第三章　黄剑锋(徐州市交通工程质量监督处)

　　　　韩继东(贵州省铜仁市公路勘察设计院)

第四章　江利民、张凤龙、吴祖松(重庆交通大学国际学院)

　　　　战琦琦(重庆重交再生资源开发股份有限公司)

第五章　慕容明海(湖南交通职业技术学院)

第六章　黄蓓蕾(湖南交通职业技术学院)

第七章　陆　涛(四川兴蜀公路建设发展有限责任公司)

第八章　罗　萍(湖南交通职业技术学院)

前　　言

改革开放以来，我国公路建设事业取得了巨大成就。2014 年末，公路总里程达到 446.39 万公里，其中高速公路超过 11 万公里，相应的公路建设从业人员队伍不断扩大。为提高公路施工现场管理人员职业能力，规范其职业行为，进而保证公路工程施工质量和安全，我中心自 2008 年起开展了施工员专业能力培训评价工作。住房城乡建设部修订后的《建筑业企业资质标准》(建市〔2014〕159 号)已于 2015 年 1 月 1 日起实施，要求申请公路工程施工总承包等各类资质的企业均应具备一定数量的施工员。为保证资质审批公开透明，规范各地住房城乡建设主管部门资质审批行为，方便企业申报，住房城乡建设部汇总并公布了各地、各行业关于施工现场管理人员证书颁证情况，明确我中心颁发的“交通运输专业能力培训合格证书(施工员)”可用于公路施工企业资质申报。

为适应公路施工新标准、新技术、新工艺和新材料对施工员的新要求，贯彻落实上述《建筑业企业资质标准》，继续做好施工员专业能力培训评价工作，我中心组织行业专家修订了《公路施工现场管理人员(施工员)职业标准》(交通运输部职业资格中心通告 2015 年第 6 号)和培训教材。该教材分为基础知识和专业管理实务两册，其中基础知识共 8 章，包括公路工程施工技术基本理论和知识、环境保护、安全生产和法律法规等内容；专业管理实务也分 8 章，包括公路施工项目质量、进度、成本管理和施工组织设计等内容。

该教材修订过程中，得到了交通运输部公路局的关心指导和有关单位的支持帮助，在此一并致谢！希望该教材的出版，能够在帮助施工员学习有关知识和提高实际工作能力等方面起到一定作用。

交通运输部职业资格中心

二〇一五年十二月

前言

目　　录

第一章　公路工程施工项目部建设

本章主要介绍了承包人驻地的办公室、住房及生活区、库房的修建要求及注意事项，以及混凝土拌和场、稳定土拌和场、沥青拌和场、构件预制场的建设内容、要求及注意事项。还列举了某项目部驻地、某拌和场、某预制场的平面布置图。

第一节　承包人驻地建设

1.项目经理部驻地选址总体要求

(1)项目经理部驻地应设在建设项目现场，特殊情况离本项目工程主线不能超过1km，以利于项目经理部对本项目工程的整体管理。

(2)交通便利，靠近地方公路或施工主便道。

(3)通信畅通，邮路便捷，以满足信息化办公管理要求。

(4)项目经理部驻地应尽量避开地势低洼区、取土和弃土场地、高压线路及高大树木所在地，且与通信线路保持一定距离。

2.项目经理部功能分区

项目经理部办公区、生活区及车辆停放区等功能分区应科学合理，主要道路采用水泥混凝土或沥青混凝土路面，保证车辆会车的要求，人行道路采用水泥混凝土、沥青混凝土路面或砖砌道路，连接房前走廊与车辆道路。项目经理部应有必要的指示牌、宣传牌，一般要求如下：

(1)办公区设置项目经理室、副经理室、总工室、各业务科(室)、资料室、会议室等。各科(室)门口挂设门牌，室内墙上张贴相应管理图表。

(2)施工单位的工地试验室宜设置在项目经理部办公区。

(3)生活区应设置宿舍、食堂、浴室、厕所等，食堂及厕所墙上宜张贴相应的管理图表。

(4)为满足职工文化生活需要并提高职工技术水平，可在生活区设职工文体活动中心、在办公区设职工培训中心。

(5)车辆停放区应分格设置，并标上停车线。

3.项目经理部驻地建设要求

(1)项目经理部驻地除了要有便利的交通及完善的通电、通水设施外，还应具备信息化联网办公条件。

(2)项目经理部自建房屋应采用彩钢板活动板房(阻燃材料)，房屋之间必须满足消防要求规定的净距即不宜小于7m，住房高度搭建不应超过两层，屋顶采用红色“人字形”双面坡，屋顶排水畅通且房屋四周设有排水沟。

(3)项目经理部办公区及生活区住房应坚固、美观，房间净空高度应不低于2.6m；门窗齐全，同时应设置可开启窗户，保证通风；房顶必须选用阻燃、防水材料，地面应硬化防潮湿，且办公区用房的地面必须铺设地砖；室内均应设置空调，保证职工在高温或低温季节正常办公或休息。

4.安全文明要求

(1)项目经理部驻地应整体满足安全、卫生、通风、绿化等要求。

(2)办公区和生活区内应按要求配备相应的消防安全器具、灭火器,同时要建立安全、卫生管理制度,落实专人维护和保洁。

(3)项目经理部食堂应设置隔离油池并及时清理,同时应有独立的排水(污)系统,确保排水(污)畅通、不积水,防止污水影响周围环境。

(4)在项目经理部驻地或工地附近重要路口设置宣传栏。

第二节 场站建设

一、水泥混凝土拌和站

1.总体要求

(1)施工单位应按照投标文件的承诺进行拌和站的选址与规划,应编制拌和站建设方案,内容包括位置、占地面积、功能区划分、场内道路布置、排水设施布置、水电设施及设备的型号、数量等。

(2)在拌和站内宜设混凝土养护室和视频监控系统。

(3)拌和站应进行封闭式管理,材料堆放区、拌和生产区、办公生活区应相对独立。

(4)拌和站生产能力必须满足施工高峰期时混凝土供应正常,同时,拌和站还应备有足够的混凝土运输车。

(5)宜在拌和站内设置柴油罐,以方便混凝土运输车、装载机等机械设备加油。

(6)宜在拌和站内设置地磅,以方便对原材料及施工混凝土数量进行统计。地磅必须经有关部门检验合格后方可使用。

2.场地建设

(1)场地处理

①拌和站的拌和生产区、砂石材料堆放区必须进行混凝土硬化处理。

②场地硬化按照四周低、中心高的原则进行,面层排水坡度不应小于0.5%,场地四周应设置排水沟,排水沟底面采用M7.5砂浆进行抹面,确保场地做到雨天不积水、不泥泞,晴天不扬尘。

③在场地外侧合适的位置设置污水过滤池,严禁将站内生产废水直接排放。

(2)拌和楼(集料仓、搅拌设备、操作室)

①集料仓及操作室的基础应根据现场地质条件通过计算确定。

②集料仓的装料坡道及搅拌设备出料口位置应特别处理,混凝土面层厚度宜适当加厚。在保证足够净高的情况下应尽可能将出料口位置抬高,防止积水,拌和楼四周应有完善的排水设施。

(3)堆料场

①用于工程的砂石料应根据材料品种、级配范围分仓存放,不得混堆或交叉堆放,并设置

明显标识。

②堆料场分料仓应采用“37”砖墙或块石砌墙，宜在外墙的外侧每隔 4～5m 设支撑墩；分料仓的内外墙高度宜控制在 1.5～2m。

③堆料场地面应设不小于 0.5%的地面坡度，内外墙下部预留孔洞，便于排水。

④堆料场各料仓的容量应满足最大单批次混凝土连续生产的需要，且单仓容量不少于 800m^3，同时还应满足运输车辆和装载机等作业空间要求。

⑤所有集料分批验收，验收合格的材料方可进场，并根据不同的检验状态和结果采用统一的材料标识牌进行标识。

⑥包括拌和设备储料斗在内所有粗、细集料堆放场应架设轻型钢结构顶棚，钢结构顶棚高度应不低于 7m，并能满足施工需要。

(4)外加剂库房

①库房内堆放粉剂的地面应采用混凝土硬化，外加剂存放宜采用在砖砌体上搭 5cm 木板使其离地不低于 30cm，同时离四周墙体 30cm 以上，且存放高度不超过 1.5m。

②罐装外加剂宜采用搭设轻型钢结构顶棚存放。

③不同批次、不同品种、不同生产日期的外加剂应分开存放，并根据不同的检验状态和结果采用统一的材料标识牌进行标识。

(5)生产能力和规模

①拌和设备必须达到四仓式自动计量标准，粗集料宜按三种粒级进行采集和掺配。若是预制梁(板)的专用拌和站，可只配备两档粗集料仓。

②拌和站生产能力应满足单次最大混凝土方量需求，且单机生产能力应不低于 60m^3/h。

③拌和站设备的易损件应有备用配件，且必须有总监办批准的混凝土备用方案。

二、钢筋加工场

1. 总体要求

(1)钢筋加工场的场地面积及加工能力应满足施工需要，设置相对独立的材料堆放区、成品区、加工区。

(2)大型钢筋加工场地应合理选择设置地点，宜靠近大型桥梁及预制场，以便于施工管理。加工好的钢筋宜采用集中运送方式，直接输送各施工点，减少二次搬运量。大型骨架(盖梁、横梁等)可在施工点位置拼装，小型骨架(桩基、立柱钢筋笼等)应在加工场拼装，整体运输就位。

2. 场地建设

(1)钢筋原材应有防雨措施，钢筋加工区、成品堆放区应搭设钢筋加工棚，加工棚顶棚及结构原则采用钢结构搭设。

(2)钢筋加工场应做硬化处理，浇筑不小于 10cm 的水泥混凝土面层，场地硬化按照四周低、中心高的原则进行，面层排水坡度不应小于 0.5%，场地四周应设置排水沟，排水沟底面采用 M7.5 砂浆进行抹面，做到雨天不积水，晴天不扬尘。

(3)钢筋应垫高堆放，离地 20cm 以上，下部支点数量应以保证钢筋不变形为原则；钢筋原材按照材料名称、产地、规格型号分类堆放；钢筋产成品、半成品按使用部位、规格型号分类堆放。

三、构件预制场

1. 总体要求

(1)预制场选址宜与拌和站、钢筋加工场选址综合考虑,预制场宜设视频监控系统。

(2)施工单位应对是否需要单独设置预制场进行评估(综合考虑当地的社会资源),如需就近购买或与相邻标段共建,应上报具体质量管理措施并经监理、建设单位批准。

(3)小型构件宜在预制梁场内设置小型构件生产区。小型构件可根据当地的社会资源外购或与相邻标段共建小型构件生产区,但应经监理、建设单位批准。

(4)预制场按功能分为办公生活区、大型构件生产区、小型构件生产区、梁板堆放区。办公生活区、生产区、梁板堆放区应相对独立。

2. 场地建设

(1)场地处理

①预制场应选择地质良好、地基稳定的区域,为防止产生不均匀沉降变形影响预制梁的质量,应对场地分层压实。

②预制场的硬化处理,基层采用原地面翻松不小于25cm掺5%石灰,或原地面压实后直接填筑不小于25cm厚5%灰土并压实,其压实度不小于90%,再浇筑厚度不小于12cm的混凝土面层,混凝土强度等级不低于C20,但在台座处应增加一层不小于10cm的碎石垫层,其面层混凝土厚度应适当加厚。

③场地硬化按照四周低、中心高的原则进行,面层排水坡度不应小于0.5%,场地四周应设置排水沟,排水沟底面采用M7.5砂浆进行抹面,做到雨天场地不积水、不泥泞,晴天不扬尘。

④预制场场内道路应保证重车晴雨天能正常通行。

(2)预制梁台座设置

①预制梁台座的数量应根据预制梁数量和工期要求进行配置。

②施工前应对预制梁台座下方的地基进行承载力和沉降计算,若承载力和沉降计算不满足规范要求,应对地基进行特殊处理。

③后张法预制梁台座两端必须加强,以满足梁板张拉起拱后基础两端的承载力要求,同时应在台座上设置沉降观测点进行监控。

④先张法预制梁应增设张拉台座,以抵抗外加预应力,张拉台座必须具有足够的强度和刚度。

⑤预制梁台座面板(底模)宜采用钢板或水磨石制作,不得直接利用混凝土面板作为底模。钢板厚度宜为8～10mm,水磨石厚度宜为2～3cm。底模平整度、光滑度必须满足规范要求。

⑥预制梁台座中心间距应以有利于预制梁脱侧模和方便工人操作为原则,应不小于梁底板宽度加3倍箱梁单侧翼板(以最大翼板宽度控制)宽度的总和。

⑦对带有横隔梁的预制梁板,横隔梁底座应与梁板底座综合考虑。为便于预制梁台座通用,以适应于不同型号的梁板(每片梁的横隔梁间距不一致)预制,宜采用独立的满足刚度要求的钢横隔梁底座。

(3)小型构件预制台座设置

小型构件生产区应根据设计图纸的预制构件的种类设置生产线，根据构件种类的分类及数量来确定生产线的条数。根据生产线的数量来确定台座的数量，其强度及台座表面平整度必须满足规范要求。

(4)预制场梁板出坑及堆放

①为适应箱梁采用捆绑式起吊出坑的要求，可在离箱梁两端各 60～90cm 位置处将部分台座改成活动式底板支撑，活动式底板支撑与台座同宽，长度 15～20cm，起箱梁时将其从台座移出，以便于捆绳进出。板梁按设计图纸要求埋设吊环，利用吊车或龙门出坑。

②堆梁埂上应设置枕梁，具体位置以不影响梁吊装为原则，枕梁材质必须采用承载力足够的非刚性材料，且不污染梁底，一般采用硬质杂木。

③龙门吊轨道及存梁区存梁埂基础视地基的承载力情况适当配筋，具体基础的断面尺寸及埋深必须经过计算确定，并定期检测基础顶面高程。

④小型构件成品按不同规格分层堆放；对于预制块、片(如防护衬砌肋、盖板等)堆放不得超过两层，对于整体式预制件不得超过四层，同时层间需用弹性材料进行分隔；预制件养护期不得进行堆放，运输过程中应轻拿轻放，防止预制件受损，缺边掉角。

四、水泥稳定(级配)碎石/沥青混凝土拌和站

1. 总体要求

(1)拌和站宜布置在水路或陆路交通较为便捷的位置，同时宜靠近项目部，以便于原材料进场及生产管理。

(2)拌和站应采用封闭式管理，场地四周宜设通透式围栏，材料堆放区、拌和生产区应相对独立。

(3)拌和站生产能力必须在施工高峰期时能保证水泥稳定(级配)碎石/沥青混凝土供应正常，同时，拌和站还应备有足够的水泥稳定(级配)碎石/沥青混凝土运输车。

(4)宜在拌和站内设置柴油罐，方便于水泥稳定(级配)碎石/沥青混凝土运输车等机械设备加油。

(5)宜在拌和站内设置地磅，便于项目经理部对材料及施工混合料数量进行统计。地磅必须经有关部门检验合格后方可使用。

2. 场地建设

(1)场地处理

①拌和站场内道路必须保证水泥稳定(级配)碎石/沥青混凝土运输车等重型施工车辆在晴天和雨天能正常通行。

②拌和站的拌和生产区、碎石材料堆放区必须进行混凝土硬化处理。

③场地硬化按照四周低、中心高的原则进行，面层排水坡度不应小于 0.5%，场地四周应设置排水沟，排水沟底面采用 M7.5 砂浆进行抹面，确保场地做到雨天不积水、不积泥泞，晴天不扬尘。

④场地外侧合适的位置设置污水过滤池，严禁将站内生产废水直接排放。

(2)储存罐

①储存散装水泥、沥青、矿粉、粉煤灰、外加剂的储存罐数量应根据产品用量选用，储存罐

内产品应采用电脑控制输出。

②储存罐采用钢筋混凝土扩大基础或桩基础,具体基础采用的形式和尺寸应根据现场地质条件通过计算确定。

(3)拌和楼(冷料仓、搅拌设备、操作室)

①设备基础应根据现场地质条件通过计算确定。

②冷料仓的装料坡道及搅拌设备出料口位置应特别处理,其混凝土面层厚度宜适当加厚。在保证足够净高的情况下应尽可能将出料口位置抬高,防止积水,拌和楼四周应有完善的排水设施。

(4)堆料场

①堆料场的走向应与拌和机料斗排列走向平行,其间应相隔一定距离,供装载机行驶;便于装载机从堆场一端装料、另一端堆放新到场集料的操作程序,做到集料先到场先用,满足到场集料的检验要求。

②用于工程的石料应根据材料品种、级配范围分仓存放,不得混堆或交叉堆放,并设置明显标识,集料的堆高宜不超过 4m,堆放集料过程中应避免发生离析。

③堆料场分料仓采用“37”砖墙或块石砌墙,宜在外墙的外侧每隔 4~5m 设支撑墩;分料仓的内外墙高度控制在 1.5~2m。

④堆料场地面设不小于 0.5%的地面坡度,内外墙下部预留孔洞,便于排水。

⑤所有集料分批验收,验收合格的材料方可进场,并根据不同的检验状态和结果采用统一的材料标识牌进行标识。

⑥水泥稳定(级配)碎石的粗集料和细集料堆放场均宜搭设轻型钢结构顶棚。沥青路面所用粗集料堆放场宜搭设轻型钢结构顶棚,沥青路面所用细集料堆放场必须搭设轻型钢结构顶棚。钢结构顶棚高度不低于 7m,面积应满足工程需要。

(5)添加剂库房

①添加剂库房采用搭设轻型钢结构顶棚,地面应采用混凝土硬化,添加剂存放宜采用在砖砌体上搭 5cm 木板使其离地不低于 30cm。

②不同批次、不同品种、不同生产日期的添加剂应分开存放,并根据不同的检验状态和结果采用统一的材料标识牌进行标识。

3. 生产能力及规模

(1)水泥稳定(级配)碎石拌和采用连续式拌和机,至少配置 4 个集料仓和一个 80t 以上容量的水泥罐。

(2)水泥稳定(级配)碎石拌和机性能应保持良好,其生产能力不低于 400t/h。

(3)沥青拌和机性能应保持良好,其生产能力不低于 320t/h,沥青混合料采用间歇式拌和机拌和,配备计算机及打印设备。施工 SMA 路面时需配置纤维添加装置。

(4)沥青混凝土冷料仓的数量应满足配合比需要,不应少于 5 个,每套拌和楼配备不小于 $80m^3$ 热料仓。沥青拌和站应具有容积不小于 400t 的散装沥青储存罐。

五、工程案例

下面介绍项目部驻地平面布置图、拌和站示意图及梁板预制场布置图工程实例。

1. 项目部驻地布置图(图 1-1)

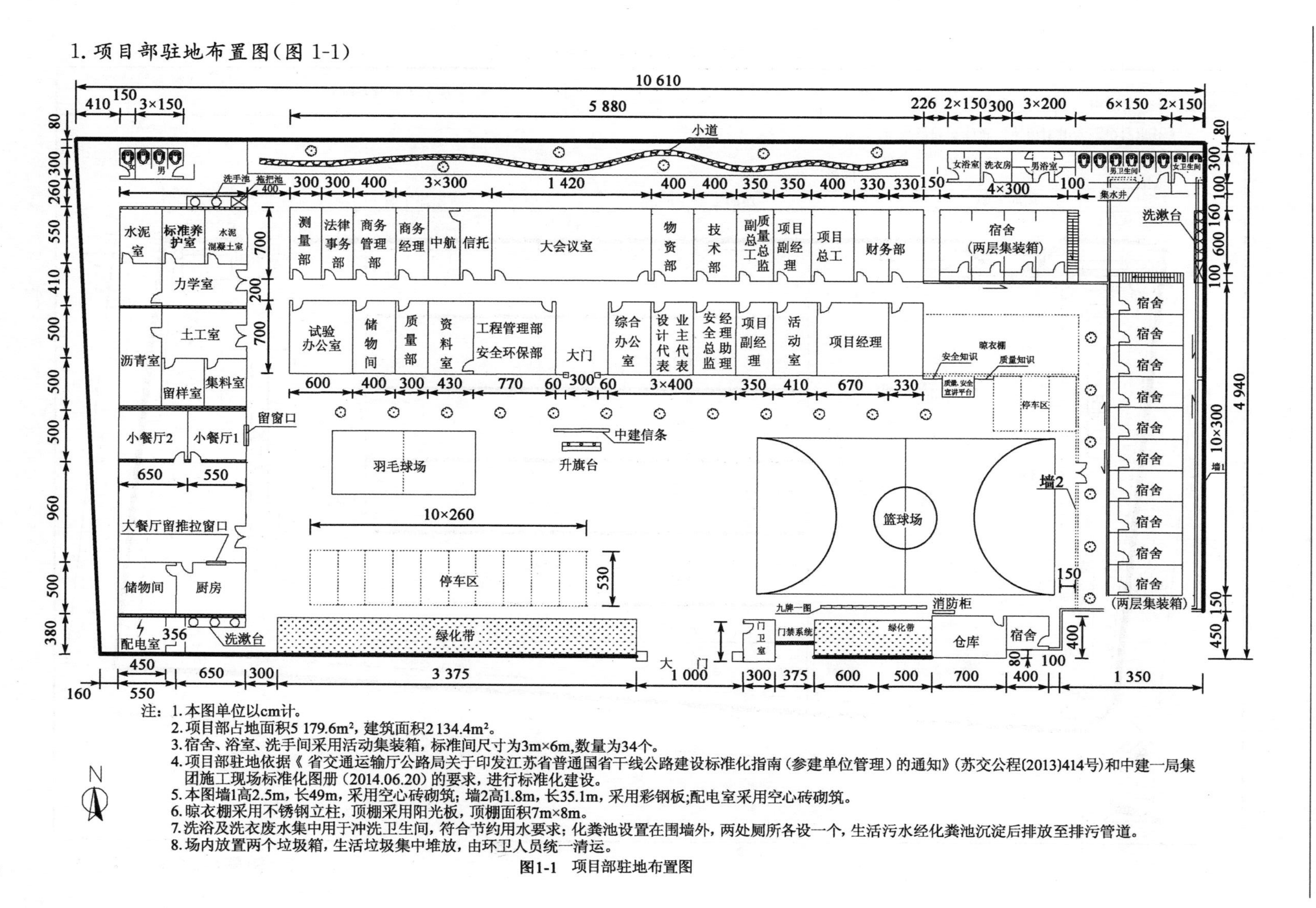

注：1. 本图单位以cm计。
2. 项目部占地面积5 179.6m², 建筑面积2 134.4m²。
3. 宿舍、浴室、洗手间采用活动集装箱，标准间尺寸为3m×6m,数量为34个。
4. 项目部驻地依据《省交通运输厅公路局关于印发江苏省普通国省干线公路建设标准化指南（参建单位管理）的通知》（苏交公程(2013)414号）和中建一局集团施工现场标准化图册（2014.06.20）的要求，进行标准化建设。
5. 本图墙1高2.5m，长49m，采用空心砖砌筑；墙2高1.8m，长35.1m，采用彩钢板;配电室采用空心砖砌筑。
6. 晾衣棚采用不锈钢立柱，顶棚采用阳光板，顶棚面积7m×8m。
7. 洗浴及洗衣废水集中用于冲洗卫生间，符合节约用水要求；化粪池设置在围墙外，两处厕所各设一个，生活污水经化粪池沉淀后排放至排污管道。
8. 场内放置两个垃圾箱，生活垃圾集中堆放，由环卫人员统一清运。

图1-1　项目部驻地布置图

2. 水稳拌和站示意图(图 1-2)

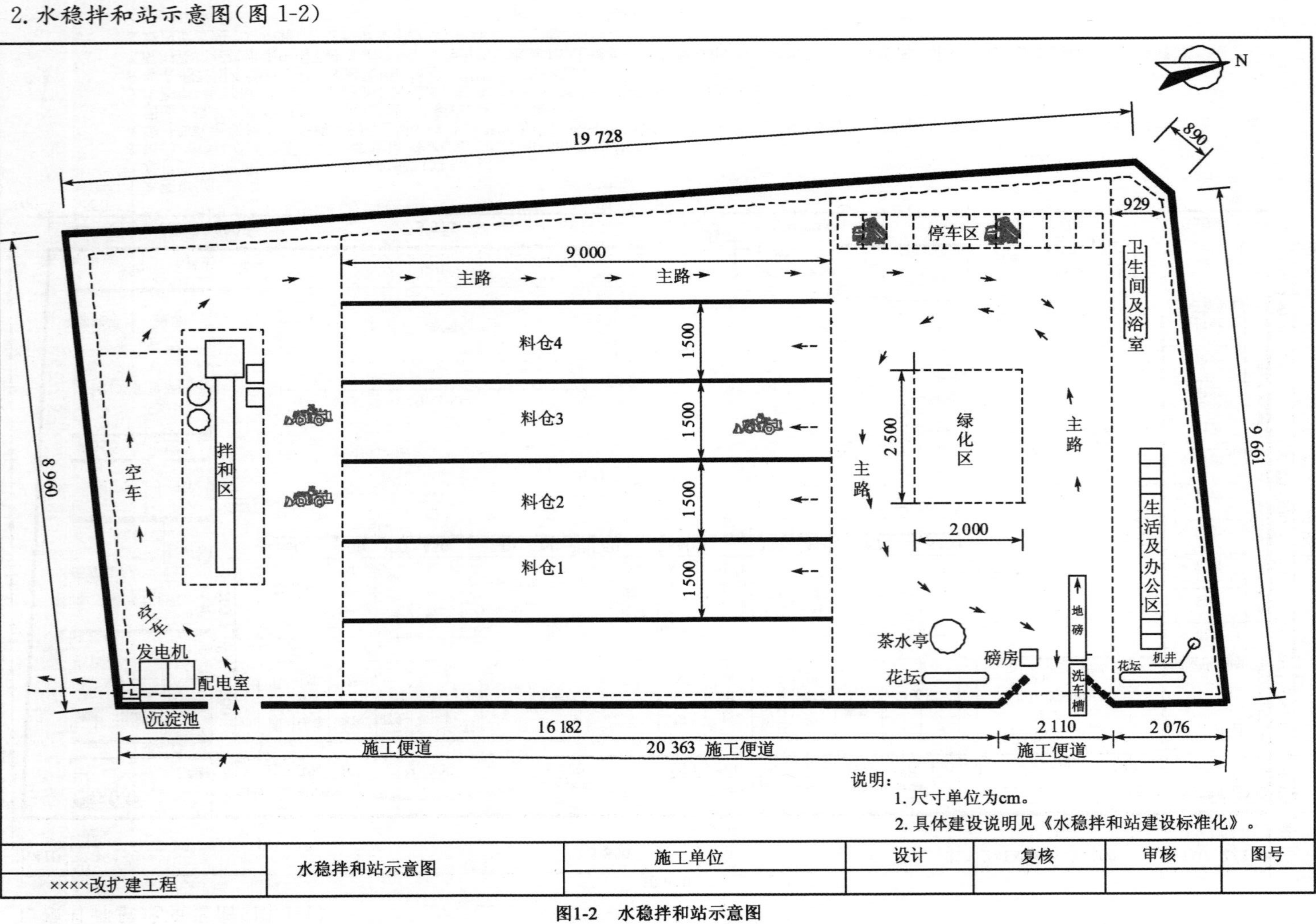

图1-2 水稳拌和站示意图

3. 沥青拌和站整体示意图(图 1-3)

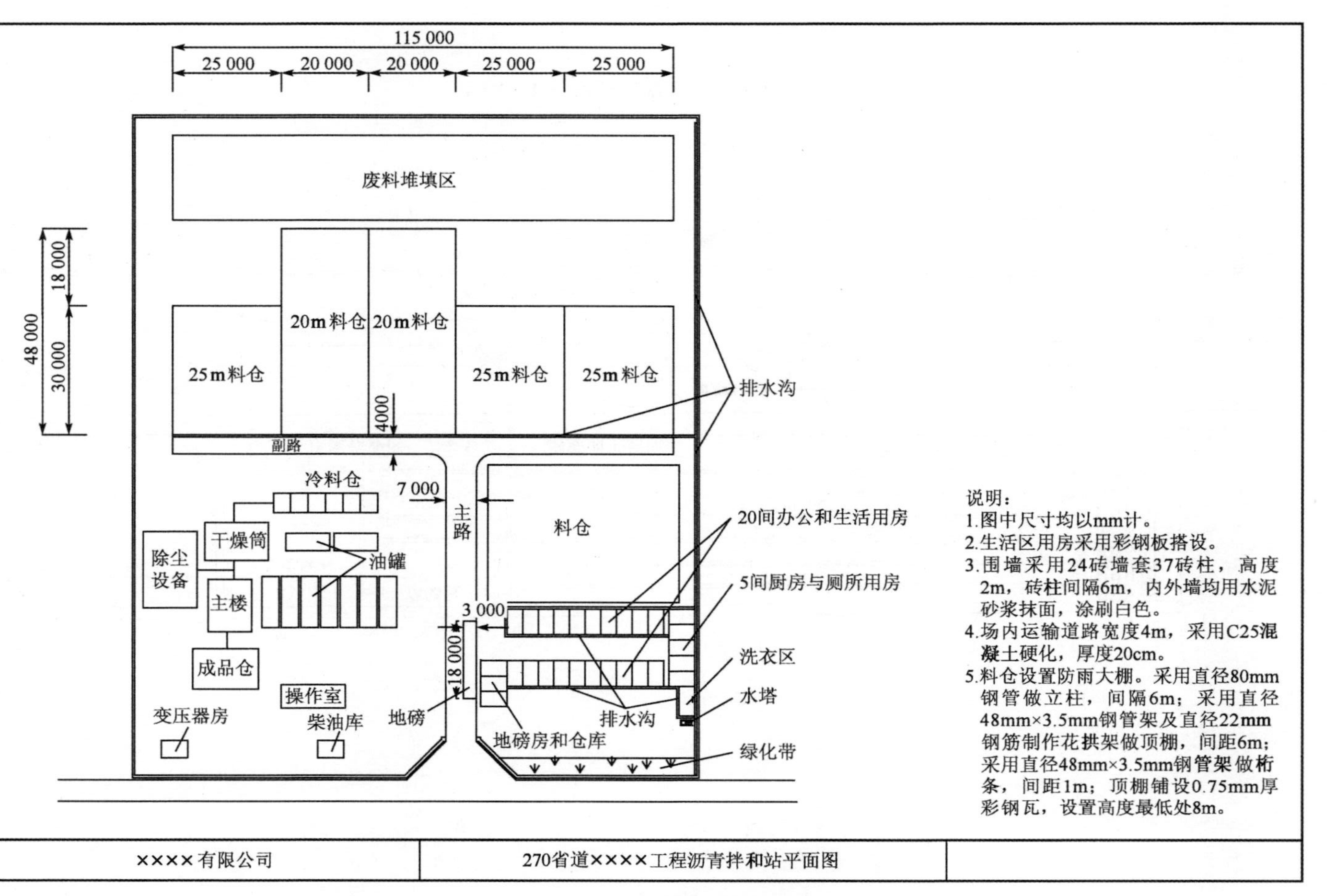

图1-3　沥青拌和站整体示意图

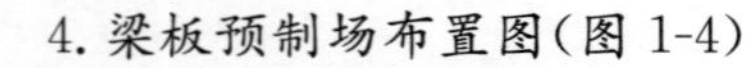

4. 梁板预制场布置图(图 1-4)

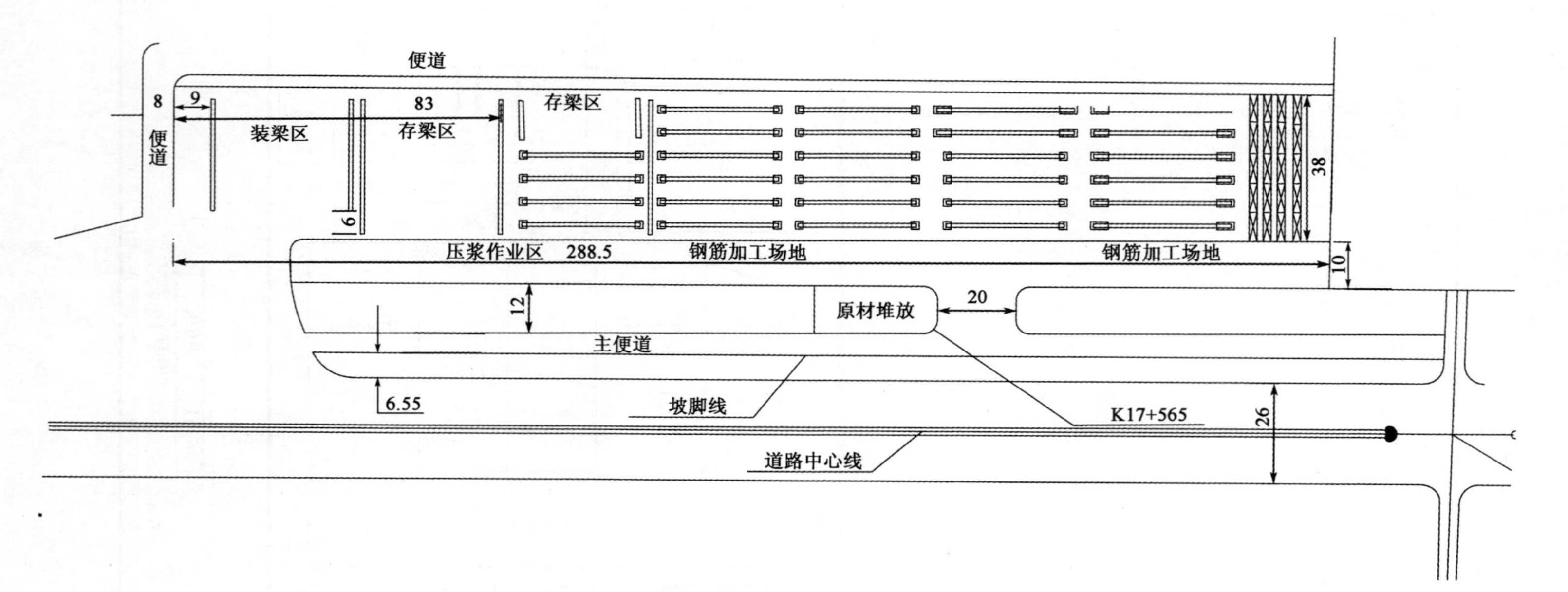

图1-4 梁板预制场布置图（尺寸单位：m）

第二章　公路工程施工项目管理与施工组织

本章主要介绍了公路工程项目的概念、特征，项目管理的内容及方法，施工过程的组织原则、时间组织以及流水作业法的原理，工程横道图的绘制方法；简单介绍了网络图的特点、分类，双代号网络图的时间参数的计算；还介绍了公路施工组织设计的概念、编制原则、作用、编制依据、编制程序及文件组成。

第一节　施工项目管理的内容及方法

一、公路工程项目管理的概念及特征

所谓公路工程施工项目管理是指在公路项目建设中，施工企业利用工程项目管理的原理、方法、手段，针对公路工程项目施工活动的特点，对公路项目施工的全过程、全方位进行科学管理和全面控制，最优地实现公路项目施工的成本目标、工期目标及质量目标。主要有以下特点：

(1)施工项目的管理者是施工企业

建设单位和设计单位都不进行施工项目管理。一般的，施工企业也不委托咨询公司进行施工项目管理。由业主单位或监理单位进行的工程项目管理中涉及的施工阶段管理仍属建设项目管理，不能算作施工项目管理。监理单位把施工单位作为监督对象，虽与施工项目管理有关，但不能算作施工项目管理。

(2)施工项目管理的对象是施工项目

施工项目管理的周期也是施工项目的生命周期，包括工程投标、签订工程项目承包合同、施工准备、施工和竣工校验等。

(3)施工项目部管理的内容是在一个长期进行的有序过程之中，按阶段变化的

每个工程项目都按建设程序进行，也按施工程序进行，从开始到结束，要经过几年乃至十几年的时间。进行施工项目管理时间的推移带来了施工内容的变化，因而也要求管理内容随着发生变化。施工准备阶段、基础施工阶段、路基施工阶段、结构施工阶段、路面施工阶段、安装施工阶段、验收交工阶段，管理内容差异很大。

(4)施工项目管理要求强化组织协调工作

由于施工项目的生产活动的单件性，对产生的问题难以补救；由于施工人员的流动性，需要采取特殊的流水作业方式，组织工作量很大；由于露天作业，工期长，耗资大；还由于施工活动涉及复杂的经济关系、技术关系法律关系、行政关系和人际关系等，故施工项目管理中的组织最为艰难、复杂、多变，必须通过强化组织协调的办法才能保证施工顺利进行。

二、项目管理的内容及方法

广义上的工程项目管理的内容是指工程项目生命周期内的所有活动的管理问题。工程项

目建设前期决策阶段的管理主要有:投资意向的确定、项目立项、预可行性研究及决策、可行性及决策。实施阶段的管理主要包括:设计管理、工程招投标管理、施工控制及管理、工程竣工管理、缺陷责任期的管理。使用期的管理有:运营中的维护管理、项目后评估等。对于公路工程项目,其工程项目管理可包括如下内容:

①确定项目建设意图;

②调查研究,如交通量调查,工程地质、水文地质勘查,地形测量,科学研究,工程和工艺技术研究试验,地震、气象、环境保护资料收集及各类建筑材料供应调查等;

③路线走向及主要控制点的确定;

④公路项目可行性研究,包括预可行性研究和工程可行性研究两个阶段,在技术、经济和生产力布局上对公路工程项目进行可行性论证,并经多方案比较,推荐最佳方案,为投资决策和进一步编制设计任务书提供依据;

⑤投资决策和资金筹措;

⑥编制项目建设规划;

⑦编制设计任务书;

⑧评选方案和设计招标;

⑨进行项目设计和审批,包括初步设计、施工图设计;

⑩工程项目施工;

⑪项目竣工验收、交付使用和后评价。

狭义上的工程项目管理的内容指工程项目实施阶段的管理,主要包括设计管理、施工管理。参与以上过程管理的有业主、施工企业、工程咨询单位、原材料及设备供应商等方面。本书考虑到工程项目管理理论教学需要,在尽量保持工程项目管理学科内容完整性的基础上,着重结合公路工程项目施工阶段管理的内容,从业主、监理工程师、承包商等参与工程建设各方面的角度介绍工程项目管理的内容。

第二节 施工组织设计与方法

一、施工组织设计的原则

根据公路建设的现实,以及实施施工组织设计中的经验与教训,施工组织设计一般应遵循以下基本原则。

(1)严格执行基本建设程序和施工程序

严格遵守合同签订的或上级下达的施工期限,按照基本建设程序和施工程序的要求,保质保量地完成施工任务。对工期较长的大型工程项目,可根据施工情况,合理组织力量,确保重点、分期分批进行安排。

(2)科学安排施工顺序

保证工期是施工组织设计中需要考虑得首要问题。按照公路施工的客观规律安排施工工程序,各个施工阶段之间合理搭接、衔接紧凑,在保证质量的基础上,尽可能缩短工期,加快建设速度。

(3)采用先进施工技术和设备

施工机械化是公路工程实现优质、快速的根本途径。在组织施工时,应结合当时机具的实际配备情况、工程特点和工期要求,做出切实可行的布置和安排,注意机械的配套使用,提高综合机械化水平,充分发挥机具设备的效能。

(4)实现连续、均衡而紧凑的施工

根据工程施工特点,组织连续、均衡且有节奏的施工,使各专业机构、各工种工人和施工机械不间断地、有秩序地进行施工,保证人力、物力充分发挥作用。在保证重点工程施工的同时,可以将一些辅助的或附属的工程项目作适当穿插,并考虑季节特点,将一些后备项目作为施工中的转移调节项目。

(5)确保工程质量和施工安全

贯彻施工技术规范、操作规程,实行预防为主的方针,进行必要的质量、安全教育,提出确保工程质量的技术措施和安全措施,并认真贯彻执行。

(6)增产节约,降低工程成本

在施工组织设计和施工管理中,应对施工计划进行科学合理的安排,还必须认真实行经济核算,贯彻增加生产、厉行节约的方针,对一切施工项目都要有降低成本的技术组织措施,尽可能减少临时工程,充分利用当地资源,并降低一切非生产性开支和管理费用,才能取得更大的经济效益,并进一步增强企业自身的竞争力。

坚持按上述原则编制施工组织设计,才能真正指导施工项目的施工准备工作和施工工作,克服施工中的主观主义、经验主义和盲目性,将工程项目施工从开工到竣工全过程纳入科学管理的轨道,达到以最少的投入获得最大的成果,取得良好的经济效益和社会效益。

二、流水施工原理

流水作业是工业生产过程中的一种组织方式,把它应用于工程施工过程的组织,即流水施工。根据工程施工的特点,通过施工组织设计文件的编制,进行专门的流水施工设计,将各专业工种的作业技术活动,有条不紊的组织起来,从而实现建筑产品的施工过程。流水施工的主要参数有工艺参数、空间参数及时间参数。

(1)工艺参数

工艺中最有代表性的参数是施工过程(也称工种或活动)。在组织工程项目流水施工时,将拟建工程项目的整个建造过程分解为若干个施工单元,每一个单元称为一个施工过程,一般用“N”表示。通常一个系统或子系统施工过程数在20～30个为宜。如土建工程可划分成基础工程、钢筋混凝土主体结构工程、砖石工程、楼地面工程、屋面工程、装饰工程等分部工程,然后将分部工程又分解成若干个施工过程,如钢筋混凝土主体结构工程可分解为钢筋混凝土梁、板、柱,钢筋混凝土梁、板、柱又由支设模板、绑扎钢筋、浇筑混凝土、养护、拆模等施工过程组成。

(2)空间参数

在组织工程项目流水施工时,用以表达流水施工在空间布置上所处状态的参数称为空间参数。空间参数包括工作面和施工段。

工作面也称工作前线,是指提供人工或机械进行操作的活动范围和空间。工作面的大小表明了施工对象上能安置多少工人操作或布置施工机械、设备的面积,反映相应工种的产量定额、建筑安装工程操作规程和安全规则等的要求,随各施工过程的性质、施工方法和使用的工具、设备不同而变化,一般以“A”表示。工作面的确定是否恰当,直接影响到流水施工的规模和速度。

施工段在组织流水施工时,通常把施工对象在平面上划分为若干个劳动量大致相等的施工区域,这些区域称为施工段,一般以“M”表示。

划分施工段的目的,是为了组织流水施工,保证不同的施工班组在不同的施工段上同时进行施工,并使各施工班组按一定的时间间隔转移到另一个施工段进行连续施工,即消除等待、停歇现象,又不互相干扰。

施工段划分的原则:

①施工段的数目要合理。施工段过多,工作面难以满足要求,施工段界限复杂;施工段过少,则会引起劳动力、机械和材料供应的过分集中,搭接时间过少。

②各施工段的劳动量应大致相等,以保证各施工班组施工节奏均衡。

③施工段的划分界限要以保证施工质量且不违反操作规程的要求为前提,一般应尽可能与结构自然界限相一致,如温度缝、抗震缝和沉降缝等。

④对于多层建筑,既可在平面上划分施工段,也可在竖向上划分施工段(或称施工层)。每一层的施工段数“M”必须大于或等于施工过程数“N”。

(3)时间参数

在组织工程项目流水施工时,用于表达流水施工在时间排列上所处状态的参数,均称为时间参数。它包括流水节拍、流水步距、技术间歇时间、组织间歇时间等。

①流水节拍:在组织流水施工时,每个专业施工班组在各个施工段上完成各自的施工任务所需要的工作持续时间,称为流水节拍,通常以 K_i 表示。根据其数值特征,一般将流水施工分为等节奏专业流水、异节奏专业流水和非节奏专业流水等施工组织方式。

②流水步距:在组织流水施工时,相邻两个专业施工班组先后进入同一施工段开始施工时的合理时间间隔,称为流水步距,一般以 B 表示。

③工艺间歇:在流水施工组织中,由于工艺原因引起的等待时间,称为工艺间歇时间,一般以 G 表示。如基础混凝土浇捣以后,必须要经过一定的养护时间才能继续后道工序。

④组织间歇:施工中由于考虑组织技术的因素,两相邻施工过程在规定的流水步距以外增加的必要时间间隔,以便施工人员对前道工序进行检查验收,并为后道工序做必要的施工准备,一般以 Z 表示。如基础混凝土浇捣以后,施工人员必须进行墙身位置的弹线,然后才能砌基础墙。

三、流水施工设计要点

根据流水施工的特点和基本原理,流水施工的要点可归纳为如下几点:

①将全部施工对象划分为若干区段,一般称为施工段,并确定施工作业活动的流向。

②将全部施工作业活动划分为若干施工过程(或工序),每一施工过程可以交给一个作业队组完成规定的作业任务,并根据规定的施工流向依次进行作业。

③将各施工过程在保证其工艺先后顺序的前提下进行搭接施工,并尽可能使每一施工过

程都实现连续作业，避免因等待一施工过程的完成而出现作业等待造成窝工损失。

④在根据以上要求组织流水施工作业的同时，应尽可能使施工进度计划的安排符合均衡施工的要求。

第三节　工程网络计划技术

网络计划技术作为一种科学的计划管理和系统分析方法，广泛地应用于军事、航天、科学研究、投资决策、工程管理等各个领域，并已取得了显著成效，保证了项目的时间、投资目标，也提高了效率、节约了资源，本节主要介绍网络计划技术的特点及双代号网络计划的制订原理。

一、网络计划技术概述

(1)基本概念

网络图是由箭线和节点组成，用来表示工作流程的方向，是有序网状图形。

网络计划是用网络图模型表达任务构成、工作顺序并加注工作时间参数的进度计划。

网络计划技术是应用网络图的基本理论来分析和解决计划管理问题的一种科学方法。无论什么项目，都可以用网络图示模型反映其内部必须完成的工作和完成这些工作必须遵守的逻辑关系。同时，网络图还提供工作时间、费用、责任人、方式等信息，使一个原本庞大而复杂的项目变得条理清楚，形象直观。

在工程项目施工进度计划中应用网络计划技术，主要把握下列要点：

①将整个项目分解成若干个活动，确定各项施工活动所需的时间、人力、物力，明确各活动之间的先后逻辑关系，列出工作逻辑关系表。

②按照要求选择不同类型的网络图模型，编制施工进度计划，通过计算确定各工作的时间参数、关键工作和关键路线，确定资源消耗和投资分布。

③运用系统分析法和优化原理，对施工进度计划的时间、费用和资源进行优化和调整，选择最优方案。

④在网络计划执行过程中，定期进行检查和分析，及时调整偏差，实行有效的监督和相应的控制。

(2)主要特点

网络计划技术作为现代管理的方法与传统的计划管理方法相比较，具有明显优点，主要表现为：

①利用网络图模型，明确表达各项工作的逻辑关系。

②通过网络图时间参数计算，确定关键工作和关键路线。

③掌握机动时间，进行资源合理分配。

④运用计算机辅助手段，方便网络计划的调整与控制。

二、双代号网络计划

双代号网络图是目前我国普遍采用的一种网络计划形式。如果用一条直线来表示工作，将工作的名称写在箭线上方,完成该项工作所需要的时间注在箭线下方,箭尾表示工作的开始,箭头表示工作的结束,在箭头和箭尾处分别画上圆圈并加以编号,这种表示方式通常称为双代号表示方法。

网络图的构成:双代号网络图由工作、节点和线路三部分构成。

(1)工作

工作是泛指一项需要消耗人力、物力和时间的具体活动过程,也称工序、作业。在双代号网络中用箭线表示工作,如图 2-1 所示。其基本要点为:

①工作的名称或内容写在箭线上面,工作的持续时间写在箭线下面。

②箭线方向表示工作进行方向(从左向右),箭尾 i 表示工作开始,箭头 j 表示工作完成。

③箭线的长短与时间无关,可以任意画。

在图 2-2 中,与 A 工作有关的其他工作,可以根据它们之间的相互关系,分为紧前工作、紧后工作和平行工作。除上述工作之外还有一种虚拟作业,它们仅表示工作之间的先后逻辑关系。

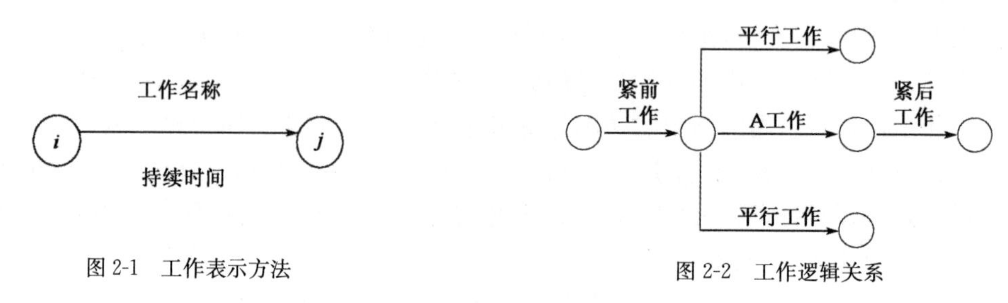

图 2-1　工作表示方法

图 2-2　工作逻辑关系

(2)节点

双代号网络图中的圆圈表示工作之间的联系,称为节点。在时间上,节点表示指向某节点的工作全部完成后该节点后面的工作才能开始的瞬间,它反应前后工作的交接点。

双代号网络图中的起点节点表示一项计划(或任务)的开始,所有工作箭线均从这里出发;终点节点表示一项计划(或任务)的结束,所有工作箭线均汇入这里;介于网络图起点节点和终点节点之间的叫中间节点,它既有进入箭线,表示前面工作的结束,又有发出箭线,表示后面工作的开始。

节点的基本要点为:

①节点用○表示,圆圈中编上正整数号码,称为节点编号。每项工作都可用箭尾和箭头的节点编号(i,j)作为该工作的代号。

②在同一个网络中不得有相同的节点编号。

③节点的编号一般应满足 $i<j$ 的要求,即箭尾(工作的起点节点)号码要小于箭头(工作的终点节点)号码。

(3)线路

线路是指从网络图的起点节点,顺着箭头所指的方向,通过一系列的节点和箭线连续不断到达终点节点的一条通路。在一个网络图中可能有很多条线路,线路中各项工作持续时间之和就是该线路的长度,即线路所需要的时间。

在各条线路中,有一条或几条线路的总时间最长,称为关键线路,一般用双线或粗线标注;

其他线路长度均小于关键线路，称为非关键线路。

三、绘图规则

绘制双代号网络图时，要正确的表示各工作之间的逻辑关系和遵循有关绘图的基本规则，否则，就不能正确反应工程的工作流程和进行时间计算。绘制双代号网络图一般遵循以下规则：

①双代号网络必须正确表达已定的逻辑关系。绘制网络图之前，要正确确定工作顺序，明确各工作之间的衔接关系，根据工作的先后顺序逐步把代表各项工作的箭线连接起来，绘制成网络图。

②双代号网络图中，严禁出现循环网络。在网络图中如果从一个节点出发顺着某一线路又能回到原出发点，这种线路就称为循环回路。

③双代号网络图中，在节点之间严禁带双向箭头或无箭头的箭线。用于表示工程计划的网络图是一种有序有向的网络图，沿着箭头指引的方向进行。

④在双代号网络图中，严禁出现没有箭头节点或没有箭尾节点的箭线。

⑤当双代号网络图的起点节点和终点节点有多条内向箭线或多条外向箭线时，在不违反“一项工作应只有唯一的一条箭线和相应的一对节点编号”的规定的前提下，可使用母线法绘制。

⑥绘制网络图时，箭线不宜交叉。当交叉不可避免时，可用过桥法或指向法。

⑦在双代号网络图中，应只有一个起点节点和终点节点，而其他所有节点均应是中间节点。

⑧在双代号网络图中，不允许出现重复编号的箭线。

四、绘图方法和要求

绘制双代号网络图需要掌握大量工程信息，具备一定专业技术知识，积累一定的工程经验和绘图技巧。一般来说，任何施工网络计划都是在既定施工方案前提下，进行统筹规划，精心安排所形成的。绘制双代号网络要注意以下几点：

①遵守绘制的基本规则。网络图是供人阅读的，为了便于交流和沟通，必须遵从一定的基本绘图规则，统一表达方式和符号，才能使别人看懂，不致产生误解。

②遵守工作之间的逻辑关系。在工程实践中，工作之间的逻辑关系主要有两类：工艺关系和组织关系。所谓工艺关系，就是工作与工作之间工艺技术和规程所决定先后关系，例如，某一钢筋混凝土构件的现场预制，必须在绑扎好钢筋和安装好模板以后才能浇筑混凝土；所谓组织关系则是指在劳动组织确定的条件下同一工作的开展顺序，是由计划人员在研究施工方案的基础上做出的有关资料调配、施工流向等安排。例如，有 A 和 B 两栋房屋基础工程的土方开挖，如果施工方案确定使用一台抓铲挖土机，那么，开挖的顺序究竟是先 A 后 B，还是先 B 后 A，应该取决于施工方案所作出的决定；如果使用两台抓铲挖土机，则 A 和 B 可以同时施工。

③条理清楚，布局合理。画网络图往往需要多次反复，开始先按分解任务后的逻辑关系表画出草图，再逐步调整和简化，经过多次修改，才能绘制出比较清楚的正规形式。例如，网络图

中的工作箭线不宜画成任意方向或曲线形状,尽可能用水平线或斜线;关键线路、关键工作安排在图面中心位置,其他工作分散在两边;避免倒回箭头,杜绝循环回路等。

五、时间参数计算

网络图的计算目的是确定网络图中各节点的最早时间和最迟时间,各项工作最早开始和最早结束时间、最迟开始和最迟结束时间以及工作的各种时差,从而确定整个计划的完成日期、关键工作和关键线路,为网络计划的执行、调整和优化提供依据。由于双代号网络图中节点时间参数与工作时间参数有着紧密的联系,通常在图上直接计算,先标出节点的时间参数,然后推算出工作的时间参数。现以图 2-3 为例说明双代号网络图时间参数的计算方法。

(1)时间节点参数的计算

时间节点参数是确定工作时间参数的基础,常采用图上计算法,其表示方法如图 2-4 所示。

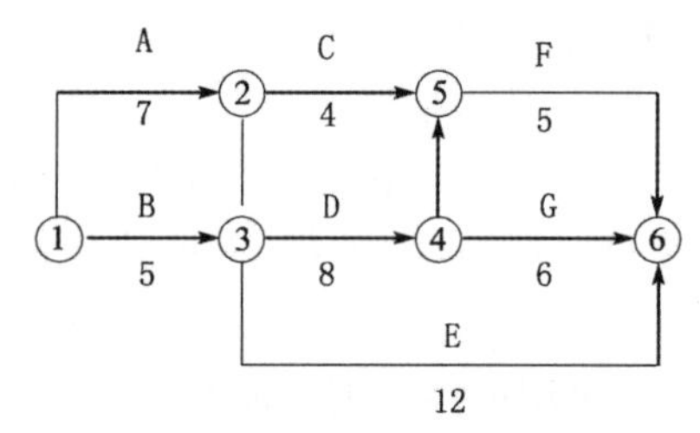

图 2-3 双代号网络计算题

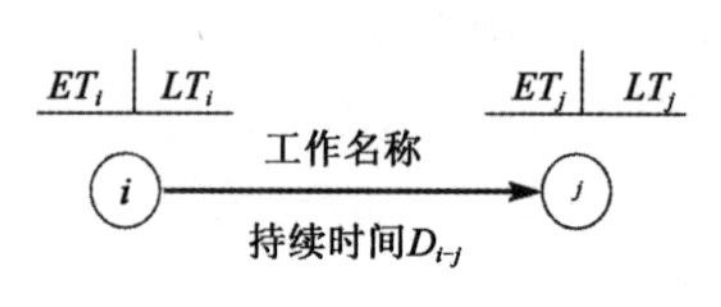

图 2-4 节点计算图例

①节点最早时间 ET_i 的计算

节点最早时间,是指以网络起点节点的时间为零,沿着各条线路达到每一节点的时刻。它表示该节点紧前工作的全部完成,从这个节点出发的紧后工作最早能够开始的时间。如果进入这个节点的紧前工作没有全部结束,从这个节点出发的紧后工作就不能开始。

节点的最早时间 ET_i 应从网络计划的起点节点开始,顺着箭线方向依次逐项计算直至终点节点为止。可按下列规定和步骤进行计算。

a. 起点节点 i 如果未规定最早时间 ET_i,其值应等于零,即

$$ET_i = 0(i = 1) \tag{2-1}$$

b. 其他节点 j 的最早时间 ET_j 应为

$$ET_j = \max\{ET_i - D_{i-j}\} \tag{2-2}$$

式中:D_{i-j}——节点 j 内向箭线(工作)$i-j$ 的持续时间。

由此可见,节点的最早时间的计算是从左向右用加法进行的,某项工作起点节点的最早时间加上该工作所需要的持续时间就是工作终点节点的最早时间。

②节点最迟时间 LT_i 的计算

节点的最迟时间,就是在计划工期确定的情况下,从网络图的终点节点开始,逆向推算出的各节点最迟的时刻,作为限定该节点紧前工作最迟全部结束的时间。可按下列规定和步骤进行计算。

a. 终点节点 n 的最迟时间 LT_n 应按网络计划的工期 T_p 确定,即

$$LT_n = T_p \tag{2-3}$$

b. 其他节点 i 的最迟时间 LT_i 应为

$$LT_i = \min\{LT_i - D_{i-j}\} \tag{2-4}$$

由此可见，节点最迟时间的计算和最早时间的计算相反。

(2)工作时间参数计算

工作时间是指各工作的开始和完成时间，分为工作最早开始时间和工作最早结束时间、工作最迟开始时间和最迟结束时间四种。工作时间与节点时间有密切的联系，节点时间表示其内向箭线工作的结束时间，也表示其外向箭线工作的开始时间。因此，可以根据已确定的节点时间推算工作时间。

①工作最早开始时间 ES_{i-j} 和最早结束时间 EF_{i-j}

设工作 $i-j$ 的持续时间为 D_{i-j}，则其最早开始时间等于其起点节点 i 的最早时间，其最早结束时间等于最早开始时间加上该工作的持续时间，即

$$ES_{i-j} = ET_i \tag{2-5}$$

$$EF_{i-j} = ET_i + D_{i-j} \tag{2-6}$$

②工作最迟开始时间 LS_{i-j} 和最迟结束时间 LF_{i-j}

工作的最迟开始时间和最迟结束时间是指在不影响计划总工期的情况下，各工作开始时间和结束时间的最后界限，在网络图上可以根据节点最迟时间求得。某工作的最迟结束时间等于该工作终点节点的最迟时间，而某工作的最迟结束时间减去该工作的持续时间，即为该工作的最迟开始时间，即

$$LF_{i-j} = LT_j \tag{2-7}$$

$$LS_{i-j} = LT_j - D_{i-j} \tag{2-8}$$

③工作时差计算

所谓时差，就是指工作的机动时间。按照其不同性质及作用，可以分为总时差、自由时差等。

a. 总时差 TF_{i-j}

总时差就是工作在最早开始时间至最迟结束时间之间所具有的机动时间，也可以说是在不影响计划总工期的条件下，各工作所具有的机动时间。

总时差用 TF_{i-j} 来表示，计算公式为

$$TF_{i-j} = LT_j - ET_i - D_{i-j} \tag{2-9}$$

或

$$TF_{i-j} = LS_{i-j} - ES_{i-j} = LF_{i-j} - EF_{i-j} \tag{2-10}$$

总时差具有以下性质：总时差为零的工作成为关键工作；如果总时差等于零，自由时差也等于零；总时差不但属于本项工作，而且与紧后工作都有关系，它为一条线路(或路段)所共有。

b. 自由时差 FF_{i-j}

所谓自由时差，就是在不影响紧后工作最早开始的范围内，该工作可能利用的机动时间。

自由时差根据节点时间和工作的持续时间计算，可用下式表达：

$$FF_{i-j} = ET_j - ET_i - D_{i-j} \tag{2-11}$$

或

$$FF_{i-j} = ES_{j-k} - EF_{i-j}\text{（当工作 } i-j \text{ 有紧后工作 } j-k \text{ 时）} \tag{2-12}$$

自由时差的主要特点:自由时差小于或等于总时差;以关键线路上的节点为结束点的工作,其自由时差与总时差相等;利用自由时差对紧后工作没有影响,紧后工作仍可按其最早开始时间进行。

(3)关键线路

①关键线路的特点

关键线路就是由关键工作所组成的线路,它的总持续时间最长;其他线路叫非关键线路。关键线路一般用双线表示。

掌握关键线路的特点,就能合理的安排施工计划,做好施工调度和进度控制。关键线路有以下特点:

a.关键线路上的工作的总时差和自由时差均等于零;

b.关键线路是从网络计划起点节点到结束节点之间持续时间最长的线路;

c.关键线路在网络计划中不一定只有一条,有时存在两条以上;

d.关键线路以外的工作称为非关键工作,如果使用了总时差,可转化为关键工作;

e.在非关键线路上的工作时间延长超过它的总时差时,关键线路就变成非关键线路。

②关键线路的确定

关键线路可以通过求总时差来确定,也可以寻求工作持续时间之和最长的线路,还可以应用标号法等简单计算方法来确定。

采用标号法,先对每个节点用源节点和标号值进行标号,将节点全部都标号后,再从网络图终点节点开始,从右向左逆向按源节点寻出关键线路。

网络图节点标号值即节点的最早时间,可从前往后逐个节点计算。

设起点节点1的标号值为零,即

$$b_1 = 0 \tag{2-13}$$

其他节点的标号值等于该节点的内向工作(即以该节点为完成节点的工作)的起点节点标号值加该工作的持续时间,即

$$b_j = \max\{b_i + D_{i-j}\} \tag{2-14}$$

网络图终点节点的标号值就等于网络计划的工期。

网络图中源节点为求标号值 b_j 时所对应的 i 节点号,将源节点连接起来即为关键线路。

在工程施工进度管理中,应把关键工作作为重点来抓,保证各项工作如期完成,同时,还要注意挖掘非关键工作的潜力,合理安排资源,以节省工程费用。

第四节　公路工程施工组织设计文件的编制

一、施工组织设计的概念与作用

(1)施工组织设计的概念

施工组织设计是指导工程投标、签订承包合同、施工准备和施工全过程的全局性的技术经济文件,其含义包括:

①施工组织设计是一种管理文件,它是根据工程承包组织的需要编制的技术经济文件,其

内容是技术和经济相结合的文件，既解决技术问题，又考虑经济效果。

②施工组织设计的全局性是指工程对象是整体的，文件内容是全面的且全方位地发挥管理职能。

③施工组织设计是指导承包全过程的，从工程项目初步设计开始到工程竣工结束，特别是在工程招投标中发挥作用，使其不但在管理中发挥作用，而且在经营中发挥作用。

施工组织设计的基本任务是，按照工程建设的基本规律、施工工艺流程及施工经营管理规律，制定合理的组织方案、施工方案，科学地安排施工顺序和进度计划，有效地利用施工现场，优化配置人力、物力、资金、技术等生产要素，协调各方面的工作，以竞争取胜，经营科学有效，施工有计划、有节奏，能保证质量、进度并安全文明，提高经济效益。

(2)施工组织设计的作用

①施工组织设计是施工投标书内容和合同文件的一部分。

②指导施工前的准备工作和工程施工中的全过程。

③作为工程项目管理的规划性文件，提出施工进度控制、质量控制、成本控制、安全控制、现场管理、各项生产要素管理的目标及技术组织措施，提高项目管理的综合效益。

二、施工组织设计编制要求

(1)施工组织设计编制依据

不同种类的施工组织设计编制依据，既存在差异，又有共同点。设计单位在初步设计阶段编制的施工组织设计是施工图设计阶段编制施工组织设计的依据，施工图设计阶段编制的施工组织设计是施工单位投标前编制施工组织设计的依据，标前施工组织设计是施工组织总设计的依据，施工组织总设计又是单位工程施工组织设计的依据，而单位工程施工组织设计又是分部工程施工组织设计的依据。各类施工组织设计编制依据的共同点是：

①设计图纸，工程数量图表资料；

②水文、地质、气象等自然条件；

③建设地区交通运输、地方资源等情况；

④市场经济动态信息资料；

⑤施工队伍的素质、施工经验和技术装备水平；

⑥施工中可能实现的技术组织措施；

⑦国家有关的技术规范、规程、规定及其定额标准等；

⑧有关上级的指令、合同、协议等；

⑨过去同类工程的历史资料等。

(2)施工组织设计编制原则

①严格遵守基本建设程序和承包合同及上级有关指示，保质保量并按期完成工程任务；

②科学安排施工顺序，在保证工程质量和施工安全条件下，力争加快施工进度；

③提高施工机械化和预制装配化施工程度，提高劳动生产率，减轻劳动强度；

④科学地安排施工组织方法，对复杂工程应采用网络计划技术寻找最佳施工组织方案；

⑤切实做好冬、雨季施工进度安排和相应的特殊措施，确保全年连续、均衡施工；

⑥精心规划设计施工现场，减少临时工程，降低工程成本；

⑦尽可能采取就地取材,利用当地资源,减少物资运输、节约能源;

⑧认真研究建设地区自然环境,做好环境保护并力争少占农田,防止水土流失。

(3)施工组织设计编制程序

编制施工组织设计应遵循施工的客观规律,协调并处理各种因素之间的关系,遵照一定的程序科学地进行编制,其一般编制程序为:

①熟悉、审查图纸,进行施工现场调查研究;

②确定或计算工程量;

③制定施工组织及施工方案;

④编制工程进度计划及资源调配计划;

⑤规划施工现场并绘制施工平面图;

⑥分析技术经济指标并报审批。

第三章　公路工程施工安全管理

本章主要介绍了公路工程施工的安全管理内容和安全技术要求及措施，公路工程各个阶段安全管理的内容及要求，还介绍了某条高速公路施工项目建立的安全体系及安全措施。

第一节　施工安全生产概念及内容

一、安全生产的发展概况

安全生产工作是公路工程建设能够优质、高效推进的保障，是衡量建设管理水平的重要标准；事关人民群众生命财产安全，是社会文明进步的重要标志，是全面建成小康社会宏伟目标的重要内容。

近年来，国家陆续颁布实施了《中华人民共和国建筑法》《中华人民共和国安全生产法》《中华人民共和国公路法》《中华人民共和国港口法》《建设工程质量管理条例》《建设工程安全生产管理条例》《生产安全事故报告和调查处理条例》《公路安全保护条例》等法律法规，加强了公路工程质量、安全法规和技术标准体系建设。

第九届全国人民代表大会常务委员会第二十八次会议审议通过了《安全生产法》，并于2002年6月29日《中华人民共和国主席令(第70号)》颁布实施，这是我国安全生产法规的第一部综合基本法律。制定和颁布《安全生产法》，对加强安全生产法制建设，保障人民群众生命和财产安全，促进经济发展都有极其重要的现实意义。2014年8月31日，第十二届全国人民代表大会常务委员会第十次会议对《安全生产法》进行了第二次修正，同年12月1日施行。

2003年11月24日，国务院颁布了《建设工程安全生产管理条例》，通过明确安全责任、加强管理监督和依法处理事故，提高建设工程安全生产水平、减少事故发生，以更好地实现确保施工人员安全与工程和其他财产安全的目的。

2007年2月14日，交通部(现已更名为交通运输部)为了加强公路水运工程安全生产监督管理工作，保障人身及财产安全，根据《安全生产法》《建设工程安全生产管理条例》《安全生产许可证条例》，颁布实施了《公路水运工程安全生产监督管理办法》(交通部2007年第1号令)。从此，公路工程安全生产管理工作更上一层楼。

二、公路工程安全管理要素

1.公路工程安全管理的定义

公路工程安全生产管理是指公路工程生产、管理单位按照有关安全法律、法规为预防公路工程施工过程中发生安全事故而建立的安全管理系统，包括计划、组织、协调和控制等系列活动。这种管理活动按照《安全生产法》的调整对象可分为生产经营单位自身的管理活动、行为和政府主管部门的管理活动；国务院《建设工程安全生产管理条例》也将与工程建设有关的涉及工程安全责任和义务进行了划定。

2.安全生产方针及机制

我国安全生产方针经历了从“安全生产”、“安全第一、预防为主”到“安全第一、预防为主、综合治理”的产生和发展过程,现代安全管理强调在生产中做好预警预防工作,尽可能将事故消灭在萌芽状态之中。

新修订的《安全生产法》强调:安全生产工作应当以人为本,坚持安全发展,坚持安全第一、预防为主、综合治理的方针,强化和落实生产经营单位的主体责任,建立生产经营单位负责、职工参与、政府监管、行业自律和社会监督的机制。

3.公路工程安全工作的特点

(1)公路工程的线性特征引起不同节点(路桥分段、地质地貌地形不同)施工的不同,导致安全工作的复杂性。

(2)公路工程多在野外作业,一方面多工种协作,另一方面劳动密集且劳动力素质低,市场竞争日趋激烈,体现安全工作的艰巨性。

(3)公路工程根据其技术标准、使用功能、合同约定的质量、工期和资金等条件来进行施工生产和系统管理,体现安全工作的差异性。

(4)公路工程施工周期长,体现安全工作的阶段性。

(5)既要注重工程实体施工的安全,又要保障培训教育、施工机具、场内环境、人员生活、临时用电等工程实体以外的工作,体现了安全工作的综合性。

(6)当前公路工程安全工作科技含量不高,从事安全管理的工作人员中技术人员比例低,体现工程安全管理工作的薄弱性。

4.公路工程安全管理的原则

(1)“管生产必须管安全”的原则

“管生产必须管安全”的原则,是指施工企业主管生产的各级管理人员在工程实施过程中必须坚持在抓生产的同时抓安全。管生产必须管安全的原则体现了“安全为了生产,生产必须安全”;体现了在计划、布置、检查、总结、评比生产工作的同时,计划、布置、检查、总结、评比安全生产工作。即实现生产与安全的“五同时”。

(2)“谁主管谁负责、一把手负总责”的原则

“谁主管谁负责、一把手负总责”作为企业安全生产的原则,明确了企业法定代表人是安全生产第一责任人,对本企业安全生产应负全面责任;分管安全生产工作的副职,在其分管工作中涉及安全生产内容的,也应该承担相应的领导责任。形成主要领导负总责、分管领导具体抓、其他领导协助办、各部门各司其职、各尽其责、分工负责、齐抓共管的安全生产工作局面。

(3)“预防为主”的原则

“预防为主”的原则,就是把安全生产工作的关口前移,超前规范,建立预测、预报、预警、预防、预控的递进式、立体化事故隐患预防体系,改善安全状况,预防安全事故。

(4)“动态管理”的原则

安全管理的过程是一个动态的管理过程,随着施工项目的推进,安全管理的内容和重点也在发生着变化。同时,安全管理与其他管理大同小异,都要将其列入年度或月度计划中去,并包含在企业、项目管理的大系统中,具有计划性和系统性的特征。

(5)“奖优罚劣相结合”的原则

在公路工程施工安全管理中，既要采取奖励的管理手段，同时也要采用惩罚的管理手段，充分体现奖优罚劣，表扬先进，促进后进，形成有效的激励机制。

(6)“安全第一”的强制性原则

安全第一就是要求在施工过程中把安全工作放在一切工作的首要位置。当生产和其他工作与安全发生矛盾时，要以安全为主，生产和其他工作要服从安全，

(7)“四不放过”的原则

在发生安全生产事故时必须坚持“四不放过”的处理原则，即事故原因不查清不放过，事故责任人没处理不放过，事故相关者没得到应有的教育不放过，事故的防范措施不落实不放过。

(8)“一岗双责”原则

在落实安全生产责任制的基础上，每个具体岗位都兼有双重责任，即该岗位的本职工作责任和相应的安全生产责任。具体来说就是企业在安全生产工作中主要负责人负总责，其他副职既要履行分管业务工作职责，又要履行安全生产工作的职责；在项目施工中要求各级管理人员在完成施工管理工作的基础上，同时承担施工分工的安全管理工作。

(9)“一票否决”原则

对发生重特大事故的项目、部门和单位，实行安全生产“一票否决”，取消其参与各类综合性先进单位或先进个人或者干部晋职晋级的资格，有助于突出落实安全生产领导责任。

5. 安全生产事故等级划分

根据《生产安全事故报告和调查处理条例》，事故划分为特别重大事故、重大事故、较大事故和一般事故 4 个等级。

特别重大事故，是指造成 30 人以上死亡，或者 100 人以上重伤，或者 1 亿元以上直接经济损失的事故。

重大事故，是指造成 10 人以上 30 人以下死亡，或者 50 人以上 100 人以下重伤，或者 5 000 万元以上 1 亿元以下直接经济损失的事故。

较大事故，是指造成 3 人以上 10 人以下死亡，或者 10 人以上 50 人以下重伤，或者 1 000 万元以上 5 000 万元以下直接经济损失的事故。

一般事故，是指造成 3 人以下死亡，或者 10 人以下重伤，或者 1 000 万元以下直接经济损失的事故。

三、公路工程施工安全管理的内容

1. 施工单位的安全责任

(1)施工单位是安全生产责任主体，主要负责人依法对本单位安全生产工作全面负责。项目负责人应由取得相应执业资格证书的人员担任，经授权对相应的工程项目施工安全生产负责。

(2)工程项目实行施工总承包的，总承包单位对施工现场的安全生产负总责。总承包单位依法将建设工程分包给其他单位的，应在分包合同中明确各自的安全生产方面的权利义务。总承包单位和分包单位对分包工程的安全生产承担连带责任。

(3)列入工程量清单的安全作业环境及安全施工措施所需费用，应当用于施工安全防护用

具及设施的采购和更新、安全施工措施的落实、安全生产条件的改善,专款专用,不得挪作他用。

(4)施工组织设计应明确安全技术措施,危险性较大的分部分项工程还应编制专项施工方案,并附安全验算结果,经施工单位技术负责人、总监理工程师签字后实施。超过一定规模的危险性较大的分部分项工程,施工单位应组织专家对专项施工方案进行论证、评审。施工单位应按规定制订临时用电组织设计方案。

(5)施工单位应当将施工现场的办公区、生活区与作业区分开设置,并保持安全距离;现场临时搭建的建筑物应符合安全使用要求。使用装配式活动房屋应具有产品合格证;施工单位不得在尚未竣工的建筑物内设置员工集体宿舍。职工的膳食、饮水、休息场所等应当符合卫生标准。

(6)施工单位应当在施工现场出入口、沿线各交叉口、施工起重机械、拌和场、临时用电设施、爆破物及有害危险气体和液体存放处以及孔洞口、隧道口、基坑边沿、脚手架、码头边沿、桥梁边沿等危险部位,设置明显的符合国家标准的安全警示标志或者必要的安全防护设施。

(7)施工单位应当在施工现场建立消防安全责任制度,确定消防安全责任人,制定用火、用电、使用易燃易爆材料等各项消防管理制度和操作规程,设置消防通道,配备相应的消防设施和灭火器材。

(8)工程施工前,施工单位应将有关施工安全技术要求分三级向施工项目部各职能部门、施工作业班组、一线作业人员进行安全技术交底,向作业人员书面告知危险岗位的操作规程和应急措施,并由双方签字确认。

(9)施工单位应定期开展安全检查评价和隐患治理工作,消除安全事故隐患。专职安全员应按规定每日巡查施工现场安全生产,并做好检查记录,发现安全事故隐患时,应及时向项目安全管理机构负责人报告;对违章指挥、违章操作的,应立即制止;一时难以消除的事故隐患,施工单位应制订治理方案,明确治理的措施、时限、资金、验收和责任人等安全内容。

(10)施工单位应根据不同施工阶段、周围环境及季节、气候的变化,在施工现场采取相应的施工安全措施。施工现场暂时停止施工的,应做好现场防护,所需费用由责任方承担,或按合同约定执行。

(11)施工单位对因工程施工可能造成损害的毗邻建筑物、构筑物和地下管线等,应进行安全风险论证并采取专项防护措施。

(12)施工单位应遵守环境保护的法律法规,在施工现场采取措施,防止或减少粉尘、废气、废水、固体废物、噪声、振动和施工照明对人和环境的危害污染。

(13)施工单位采购、租赁的安全防护用具、机械设备、施工机具及配件,应当具有生产(制造)许可证、产品合格证,并在进入施工现场前由专职安全管理人员进行查验。施工现场的安全防护用具、机械设备、施工机具及配件必须由专人管理,定期进行检查、维修和保养,建立相应的资料档案,并按照国家有关规定及时报废。

(14)施工单位在工程中使用施工起重机械和整体提升式脚手架、滑模爬模、架桥机等自行式架设设施,必须由具有相应资质的单位承担安装、拆卸作业,并组织有关单位进行验收,或者委托具有相应资质的检验检测机构进行验收。使用承租的机械设备和施工机具及配件的,由承租单位(如有分包,应包括施工总承包单位)、出租单位和安装单位共同进行验收,验收合格的方可使用。使用起重机械等特种设备，在验收前应经有相应资质的检验机构监督检验合格。

(15)施工单位应当向作业人员提供必需的安全防护用具和安全防护服装，书面告知危险岗位的操作规程，并确保其熟悉和掌握有关内容和违章操作的危害。作业人员应当遵守安全施工的工程建设强制性标准、规章制度，正确使用安全防护用具、机械设备。作业人员有权对施工现场的作业条件、作业程序和作业方式中存在的安全问题提出批评、检举和控告，有权拒绝违章指挥和强令冒险作业。在施工中发生可能危及人身安全的紧急情况时，作业人员有权立即停止作业或者在采取必要的应急措施后撤离危险区域。

(16)施工单位应建立安全培训教育制度。对管理人员和作业人员进行每年不少于2次的安全生产教育培训，其教育培训情况记入个人工作档案；在采用新技术、新工艺、新设备、新材料时，应当对作业人员进行相应的安全生产教育培训；新进人员和作业人员进入新的施工现场或者转入新的岗位前，施工单位应当对其进行安全生产培训考核；未经安全生产教育培训考核或者培训考核不合格的人员，不得上岗作业。

(17)施工单位应当为施工现场的人员办理意外伤害保险，意外伤害保险费应由施工单位支付。实行施工总承包的，由总承包单位支付意外伤害保险费。

(18)施工单位应当针对本工程项目特点制订生产安全事故应急预案，定期组织演练。发生生产安全事故时，施工单位应当立即向建设单位、监理单位和事故发生地的公路水运工程安全生产监督管理部门以及地方安全监督部门报告。建设单位、施工单位应当立即启动事故应急预案，组织力量抢救，保护好事故现场。

2.施工安全管理总体要求

(1)施工单位从事公路工程的新建、扩建、改建和拆除等活动，应当具备国家规定的注册资本、专业技术人员、技术装备和安全生产等条件，依法取得相应等级的资质证书，并在其资质等级许可的范围内承揽工程。

(2)施工单位的主要负责人、项目负责人(项目经理、项目副经理、总工)、专职安全生产管理人员(以下简称安全生产三类人员)必须取得考核合格证书，方可参加公路工程投标及施工。

(3)施工单位应当遵守“安全第一、预防为主、综合治理”的方针，按照有关安全生产法律法规和工程建设强制性标准组织施工，切实履行施工方安全生产职责。

(4)项目经理为施工现场安全生产第一责任人。

(5)项目经理部应设置安全管理部门负责安全生产管理工作。

(6)施工单位项目部制定的安全管理制度等文件，应下发各部门和施工队(班组)并报备监理单位和公司。

(7)项目经理部在工程开工前及分部分项工程开工前应加强安全生产条件的检查，并履行相关报批程序。

(8)依法将工程分包给其他单位的，分包合同中应明确各自的安全生产方面的权利、义务，总承包单位对分包工程的安全生产承担连带责任。项目经理部应对分包单位安全生产实行统一管理，对分包工程的安全实施有效控制。

3.安全管理目标

(1)项目经理部应由项目经理牵头组织制定安全管理目标。

(2)项目经理部应根据安全管理目标,并结合工程项目特点、上级管理部门、现场管理机构及总监办相关要求制定总体、年度及月度安全生产工作目标,并将目标分解到各部门和施工队(班组)。

(3)项目经理部应根据分解的安全生产工作计划定期组织考核,并接受上级有关部门的考核。

(4)安全生产目标应在项目经理部、施工现场醒目位置张挂。

4.安全生产责任制

(1)项目经理部须制定安全生产责任制,内容应包括:建立安全生产管理组织机构,明确各部门(岗位)的安全生产职责,落实安全生产责任等。

(2)项目经理部应建立安全生产管理组织机构,成立安全生产领导小组,项目经理任组长,安全副经理、其他副经理及总工程师任副组长,各部门(岗位)负责人为成员。安全管理领导小组应报备建设、监理单位和母体公司。

(3)项目经理部主要成员发生变更时,应按合同约定及时履行变更手续,变更资料应整理归档。

(4)项目经理部安全生产组织网络图和各部门(岗位)安全生产职责应下发到各部门(岗位)并悬挂上墙。

(5)项目经理应与各部门(岗位)负责人、施工队(班组)负责人签订安全生产责任书。

5.安全生产管理制度

安全生产管理制度是安全生产工作的行为准则,制度应明确施工单位安全生产各阶段管理的内容、程序与职责分工等,应包括但不限于以下制度:安全生产责任制及考核制度、安全专项费用使用制度、安全生产会议制度、安全检查评价制度、“平安工地”考核评价制度、安全事故隐患排查治理制度、安全生产教育培训制度、施工安全技术交底制度、施工安全风险评估制度、专项施工方案的编制和审核制度、安全生产应急管理制度、生产安全事故报告制度、施工设备安全管理制度、劳动防护用品配备和管理制度、施工现场消防安全责任制度、危险品安全管理制度、分包单位安全管理考评制度、特种作业人员管理制度、安全生产奖罚制度、施工单位项目主要负责人带班制度、施工作业操作规程、其他法律法规和行业内规章制度。

6.施工安全风险评估

(1)符合《公路桥梁和隧道工程施工安全风险评估指南(试行)》规定的项目,应进行施工安全风险评估,项目经理部应制定施工安全风险评估制度。制度内容包括:施工安全风险评估项目范围、方法、步骤、组织、报告、过程实施、动态管理等工作要求。

(2)施工安全风险评估项目范围、方法、步骤、报告、动态监管及其他工作要求应参照《公路桥梁和隧道工程施工安全风险评估指南(试行)》执行。

(3)施工安全风险评估工作由施工单位负责实施,总体风险评估应在工程开工前完成,专项风险评估在评估单元施工前完成。

(4)施工安全风险评估应按照成立评估小组、制订评估计划、选择评估方法、开展风险分析、进行风险估测、确定风险等级、提出措施建议、编制评估报告的程序进行。

(5)施工安全风险评估工作应形成评估报告。

7.危险源辨识、监控

(1)项目经理部应制订危险源辨识、监控制度，内容包括：辨识标准、方法、步骤、组织、监控管理措施、动态检查等。

(2)项目经理部应在工程开工前对项目危险源进行辨识和登记。

(3)危险源辨识范围包括：驻地建设、施工平面布置、道路运输、生产工艺、主要设备装置、作业环境、安全管理行为等方面。

(4)危险源风险评价宜采用作业条件危险性评价法(简称 LEC 法)，也可以采用其他有效的评价方法。

(5)应根据发生事故概率的大小和发生事故后果严重程度，把危险源分为 A、B、C 三个级别进行分级管理。事故发生潜在危险性大且难以控制，一旦发生事故将会造成多人伤亡和重大经济损失的，确定为 A 级危险源；事故发生潜在危险性较大且较难以控制，容易发生伤亡或群伤的，确定为 B 级危险源；虽然导致重大事故的可能性较小，但事故经常发生或潜伏有发生事故的可能性较大的，确立为 C 级危险源。

(6)应针对识别出的危险源分级编制危险源清单，对 A 级危险源编制安全专项方案或作业指导书。

(7)应对识别出的危险源加强日常监控、定期检查，检查频率每月不少于 1 次，发现问题应及时履行安全检查程序，并做好检查记录表。

(8)对识别出的危险源应在施工现场设置危险源标志牌，内容包括危险源名称、级别、责任人等。

(9)施工图纸、施工工艺、作业环境等如发生变化，应及时调整危险源，制定相应控制目标、措施及责任人，实施动态管理。

8.事故隐患排查和治理

(1)项目经理部应制定事故隐患排查和治理制度，内容包括：隐患分类、隐患处理方式、隐患排查、隐患报告、隐患治理整改等。

(2)事故隐患分为一般事故隐患和重大事故隐患，隐患等级应结合危险源辨识和施工现场实际情况进行判别。

(3)项目经理部是隐患排查和防范的责任主体。

(4)隐患排查的范围与方法

①隐患排查应包括所有与生产经营相关的场所、环境、人员、设备、设施和活动。

②项目经理部应根据安全生产的需要和特点，采用综合检查、专业检查、季节性检查、节假日检查、日常检查、专项检查等方式进行隐患排查。

③项目经理部应对排查出的事故隐患，按照事故隐患的等级进行分类登记，并按照职责分工实施监控治理，隐患治理应根据隐患排查结果制定隐患治理方法，对隐患及时进行治理。隐患治理的方案应包括目标和任务、方法和措施、经费和物资、机构和人员、时限和要求。重大事故隐患在治理前应采取临时控制措施，并制订应急预案。

(5)对于一般事故隐患应报备总监办，对于重大事故隐患应报告公司、总监办、建设单位和行业管理单位。当事故隐患等级可能随时间、外界条件变化时，应注重动态监控并在档案中及时调整其等级，对升级为重大事故隐患的应予以补报，对降级的事故隐患亦应报告。

(6)对于一般事故隐患,项目经理部负责人或有关人员应立即组织整改。对于重大事故隐患,项目经理部应立即停工整改,项目经理应组织制订并实施事故隐患治理方案,同时挂牌公告,明确隐患整改责任人和监督人。项目经理部在隐患未得到治理前及在治理过程中应采取必要的安全防范措施,防止事故发生。

(7)重大事故隐患治理工作结束后,项目经理部应报告公司,公司应组织本单位的技术人员和专家或委托具备相应资质的安全评价机构对重大事故隐患的治理情况进行评估。评估后符合安全生产条件的,施工单位在报请总监办复查合格后应当向现场管理机构及有关部门申请复工,经现场管理机构会同有关部门检查同意后,方可恢复施工。

9.事故报告、调查和处理

(1)项目经理部应制定事故报告制度,内容应包括:事故报告程序、时间、内容、应急处置组织、应急响应等。

(2)项目经理部安全生产领导小组负责生产安全事故的应急处置工作。

(3)项目经理部应及时、如实上报生产安全事故,不得迟报、漏报、谎报和瞒报。

事故发生后,事故现场有关人员应当立即向本单位负责人报告;单位负责人接到报告后,应当于1小时内向事故发生地县级以上人民政府安全生产监督管理部门和负有安全生产监督管理职责的有关部门报告。

情况紧急时,事故现场有关人员可以直接向事故发生地县级以上人民政府安全生产监督管理部门和负有安全生产监督管理职责的有关部门报告。

安全生产监督管理部门和负有安全生产监督管理职责的有关部门接到事故报告后,应当依照下列规定上报事故情况,并通知公安机关、劳动保障行政部门、工会和人民检察院:

①特别重大事故、重大事故逐级上报至国务院安全生产监督管理部门和负有安全生产监督管理职责的有关部门;

②较大事故逐级上报至省、自治区、直辖市人民政府安全生产监督管理部门和负有安全生产监督管理职责的有关部门;

③一般事故上报至设区的市级人民政府安全生产监督管理部门和负有安全生产监督管理职责的有关部门。

安全生产监督管理部门和负有安全生产监督管理职责的有关部门逐级上报事故情况,每级上报的时间不得超过2小时。

事故报告后出现新情况的,应当及时补报。

自事故发生之日起30日内,事故造成的伤亡人数发生变化的,应当及时补报。道路交通事故、火灾事故自发生之日起7日内,事故造成的伤亡人数发生变化的,应当及时补报。

(4)事故报告内容应包括:事故单位概况;事故发生的时间、地点以及事故现场情况;事故的简要经过;事故已经造成或者可能造成的伤亡人数(包括下落不明的人数)和初步估计的直接经济损失;已经采取的措施;以及其他应当报告的情况。

(5)发生生产安全事故后,项目经理部应立即启动应急救援预案,组织力量抢救,保护好事故现场,配合调查组进行事故调查。

(6)事故调查结束后,项目经理部应按照“四不放过”原则对负有事故责任的人员进行处理,并落实防范和整改措施。

第二节　施工安全技术要求

公路工程施工安全管理范围主要包括路基、路面、桥梁、水上、高空等各类施工过程中的安全管理。

一、路基工程施工安全管理

1.路基工程施工安全管理内容

路基工程施工安全管理的内容包括:土方施工、石方施工、高边坡施工、爆破作业、机械作业、挡护工程等。其中各个方面都包含了对在过程中起到能动作用的人的管理和施工中的各种机械、工具的管理,以及对施工环境的安全管理,归纳为“人、机、料、法、环”五个方面的要素。

2.路基工程施工安全管理的要求

(1)建立健全路基施工安全保障体系。项目经理部应建立健全路基施工安全保障体系,全面落实安全生产责任制,建立相应的安全生产预防、预警、预控、安全检查、隐患排查、事故报告与处理、应急处置等安全生产保障措施。

(2)施工现场布置应有利于生产,方便职工生活。施工现场的临时驻地与临时设施的设置,必须避开泥沼、悬崖、陡坡、泥石流、雪崩等危险区域,选在水文、地质良好的地段。施工现场内的各种运输道路、生产生活房屋、易燃易爆仓库、材料堆放,以及动力通信线路和其他临时工程,应按照《公路工程施工安全技术规范》(JTG F90—2015)的有关规定绘出合理的平面布置图。

(3)施工现场内的坑、沟、水塘等边缘应设安全护栏;场地狭小,行人和运输繁忙的地段应设专人指挥交通。

(4)路基用地范围内若有通信、电力设施、上下水道(管)等,均应协助有关部门事先拆迁或改造,对文物古迹应妥善保护,下挖工程开挖前,应根据设计文件复查地下构造物(电缆、管道等)的埋置位置及走向,并采取相应的安全防护措施。施工中如发现可疑物品时,应停止施工,报请有关部门处理。

(5)路基施工机械设备应有专人负责保养、维修和看管。各种机械操作手、电工必须持证上岗,同时经常加强对驾驶员、电工及路基作业人员的安全教育。

(6)路基施工现场必须做好交通安全管理工作,夜间施工时,路口、边坡顶必须设置警示灯或反光标志,安排专人管理灯光照明。

(7)现场操作人员必须按规定佩戴个人安全防护用品,机械燃料库必须设消防防火设备。

(8)施工现场易燃品必须分开放置,保证一定的安全距离。

二、路面工程施工安全管理

1.路面工程施工安全管理内容

路面工程施工的安全管理内容包括:沥青路面工程的安全管理;水泥混凝土路面工程的安全管理。其中包括对施工作业人员的安全管理、施工中机械的安全管理、施工环境的安全管理。

2.路面工程施工安全管理的要求

(1)确定施工方案、及时准确发布路面施工信息。

施工前,施工单位应确定施工区的范围以及安全管理的施工方案,对路面情况进行深入细致的分析,并在开工前及时发布施工信息,警告过往车辆要注意施工路段的交通情况,提醒车辆绕道而行,避免车辆拥堵。

(2)详细划分施工区域,设置好安全标志,严格按警告区、上游过渡区、缓冲区、作业区、下游过渡区、终止区来划分施工区域。

(3)施工现场所有施工人员应统一着橘黄色的反光安全服,施工时还应设专职的交通协管员和专职安全员,而且安全员分班实行24小时施工路段安全巡查。

(4)施工车辆必须配置黄色闪光标志灯,停放在施工区内规定的地点,不得乱停乱放,要停放整齐,特别在进出施工场地时,要绝对服从专职交通协管员的指挥,不得擅自进出。

(5)在施工区域两端应设置彩旗、安全警示灯、闪光方向标,给施工车辆和社会车辆以提示作用。

三、桥梁工程施工安全管理

1.桥梁工程施工安全管理内容

桥梁工程的安全管理包括:桩基工程的安全管理;墩台工程的安全管理;墩身、盖梁工程的安全管理;桥面工程的安全管理等。其中各个管理方面都包含了对施工中作业人员的安全管理,机械、工具等的安全管理以及施工环境的安全管理。此外,桥梁工程施工安全还要注意高处作业安全、缆索吊装施工安全、门架超重运输安全、混凝土浇筑安全、泵送混凝土安全、模板安装及拆除安全、脚手架安全、支架施工安全、钢筋制作安全、焊接作业安全等。

2.桥梁工程施工安全管理的一般要求

(1)高墩、大跨径、深水、结构复杂的大型桥梁施工,应对施工现场进行重大安全风险辨识与评估,并制订相应的安全技术措施。工程开工之前,应根据《公路工程施工安全技术规范》(JTG F90—2015)的要求制订出相应的安全技术操作规程,并及时向施工人员进行安全技术交底。

(2)施工人员进入施工现场必须正确佩戴个人安全防护用品、用具,严防高处坠落,物体打击,触电或其他各类机械的、人为的伤害事故发生。

(3)施工前应对施工现场安全防护设施、临时用电、临时机电机具、特种设备设施等进行全面的安全检查,确认符合安全要求后方可施工。

3.桥梁工程施工安全控制要点

(1)明挖基础施工安全控制要点:

①基坑开挖的方法、顺序以及支撑结构的安设,均应按照施工组织设计中的规定进行。开挖深度超过5m(含5m)的基坑(槽)的土方开挖、支护、降水工程或地质水文复杂的基坑开挖,必须制订详细的施工方案和安全专项方案。

②基坑开挖时,要指派专人检查对邻近建(构)筑物或临时设施的安全,并留有检查记录。

③开挖基坑深度超过1.5m时,为方便上下,必须挖设专用坡道或铺设跳板,其宽度应超过60cm。

④基坑开挖时要根据土壤、水文等情况，按规定的边坡坡度分层下挖，严禁局部深挖，掏洞开挖。如施工地区狭小或受其他条件限制，不能按标准放坡时，应采取固壁支撑措施。遇到有涌水、涌砂及基坑边坡不稳定现象发生时，应立即采取防护加固措施。

⑤基坑开挖过程中应随时检查坑壁边坡有无裂缝和坍塌现象，特别是雨后和解冻时期，必须视具体情况增加坡度或加固支撑。

⑥基坑边缘有表面水时，应采取截流措施。在有大量地下水流存在情况下进行基坑开挖时，应配足抽水机具。

⑦采取挖土机械开挖基坑时，坑内不得有人作业。

⑧基坑开挖需要爆破时，应按国家现行的爆破安全规程办理。

⑨寒冷地区采用冻结法开挖基坑时，应根据地质、水文、气温等情况，分层冻结，逐层开挖。

(2)筑岛、围堰施工安全控制要点：

①人工筑岛，应搭设双向运输便道或便桥。

②采用挡土板或板桩围堰，应视土质、涌水、挖深情况，逐段支撑。施工中，遇有流沙、涌沙或支撑变形等异常情况时，应立即停止挖掘，并立即撤出作业人员。

③采用吸泥船吹沙筑岛，要对船体吃水深度、停泊位置、管路射程及连接方法等，进行严格检查和试验。

④挖基工程所设置的各种围堰和基坑支撑，其结构必须坚固牢靠。

⑤基坑抽水过程中，要指派专人经常检查土层变化、支撑结构受力等情况；基坑支撑拆除时，应在现场技术负责人的指导下进行。

(3)钢板桩及钢筋混凝土板桩围堰施工安全控制要点：

①根据施工条件和安全要求及水深、地质等情况适当选择桩长，准确确定围堰尺寸、钢板桩数量、打入位置、入土深度和桩顶高程，使之既不影响水上施工，又不会伤及水下桩基等构造物。

②插打钢板桩(包括钢筋混凝土板桩)围堰前应对打桩机、卷扬机及其配套机具设备、绳索等，进行全面检查，经试验、鉴定合格后方可施工。

③钢板桩起吊应听从信号指挥，吊起的钢板桩未就位前，插桩桩位处不得站人。

④插打钢板桩宜插桩到全部合龙，然后再分段、分次打到高程。插桩顺序：在无潮汐河流中一般是从上游中间开始分两侧对称插打至下游合龙；在潮汐河流，因有两个流向的关系，为减少水流阻力，可采取从侧面开始，向上、下游插打，在另一侧合龙。插打钢板桩时，如因吊机高度不足，可改变吊点位置，在转换吊点时，必须先挂后换，使新吊点吃力后，并确定牢固，才能拆除原吊点。

⑤桩锤一般采用振动桩锤。钢板桩在锤击下沉时，初始阶段应轻打。

⑥使用沉拔桩锤沉拔板桩时，桩锤各部机件、连接件要确保完好，电气线路、绝缘部分要良好绝缘。

⑦拔桩时，应从下游向上游依次进行。遇有拔不动的钢板桩时，应立即停拔检查，可采取射水、振动等松动措施，严禁硬拔。

⑧采用吊机船拔除钢板桩时，应指派专人经常检查吊机船的吃水深度、拔桩机或吊机受力情况，拔桩机和吊机应安装“限负荷”装置，以防超负荷作业。

⑨钢筋混凝土板桩采用锤击下沉时,桩头和桩尖部位应采取加固措施。

(4)钻孔灌柱桩基础施工安全控制要点:

①钻机就位后,对钻机及其配套设备,应进行全面检查。

②各类钻机在作业中,应由本机或机管负责人指定的操作人员操作,其他人不得登机。

③每次拆换钻杆或钻头时,要迅速快捷,保证连接牢靠。

④采用冲击钻孔时,应随时检查选用的钻锥、卷扬机和钢丝绳的损伤情况,当断丝已超过5%时,必须立即更换;卷扬机套筒上的钢丝绳应排列整齐。

⑤使用正、反循环及潜水钻机钻孔时,对电缆线要严格检查;钻孔过程中,必须设有专人按规定指标保持孔内水位的高度及泥浆的稠度,以防坍孔。

⑥钻机停钻,必须将钻头提出孔外,置于钻架上,严禁将钻头停留孔内过久。

⑦采用冲抓或冲击钻孔,应防止碰撞护筒、孔壁和钩挂护筒底缘。提升时,应缓慢平稳。钻头提升高度应分阶段(按进尺深度)严格控制。

(5)人工挖孔桩安全控制要点:

①严格施工队伍管理,施工人员必须经过安全培训,严格按施工方案进行。

②施工现场必须备有氧气瓶、气体检测仪器。

③施工人员下孔前,先向孔内送风,并检测确认无误,才允许下孔作业。

④施工所用的电气设备必须加装漏电保护器,孔下施工照明必须使用24V以下安全电压。

⑤采用混凝土护壁时,必须挖一节,浇筑一节,不准漏打。

⑥孔下人员作业时,孔上必须设专人监护,监护人员不准擅离职守,保持上下通话联系。

⑦发现情况异常,如地下水、黑土层和有害气体等,必须立即停止作业,撤离危险区,不准冒险作业。

⑧每个桩孔口必须备有孔口盖,完工或下班时必须将孔盖盖好。

⑨作业人员不得乘吊桶上下,必须另配钢丝绳及滑轮,并设有断绳保护装置。

⑩挖孔作业人员在施工前必须穿长筒绝缘鞋,头戴安全帽,腰系安全带,井下设置安全绳。

⑪井口周边必须设置不少于周边3/4范围的围栏,护栏外挂密目网。

⑫作业人员严禁酒后作业,不准在孔内吸烟,不准带火源下井。

⑬井孔挖出的土方必须及时运走,孔口周围1m内禁止堆放泥土、杂物,堆土应在孔井边1.5m以外。

⑭井下人员应轮换工作,连续工作不宜超过4h。

⑮井孔挖至5m以下时,必须设置半圆防护板,遇到起吊大块石时,孔内人员应先撤至地面。

(6)墩台施工安全控制要点:

①就地浇筑墩台混凝土,施工前必须搭设好脚手架和作业平台,模板就位后,应立即用撑木等固定其位置,以防倾倒砸人。

②用吊斗浇筑混凝土,吊斗提降时,应设专人指挥。

③在围堰内浇筑墩台混凝土,应安设梯子或设置跳板,供作业人员上下。

④凿除混凝土浮浆及桩头,作业人员必须按规定佩戴防护用品。严禁风枪对准人。

⑤拆除模板，应划定禁行区，严禁行人通过。

(7)滑模施工安全控制要点：

①高桥墩(台)、塔墩、索塔等高层结构，采用滑模施工时，应按照高处作业的安全规定，加设安全防护设施，穿戴好个人防护用品，并根据工程特点，编制单项施工方案及其安全技术措施，并向参加滑模施工的人员进行安全技术交底。

②采用滑板施工时，滑模及提升结构应按设计制作和施工，并严格按照施工设计安装。作业前要对滑升模板进行验算和试验，并应有足够的安全系数。顶杆和提升设备，应符合墩身的形状和要求。

③当塔墩等高层建筑采用爬模施工方法时，应进行特殊设计，在工厂制作。爬升架体系、操作平台、脚手架等，要保证具有足够的刚度和安全度。

④操作平台上的施工荷载，应均匀对称，不得超负荷。

⑤浇筑混凝土时，不得用大罐漏斗直接灌入，防止冲击模板。

⑥模板每次提升前应进行检查，排除故障，观察偏斜数值。提升时，千斤顶应同步作业。

⑦操作平台的水平度、倾斜度应经常检查，发现问题应及时采取措施。

⑧主要机具、电器、运输设备等，应定机定人，严格执行交接班制度。

⑨为防止模板发生倾斜、扭转，滑模施工宜采用油压千斤顶，并保持同步提升。

⑩支座安装，应按设计施工。采用盆式橡胶支座，可在场地装配后，整体或部分吊装就位。

⑪拆除滑模设备时，应做好安全防护措施。拆除时可视吊装设备能力，分组拆除或吊至地面上解体，以减少高处作业量和杆件变形。

(8)预制构件安装作业安全控制要点：

①装配式构件(梁、板)的安装，应制订安装方案，并建立统一的指挥系统。施工难度、危险性较大的作业项目应组织施工技术、指挥、作业人员进行培训。吊装作业所使用的起重设备都应符合国家关于特种设备的安全规程，并进行严格管理。

②吊装作业应根据吊装构件的大小、重量，选择适宜的吊装方法和机具，不准超负荷。

③吊钩的中心线，必须通过吊体的重心，严禁倾斜吊卸构件。

④起吊大型及有突出边棱的构件时，应在钢丝绳与构件接触的拐角处设垫衬。

⑤单导梁、墩顶龙门架安装构件时，各节点应连接牢固，在桥跨中推进时，悬臂部分不得超过已拼好导梁全长的1/3；墩顶或临时墩顶导梁通过的导轮支座必须牢固可靠。导梁上的轨道必须平行等距铺设，墩顶龙门架使用托架托运时，托架两端应保持平衡稳定，行进速度应缓慢。龙门架顶横移轨道的两端应设置制动枕木。

⑥预制场采用千斤顶顶升构件装车及双导梁、桁梁安装构件时，千斤顶使用前，要做承载试验构件进入落梁或其他装载工具横移到位时，应保持构件在落梁时的平衡稳定；顶升T梁、箱梁等大吨位构件时，必须在梁两端加设支撑。预制场和墩顶装载构件的滑移设备要有足够的强度和稳定性，牵引(或顶推)构件滑移时，施力要均匀。双导梁向前推进中，应保持两导梁同速进行。

⑦架桥机安装构件时，架桥机组拼、悬臂牵引中的平衡稳定及机具配备等，均应按设计要求进行；架桥机就位后，为保持前后支点的稳定，应用方木支垫。构件在架桥上纵、横向移动时，应平缓进行。

(9)上部混凝土结构施工安全控制要点：

①作业前，对机具设备及其拼装状态、防护设施等进行检查，主要机具应经过试运转。

②施工中，应随时检查支架和模板，发现异常状况应及时采取措施。支架、模板拆除，应按设计和施工中有关规定的拆除程序进行。

③就地浇筑水上的各类上部结构，要按照水上作业的安全规定进行施工、作业。

(10)悬臂浇筑法施工安全控制要点：

①施工前，应组织有关人员进行安全技术交底，制定安全技术措施。挂篮组拼后，要进行全面检查，并做静载试验。

②施工操作人员进入现场时，必须戴安全帽，高空作业人员要体检，有不适病症的人员严禁上岗，托架、挂簸上的施工遇 6 级以上大风时应停止作业。

③施工托架、挂篮安装时，必须先安装好走道、栏杆，所有的栏杆使用扣件或绑扎固定，并检查其安全可靠性，托架、挂篮作业平台边缘必须设挡脚板，以防止台上杂物坠落伤人。

④预应力张拉现场内与该工作无关的人员严禁入内，张拉或退楔时，千斤顶后面不得站人，以防预应力筋拉断或锚具崩出。

⑤设立桥面临时护栏。为保证施工人员在高空处的作业安全，防止材料、机具等物体从已浇好的桥面上坠落伤人，在已浇筑过的梁段上焊制安装 1.2m 高度的桥面临时护栏，作业区范围内使用安全网封闭施工。

⑥夜间施工要有良好的照明设备，危险地段设危险标志和缓行标志，配备足够的交通值勤人员，组织好过往行人及车辆，确保人员车辆的安全。

⑦使用连接器的锚点和吊带，必须在精轧螺纹钢筋端头做好油漆记号，安装时要保证钢筋安装到位，一般伸入连接器内不少于 8cm。

⑧一个挂篮主桁的后锚共需 4 根精轧螺纹钢筋，一个挂篮后锚总共需要 8 根精轧螺纹钢筋锚固，挂篮行走到位后要及时锚固好。

⑨顶升挂篮的千斤顶、提升挂篮的葫芦要确保完好，严禁超负荷工作。

⑩4 根前吊带受力要均匀，在调整高程时，4 根吊带就要调好，不能先调好 2 根之后在没有仪器监控的情况下调另外 2 根。

⑪挂篮行走时，要确保吊带、模板等与挂篮分离，并派专人观察行走是否正常，挂篮、模板与箱梁或其他物品是否发生摩擦、牵挂，发现行走异常应立即停止，查明原因处理后再开始行走。

⑫挂篮行走要对称进行，行走前要弹出纵向轴线，在轨道上划出行走控制刻度线，行走时两侧行程要保持一致，轴向正确。

⑬挂篮行走到一定位置后，要及时对腹板外侧、底板进行修饰、打磨，使混凝土外观一致，对轻微错台，用扁钻子剔平，不得随意涂抹，吊带孔也要及时封堵。

(11)顶推及滑移模架法施工安全控制要点：

①采用顶推法施工，在墩台上也要有足够的工作面，以便更换滑道及留出安装支座的空间，并应验算在偏压情况下墩台结构的安全度。

②顶堆施工所用的机具设备、材料在使用前，应全面检查、验收和试验。

③设计应提供主梁最大悬臂状态下允许挠度值及顶推各阶段的墩顶反力和顶推力，应换

算为油压读数和允许的墩顶位移值，以便控制位移量。

④采用多点顶推或单点顶推，其动力均应有统一的控制手段，使其能达到同步、纠偏、灵活和安全可靠。

⑤上下桥墩和梁上作业时，应设置扶梯、围栏、悬挂安全网等安全防护设施。

⑥顶推施工中，应有统一的指挥信号。必要时，应备有便利的现场通信设备。

⑦用滑移模架法浇筑箱梁混凝土时，模架支撑于钢箱梁上，其前后端桁架梁必须用优质高强螺栓连接好并拧紧。

⑧上岗作业必须穿防滑鞋、戴安全帽，拆卸底模人员，必须挂好安全带。

(12)预应力张拉施工安全控制要点：

①预应力钢束(钢丝束、钢绞线)张拉施工前，应检查张拉设备工具是否符合施工安全的要求。压力表应按规定周期进行检定；油泵开动时，进、回油速度与压力表指针升降保持一致，并平稳、均匀。

②后张法张拉时，应检查混凝土强度，必须达到设计要求强度后，方可进行张拉。

③钢束张拉应严格按规定程序进行。张拉作业中，应集中精力，看准仪表，记录要准确无误；若出现异常现象(如油表振动剧烈，发生漏油，电机声音异常，发生断丝、滑丝等)，应立即停机进行检查。

④张拉钢束完毕，退销时，应采取安全防护措施，防止销子弹出伤人。张拉时和完毕后，对张拉施锚两侧均应妥善保护，不得压重物。

⑤先张法张拉施工，除遵守张拉作业一般安全规定外，先张法张拉台座结构，应满足设计要求。张拉前，对台座、横梁及各种张拉设备、仪器等进行详细检查，合格后方可施工；先张法张拉中和未浇筑混凝土之前，周围不得站人和进行其他作业。浇筑混凝土时，严防振动。

(13)跨线桥及通道桥涵施工安全控制要点：

①公路桥跨越铁路或其他线路时，施工前，应获得相关主管部门许可，编制专门的安全施工组织设计或安全专项方案。

②公路桥跨越铁路或其他线路时，施工期间，特别是梁体吊装阶段，应在施工现场及两端足够远处适宜地点设置人员和通信设备。避免在列车通过的情况下，进行吊梁安装作业。

③对结构复杂、施工期较长的大型立交桥施工前，应编制专门的安全施工组织设计，确保不发生影响通车及坠物伤人事故；制定架梁吊装施工方案及安全技术措施，向作业人员进行安全技术交底和培训；配备通信设施，确保在紧急情况下，能够妥善处理发生的事故。

(14)斜拉桥、悬索桥施工安全控制要点：

①斜拉桥和悬索桥(吊桥)的索塔施工，属于高处或超高处作业，应根据结构、高度及施工工艺的不同情况，制定相应的、专门的安全施工组织设计、安全作业指导书(操作细则)。

②索塔分节立模浇筑前，应搭好脚手架、扶梯、人行道及护栏。浇筑塔身混凝土，应按规定挂好减速漏斗及保险绳，漏斗上口应堵严，以防石子下落伤人。

③塔底与桥墩为铰接时，施工中必须将塔底临时固定。斜缆索全部安装并张拉完成后，方可撤除风缆并恢复铰接。

④施工期间，应与当地气象站建立联系，密切注意天气变化，大风、雷雨时，应立即停止作业。

⑤随着索塔升高,防雷电设施必须相应跟上,避雷系统未完善前,不得开工。

⑥缆索的制作与安装作业,应该做到:缆索施工时,不得撞伤锚头;缆索的防护层,不得有折损或磨伤;悬索桥的主索及斜拉桥的斜缆索,应进行破断试验,其破断力应满足设计要求;主索及斜缆索顶张拉时,应选择适当场地,埋设足够强度的地锚。对张拉设备,应严格检查,以确保安全。

⑦悬索桥施工中,临时架设的工作索、牵引索安装完毕后,应对索具、吊具等进行全面、仔细检查。

⑧悬索桥采取重力式锚碇时,对锚碇体的施工,应按照有关安全规定浇筑混凝土或砌体工程。锚碇体必须达到坚实牢固。

四、水上工程施工安全管理

1. 水上工程施工安全管理内容

水上工程施工安全管理内容包括:针对水上施工的安全培训和安全技术交底;针对水上施工气象、水文、海域、航道、海上紧急避险等外界施工环境的安全管理;针对水上交通、浮吊等施工机械的安全管理等。

2. 水上工程施工安全管理的要求

(1)水上工程施工应严格按照《中华人民共和国海上交通安全法》《中华人民共和国内河交通安全管理条例》《中华人民共和国水上水下活动通航安全管理规定》及其他有关规定,制定相应的施工安全措施。

(2)在船舶通航的大江、大河、大海区域进行水上施工作业前,必须按《中华人民共和国水上水下施工作业通航安全管理规定》的程序,在规定的期限内向施工所在地海事部门提出施工作业通航安全审核申请,批准并取得水上水下施工许可证后,方可施工。

(3)水上作业施工前,应了解江、河、海域铺设的各种电缆、光缆、管道的走向,按规定采取有效措施予以保护,防止电缆、光缆及水下管道遭到损坏。

(4)项目应制定水上作业各分项工程安全实施方案和水上作业安全技术措施,防止施工便桥、平台、护筒口、模板施工低于水位,影响施工和行洪,对参加水上施工作业的人员,必须进行水上作业的安全知识教育和专项技术培训,并做好安全交底工作。

(5)水上施工必须在作业人员必经的栈桥、浮箱、交通船、水上工作平台、临时码头上配备安全防护装置和救生设施。

(6)进行水上夜间施工时,要有充足的灯光照明,尽量避免单人操作,特别是电焊作业时,最少安排两人相互监护。

(7)施工项目方要与地方气象部门、海事部门建立工作联系,及时了解和掌握施工水域的气候、涌潮、浪况、潮汐、台风等气象信息,正确指导安全施工。

(8)作业人员进入水上作业时,必须穿好救生衣,戴好安全帽。乘坐交通船上下班时,必须等船停稳后,方可从指定的通道上下船。严禁从船上往下跳跃,防止拥挤、推拉、碰撞、摔伤或滑落水中。

(9)参加水上施工的船舶(打桩船、浮吊、驳船、拖轮、变通船)必须证照齐全,按规定配备足够的船员,船舶机械性能良好,能满足施工要求,并及时到海事监督部门签证。

(10)在浮箱上作业时,要注意来往船只航行时引起的涌浪造成浮箱颠簸,致作业人员摔伤或被移位物体碰撞、打击,造成伤害。

(11)航道水域上下游各布置一警示标牌,警示过往船舶不得随意进入施工航道。临时施工栈桥设置警示防雾灯,通航口位置设置导航灯,防止过往船舶撞击。

(12)遇有六级以上大风、大浪等恶劣天气时,应停止水上作业。

五、高空工程施工安全管理

1.高空工程施工安全管理内容

高空工程施工安全管理内容包括:高空作业人员管理;从业人员的安全培训、安全技术交底、现场安全监督检查等;高空作业临边防护及高空作业平台、高空防坠落等现场环境安全管理;高空作业机械、工具、各种用电等物的安全管理。

2.高空工程施工安全管理的要求

(1)高空作业施工前,应逐级进行安全技术教育及交底,落实所有安全技术措施和个人防护用品,未经落实时不得进行施工。

(2)高处作业中的安全标志、工具、仪表、电气设施和各种设备,必须在施工前加以检查,确认其完好,方能投入使用。

(3)悬空、攀登高处作业以及搭设高处安全设施的人员,必须按照国家有关规定经过专门的安全作业培训,并取得特种作业操作资格证书后,方可上岗作业。

(4)从事高空作业的人员必须定期进行身体检查,诊断患有心脏病、贫血、高血压、癫痫病、恐高症及其他不适宜高处作业的疾病时,不得从事高处作业。

(5)高空作业人员应头戴安全帽,身穿紧口工作服,脚穿防滑鞋,腰系安全带。在有坠落可能的部位作业时,必须把安全带挂在牢固的结构上,安全带应高挂低用,不可随意缠在腰上,安全带长度不应超过3m。作业时要严格遵守各项劳动纪律和安全操作规程,严禁酒后和过度疲劳的人员进行登高作业。

(6)高空作业场所有坠落可能的物体,应一律先行撤除或予以固定。所用物件均应堆放平稳,不妨碍通行和装卸。工具应随手放入工具袋,拆卸下的物件及余料和废料均应及时清理运走,清理时应采用传递或系绳提溜方式,禁止抛掷。

(7)遇有六级以上强风、浓雾和大雨等恶劣天气时,不得进行露天悬空与攀登高处作业。台风暴雨后,应对高处作业安全设施逐一检查,发现有松动、变形、损坏或脱落、漏雨、漏电等现象,应立即修理完善或重新设置。

(8)所有安全防护设施和安全标志等,任何人都不得损坏或擅自移动和拆除。因作业必须临时拆除或变动安全防护设施、安全标志时,必须经有关施工负责人同意,并采取相应的可靠措施,作业完毕后立即恢复。

(9)施工中对高空作业的安全技术设施发现有缺陷和隐患时,必须立即报告,及时解决。危及人身安全时,必须立即停止作业。

(10)高处作业上下应设置联系信号或通信装置,并指定专人负责。

六、工程案例

项目概况:××高速公路(××段)合同段路面工程由××公司承建,××公司监理。主线全长27.974km,起讫桩号为K39+700～K67+674。本项目采用全封闭、全立交双向四车道高速公路标准,主线路基宽28.0m,设计时速120km/h。其中互通立交2处,枢纽2处,服务区1处。本标段内桥梁、明通道(涵洞)52座。本标段合同工期18个月,合同总价21 782万元。

主线路面结构采用三层沥青混凝土路面,其中上面层为4cm厚SMA-13S改性沥青,中面层为6cm厚中粒式改性沥青混合料(Superpave-20),下面层为8cm厚粗粒式沥青混合料(Superpave-25),基层为36cm水泥稳定碎石基层,下封层采用SBS改性乳化沥青。本合同段主要工程数量包括:4cm厚SMA-13S改性沥青混凝土793 838.3m^2,6cm厚Superpave-20型中粒式改性沥青混凝土794 725.6m^2,8cm厚Superpave-25型粗粒式沥青混凝土594 308m^2,34cm水泥稳定碎石基层700 356m^2。本合同段附属工程主要包括中央分隔带、路缘石、路面排水、管道工程等。

简要介绍该合同段安全生产体系建立情况及采取的安全措施。

(一)建立项目部安全生产责任体系

1.总体要求

(1)遵守"安全第一、预防为主、综合治理"的方针,按照有关安全生产法律法规和工程建设强制性标准组织施工,服从建设单位、总监办的统一管理,切实履行施工方安全生产职责。

(2)项目经理为施工现场安全生产第一责任人。

(3)项目经理部配备1名专职安全副经理,并设置安全管理部门负责安全生产管理工作。

(4)项目经理部制定的安全管理制度等文件下发各部门和施工队(班组)并报备总监办和公司。

(5)项目经理部编制的施工组织设计中应包括安全技术措施和临时用电方案。

(6)项目经理部在工程开工前及分部分项工程开工前进行安全生产条件的检查,填写《安全生产条件自查表》随《开工报告》一并报总监审批。

(7)将工程分包给其他单位的,分包合同中应明确各自的安全生产方面的权利、义务,总承包单位对分包工程的安全生产承担连带责任。项目经理部应对分包单位安全生产实行统一管理,对分包工程的安全实施有效控制。

(8)项目经理部应识别适用的安全生产法律、行政性法规、部门规章、地方性法规、相关标准规范、行业主管部门安全管理相关规定等,并收集存档。

2.安全管理目标

(1)项目经理部制定安全管理目标。

安全管理总体目标:杜绝重、特大生产安全事故,遏制较大生产安全事故,减少一般生产安全事故,杜绝安全责任事故。

安全管理控制目标:

①无工伤死亡责任事故。

②无火灾、爆炸、中毒、管线破坏等社会影响较大事故。

③安全教育培训率、安全管理人员及特种作业人员持证上岗率、特种设备检测合格率、事故隐患整改率达100%。

(2)安全管理目标由项目经理组织制定。

(3)项目经理部根据安全管理目标,并结合工程项目特点、上级管理部门、建设单位及总监办相关要求制定总体、年度及月度安全生产工作目标，并将目标分解到各部门和施工队（班组）。

（4）项目经理部应根据分解的安全生产工作计划定期组织考核，并接受上级有关部门的考核。

（5）安全生产目标应在项目经理部会议室悬挂上墙。

3.安全生产责任制

（1）项目经理部制定安全生产责任制度。

制度内容应包括：建立安全生产管理组织机构，明确各部门（岗位）的安全生产职责，落实安全生产责任等。

（2）项目经理部建立安全生产管理组织机构，成立安全生产领导小组，项目经理任组长，安全副经理、其他副经理及总工程师任副组长，各部门（岗位）及分包单位负责人为成员。安全生产领导小组下设办公室，由安全管理部门负责人兼任。

（3）项目部安全生产责任体系应覆盖施工单位的领导层、管理层、作业层。

（4）将项目经理部成立的安全管理领导小组报备总监办和建设单位。

（5）项目经理部主要成员发生变更时，应按规定及时履行变更手续，变更资料应整理归档。项目经理、总工程师、试验室主任变更应经建设单位批准，

（6）项目经理部安全生产组织网络图和各部门（岗位）安全生产职责应下发到各部门（岗位）并悬挂上墙。

（7）项目经理应与各部门（岗位）负责人、施工队（班组）负责人签订安全生产责任书。

4.安全生产领导小组职责

（1）认真贯彻执行国家安全生产和劳动保护的方针、政策、法令以及上级规章制度、指示和决议，及时传达贯彻上级安全部门下达的各种文件通知精神，按要求布置安全生产工作。

（2）就经理部和工程项目安全生产的重大事项做出决策。依照公司安全生产操作规程、劳动保护、治安消防等相关制度，对违章违纪事件的相关人员进行处理、处罚。

（3）负责制订经理部或工程项目的安全生产规划和各项管理制度，建立健全安全生产岗位责任制，并及时研究和解决实施中出现的困难和问题。

（4）组织对工人进行安全生产教育培训，使工人熟悉安全生产规章制度和安全操作规程，掌握本岗位的操作技能，按规定持证上岗。

（5）定期进行全面的安全生产大检查，召开专门会议，分析安全生产形势、制订包括消除重大安全隐患的预防措施。对检查中发现的安全生产隐患及时予以整改。

（6）对施工中的危险源进行分析，负责制订应急预案，并落实实施。

（7）协助上级主管部门进行对安全伤亡事故的调查、分析和处理。

（8）对各科室、各施工区违反安全生产法律法规，侵犯工人合法权益的行为及时进行纠正。做好工人的劳动保障工作，不断改善作业环境，对违章指挥强令冒险作业的情况予以制止。

（二）项目安全措施

1.主要危险源分析

结合本合同段沥青面层施工的特点，对施工前场和后场的危险源进行分析，可分为以下几种：

(1)沥青面层施工现场安全问题。沥青面层施工现场涉及人员、机械、运输车辆等安全操作问题,易引发机械伤害、交通事故等事故,需要做好施工现场的安全防控工作。

(2)防护、绿化等工程交叉施工中的安全、文明、环保问题。各施工单位交叉施工易引发交通事故、机械伤害事故以及污染路面等问题,需要各施工单位科学组织、精心协调,做到安全、文明、环保施工。

(3)沥青拌和场的施工安全问题。沥青拌和场易引发触电、沥青烫伤、沥青泄露、高处坠落、火灾等安全事故,需要做好安全防控工作。

(4)临时用电安全问题。施工过程中用的都是高压电,易引发触电事故,需要对工人进行安全教育,做好施工过程中的用电管理。

(5)后场的油库易引发爆炸等事故,需要做好防控工作。

(6)路面施工需要多种机械设备配合施工,加之与其他附属工程的交叉施工,易引发机械伤害事故,需要做好机械伤害防控工作。

(7)交通安全组织问题:全线包含××停车区、××互通、××枢纽。其中需要进行交通管制的重点部位:K39+700起点、××互通C匝道、××枢纽与××高速公路连接线、K67+674终点。

2.沥青面层施工现场安全措施

(1)沥青面层施工主线安全防护措施

①全体施工人员上路前进行安全交底,做好施工安全教育,让施工人员从思想上重视施工安全,提高安全生产意识。

②施工作业时,施工人员应身着黄色反光背心、头戴安全帽、手戴安全手套等必需的安全防护用品。现场专职安全员要不时地对工人进行检查,查看施工人员的安全防护用品是否佩戴到位。

③为现场施工工人购买意外伤害保险,使施工工人的人身安全得到切实的保障。

④与绿化、防护等其他施工单位协调好,做到科学组织、优化设计方案,确保施工现场安全、文明、环保施工。

⑤设立专职安全员负责监督现场的安全管理,并及时维护设置的交通安全管理设施,做好现场安全、文明、环保施工的监督工作,发现问题及时指出并与相关部门沟通,确保监督工作落到实处。

⑥封闭不必要的施工便道,预留两至三个施工入口,设置封闭道路通告,安排专人值守,严禁非施工车辆和人员进入。

(2)摊铺现场的安全管理措施

①施工区内安全设施布设

在施工时为了保证给施工工人提供最大的安全保护,施工区分为以下六个部分:

a.预告区(提示前方道路施工,使行车者注意交通变化情况,以便及时采取措施)。预告区内每隔一定距离设置有关标志,施工预告标志应设在醒目的地方,这样易被驶来的车辆看到。在施工封闭道路段前,应设立施工预告标志,用于通告道路的交通阻断、绕行情况,使驾驶员有时间调整其行车速度。施工预告标志设置在行车方向的右侧,其布设主要考虑施工区交通流的情况、施工区视距及交通的干扰情况等。“前方施工”标志设在车道变窄点前至少200m

处。

b. 上游过渡区(起导流作用,引导车辆改变行驶方向,变换车道)。该区长度为65～100m;在上游过渡区前应设置"前方施工,非施工车辆禁止入内"的禁止驶入标志。

c. 缓冲区(引导车流有序行进)。缓冲区的长度应为80m;其与上游过渡区之间应设置路障,用锥形交通标志进行隔离;缓冲区内不准停放器具、车辆、材料,禁止工作人员停留,以避免由于车辆失控出现的事故。

d. 作业区(作业区是施工人员活动和工作的地方,车道与作业区之间设置隔离装置,作业区为工程车辆提供安全的进出口)。其长度一般根据施工的需要而定。施工区全程用锥形交通标志与通行车道进行隔离。半幅封闭施工时,双向通行的半幅路面利用锥形交通标志进行隔离,引导车辆各行其道。并派专人维护交通标志,防止交通标志倾倒或摔落路面,中间遗失的及时补上。

e. 下游过渡区(起导流作用,引导车辆改变行驶方向,变换车道,进入正常的行驶车道)。下游过渡区的长度应大于30m。

f. 终止区(表示施工区的结束和施工限制的解除,位于施工区的末端)。终止区的长度不小于30m。车辆驶过施工区后,利用锥形交通标志设置过渡区,引导车辆进入正常车道,其长度一般为30m,终止区的末端解除限制标志。

②施工工人安全操作

由于高速公路路面施工不能将交通完全封闭,施工场地狭小。施工人员的作业面小,沥青路面施工有毒性较大,施工人员容易中毒;施工机械,例如铣刨路面的铣刨机械、运送混合料的载货汽车、沥青混合料摊铺机、路面压实的压路机等,移动困难,容易产生碰撞事故或者施工无法开展的事故。因此需要认真进行安全生产管理,使施工过程中安全、质量、进度等三个方面的要求都能达到良好。

a. 参加沥青路面施工的操作人员,熟悉和掌握沥青的性能、特点,施工过程的注意事项,按规定穿戴好工作服、口罩、手套、厚皮底工作鞋等各种防护用品,严禁穿凉鞋、布鞋、短袖衣、短裤、裙子等;做好安全施工、文明施工的教育,防止因操作人员安全意识淡薄,违规单独行动,被紧张工作的施工机械意外伤害,造成安全事故。机械操作者在使用机械之前做到持证上岗,无证人员一律不得驾驶机械进行施工作业;通过安全教育,驾驶员严格按照操作规程作业,并树立安全生产意识;施工前对机械进行检查,排除故障;施工指挥人员对机械驾驶员预先做好作业内容和注意事项的技术交底。

b. 沥青摊铺时,摊铺机刮板的高度应事先调整好,以确保沥青路面的平整质量。摊铺机与运料自卸车联合操作,设专人指挥,做好协同配合。压路机碾压路面,先熟悉施工地段的地形。在碾压时,施工人员不得接近压路机。给压路机滚轮擦油的操作手,随时注意压路机前进、后退及转向的变化,与压路机操作手密切配合。擦油操作手与压路机保持1m的距离,切勿在压路机后退时,将擦油工具放在压路机滚轮与挡板处,防止夹入滚轮而伤人。施工完毕撤离现场前,做到工完料清。

c. 注意施工机械及安全设施在工作面完成后转移的交通组织。对施工机械的转移确保前后安全指导车导引和压后,安全设施转移,首先在已完工的作业区内逆向倒退收起安全设施,到标志牌时,在标志牌前面放置反光锥,最后快速撤走反光锥,由专职安全员指挥完成。进入下个作业区的摆放原则,从预告区开始放置,在上游过渡区、缓冲区加强反光锥及警示标志牌的放置,并派专人在前指挥,然后按车流方向依次摆放其余安全设施。

d.施工机械的施工现场安全管理重点抓好班组的安全管理工作。班组是搞好安全生产的基础,班组安全管理工作具有项目部管理的基础性、实践性和群众性的特点,项目部管理的基础工作、基层建设、基本功训练都要依靠班组来落实。加强班组的安全管理工作,尤其是机械班组的安全管理工作是非常必要的,它是企业保证安全生产目标的基础。施工机械的安全管理持续推行筑路机械安全作业的全方位性、全员性和系统化安全管理。

第四章　公路工程施工质量控制

本章主要介绍了施工项目质量管理体系的内容，常见的质量管理制度。路基、路面、桥涵、隧道及交通工程施工质量检验与评价；列举了某路基分项工程施工质量的检测与评价。

第一节　施工项目质量管理体系简介

一、施工项目质量管理体系的内容

1. 项目施工质量目标

项目施工质量保证体系，必须有明确的质量目标，并符合质量总目标的要求。项目施工质量目标的分解主要从两个角度展开，即：从时间角度展开，实施全过程的控制和从空间角度展开，实现全方位和全员的质量目标管理。

2. 项目施工质量计划

项目质量保证体系应有可行的质量计划。质量计划应根据企业的质量手册和项目质量目标来编制。工程项目质量计划可以按内容分为施工质量工作计划和施工质量成本计划。质量成本计划是规定最佳质量成本水平的费用计划，是开展质量成本管理的基准。质量成本可分为运行质量成本和外部质量保证成本。运行质量成本是指为运行质量体系达到和保持规定的质量水平所支付的费用，包括预防成本、鉴定成本、内部损失成本和外部损失成本。外部质量保证成本是指依据合同要求向顾客提供所需要的客观证据所支付的费用，包括特殊的和附加的质量保证措施、程序、数据、证实试验和评定费用。

3. 思想保证体系

用全面质量管理的思想、观点和方法，使全体人员真正树立起强烈的质量意识。

4. 组织保证体系

工程质量是各项管理的综合反映。也是管理水平的具体体现。必须建立健全各级组织，分工负责，做到以预防为主，预防与检查相结合，形成一个有明确任务、职责、权限、互相协调和互相促进的有机整体。

5. 工作保证体系

主要是明确工作任务和建立工作制度（新加），要落实在以下三个阶段：

（1）施工准备阶段的质量控制

做好施工准备的质量控制是确保施工质量的先决条件。

（2）施工阶段的质量控制

施工过程是建筑产品形成的过程，这个阶段的质量控制是非常关键的。为保证工程质量，应加强工序管理，建立质量检查制度，开展群众性的 QC 活动，建立内控标准，以确保施工阶段的工程质量。

(3)竣工验收阶段的质量控制

产品竣工验收,是指单位工程或单项工程完全竣工,移交给建设单位。同时,还指分部、分项工程中的某一道工序完成,移交给下一道施工工序。这一阶段主要应做好成品保护,加强工序联系,不断改进措施,建立回访制度等工作。

二、常见的质量管理制度

(1)技术交底制度

(2)施工过程质量检查制度

①分包和劳务用工管理制度;

②关键岗位培训、持证上岗制度;

③材料、设备、构配件进场检验及存储管理制度;

④施工工艺流程设计、试验制度;

⑤施工测量复核制度;

⑥施工图现场核对制度;

⑦基础技术资料管理制度;

⑧检验批、分项、分部、单位工程质量检查申报、签认制度。

(3)检验批隐蔽工程及关键部位检查制度

(4)开工报告审批制度

(5)成品保护制度

(6)质量事故报告、调查和处理制度

(7)质量信息管理制度

第二节　路基工程施工质量检验与评价

一、土方路基施工质量检验与评价

1.基本要求

(1)在路基用地和取土坑范围内,应清除地表植被、杂物、积水、淤泥和表土,处理坑塘,并按规范和设计要求对基底进行压实。

(2)路基填料应符合规范和设计的规定,经认真调查、试验后合理选用。

(3)填方路基须分层填筑压实,每层表面平整,路拱合适,排水良好。

(4)施工临时排水系统应与设计排水系统结合,避免冲刷边坡,勿使路基附近积水。

(5)在设定取土区内合理取土,不得滥开滥挖。完工后应按要求对取土坑和弃土场进行修整,保持合理的几何外形。

2.实测项目

土方路基实测项目见表4-1。

土方路基实测项目　　表 4-1

项次	检查项目			规定值或允许偏差			检查方法和频率	权值
				高速公路、一级公路	其他公路			
					二级公路	三、四级公路		
1△②	压实度(%)	零填及挖方(m)	0～0.30	—	—	94	按附录①B 检查。 密度法:每 200m 每压实层测 4 处	3
			0～0.80	≥96	≥95	—		
		填方(m)	0～0.80	≥96	≥95	≥94		
			0.80～1.50	≥94	≥94	≥93		
			>1.50	≥93	≥92	≥90		
2△	弯沉(0.01mm)			不大于设计要求值			按附录Ⅰ检查	3
3	纵断高程(mm)			+10,−15	+10,−20		水准仪:每 200m 测 4 断面	2
4	中线偏位(mm)			50	100		经纬仪:每 200m 测 4 点,弯道加 HY、YH 两点	2
5	宽度(mm)			符合设计要求			米尺:每 200m 测 4 处	2
6	平整度(mm)			15	20		3m 直尺:每 200m 测 2 处×10 尺	2
7	横坡(%)			±0.3	±0.5		水准仪:每 200m 测 4 个断面	1
8	边坡			符合设计要求			尺量:每 200m 测 4 处	1

注:①本章实测项目表中,"检查方法和频率"一栏"附录"指《公路工程质量检验评定标准》(JTG F80/1—2004)附录。
②"△"标记为涉及结构安全和使用功能的重要实测项目。

3. 外观鉴定

(1)路基表面平整,边线直顺,曲线圆滑。不符合要求时,单向累计长度每 50m 减 1～2 分。

(2)路基边坡坡面平顺,稳定,不得亏坡,曲线圆滑。不符合要求时,单向累计长度每 50m 减 1～2 分。

(3)取土坑、弃土堆、护坡道飞碎落台的位置适当,外形整齐、美观,防止水土流失。不符合要求时,每处减 1～2 分。

二、石方路基施工质量检验与评价

1. 基本要求

(1)石方路堑的开挖宜采用光面爆破法。爆破后应及时清理险石、松石,确保边坡安全、稳定。

(2)修筑填石路堤时应进行地表清理,逐层水平填筑石块,摆放平稳,码砌边部。填筑层厚度及石块尺寸应符合设计和施工规范规定,填石空隙用石渣、石屑嵌压稳定。上、下路床填料和石料最大尺寸应符合规范规定。采用振动压路机分层碾压,压至填筑层顶面石块稳定,20t 以上压路机振压两遍无明显高程差异。

(3)路基表面应整修平整。

2. 实测项目

石方路基实测项目见表 4-2。

石方路基实测项目　　表 4-2

<table>
<tr><th rowspan="2">项次</th><th rowspan="2" colspan="2">检 查 项 目</th><th colspan="2">规定值或允许偏差</th><th rowspan="2">检查方法和频率</th><th rowspan="2">权值</th></tr>
<tr><th>高速公路、一级公路</th><th>其他公路</th></tr>
<tr><td>1</td><td colspan="2">压实</td><td colspan="2">层厚和碾压遍数符合要求</td><td>检查施工记录</td><td>3</td></tr>
<tr><td>2</td><td colspan="2">纵断高程(mm)</td><td>+10,-20</td><td>+10,-30</td><td>水准仪:每 200m 测 4 断面</td><td>2</td></tr>
<tr><td>3</td><td colspan="2">中线偏位(mm)</td><td>50</td><td>100</td><td>经纬仪:每 200m 测 4 点,弯道加 HY、YH 两点</td><td>2</td></tr>
<tr><td>4</td><td colspan="2">宽度(mm)</td><td colspan="2">不小于设计要求值</td><td>米尺:每 200m 测 4 处</td><td>2</td></tr>
<tr><td>5</td><td colspan="2">平整度(mm)</td><td>20</td><td>30</td><td>3m 直尺:每 200m 测 2 处×10 尺</td><td>2</td></tr>
<tr><td>6</td><td colspan="2">横坡(%)</td><td>±0.3</td><td>±0.5</td><td>水准仪:每 200m 测 4 断面</td><td>1</td></tr>
<tr><td rowspan="2">7</td><td rowspan="2">边坡</td><td>坡度</td><td colspan="2">不陡于设计要求值</td><td rowspan="2">每 200m 抽查 4 处</td><td rowspan="2">1</td></tr>
<tr><td>平顺度</td><td colspan="2">符合设计要求</td></tr>
</table>

注:土石混填路基压实度或固体体积率可根据实际可能进行检验,其他检测项目与石方路基相同。

3. 外观鉴定

(1)上边坡不得有松石。不符合要求时,每处减 1～2 分。

(2)路基边线直顺,曲线圆滑。不符合要求时,单向累计长度每 50m 减 1～2 分。

三、软土地区路基施工质量检验与评价

1. 基本要求

(1)换填地基的填筑压实要求同土方路基。

(2)砂垫层:砂的规格和质量必须符合设计要求和规范规定;适当洒水,分层压实;砂垫层宽度应宽出路基边脚 0.5～1.0m,两侧端以片石护砌;砂垫层厚度及其上铺设的反滤层应符合设计要求。

(3)反压护道:填筑材料、护道高度、宽度应符合设计要求,压实度不低于 90%。

(4)袋装砂井、塑料排水板:砂的规格、质量、砂袋织物质量和塑料排水板质量必须符合设计要求;砂袋和塑料排水板下沉时不得出现扭结、断裂等现象;井(板)底高程必须符合设计要求,其顶端必须按规范要求伸入砂垫层。

(5)碎石桩:碎石材料应符合设计要求;应严格按试桩结果控制电流和振冲器的留振时间;分批加入碎石,注意振密挤实效果,防止发生"断桩"或"颈缩桩"。

(6)砂桩:砂料应符合规定要求;砂的含水量应根据成桩方法合理确定;应确保桩体连续、密实。

(7)粉喷桩:水泥应符合设计要求;根据成桩试验确定的技术参数进行施工;严格控制喷粉时间、停粉时间和水泥喷入量,不得中断喷粉,确保粉喷桩长度;桩身上部范围内必须进行二次搅拌,确保桩身质量;发现喷粉量不足时,应整桩复打;喷粉中断时,复打重叠孔段应大于 1m。

(8)软土地基上的路堤,应在施工过程中进行沉降观测和稳定性观测,并根据观测结果对路堤填筑速率和预压期等做出必要调整。

2. 实测项目

砂垫层、袋装砂井、塑料排水板、碎石桩(砂桩)和粉喷桩的实测项目见表 4-3～表 4-6。

砂垫层实测项目　　表4-3

项　　次	检 查 项 目	规定值或允许偏差	检查方法和频率	权　　值
1	砂垫层厚度(mm)	不小于设计要求值	每200m检查4处	3
2	砂垫层宽度(mm)	不小于设计要求值	每200m检查4处	1
3	反滤层设置	符合设计要求	每200m检查4处	1
4	压实度(%)	90	每200m检查4处	2

袋装砂井、塑料排水板实测项目　　表4-4

项　　次	检 查 项 目	规定值或允许偏差	检查方法和频率	权　　值
1	井(板)间距(mm)	±150	抽查2%	2
2	井(板)长度	不小于设计要求值	检查施工记录	3
3	竖直度(%)	1.5	检查施工记录	2
4	砂井直径(mm)	+10,0	挖验2%	1
5	灌砂量(%)	−5	检查施工记录	2

碎石桩(砂桩)实测项目　　表4-5

项　　次	检 查 项 目	规定值或允许偏差	检查方法和频率	权　　值
1	桩距(mm)	±150	抽查2%	1
2	桩径(mm)	不小于设计要求值	抽查2%	2
3	桩长(m)	不小于设计要求值	检查施工记录	3
4	竖直度(%)	1.5	检查施工记录	2
5	灌石(砂)量	不小于设计要求值	检查施工记录	2

粉喷桩实测项目　　表4-6

项　　次	检 查 项 目	规定值或允许偏差	检查方法和频率	权　　值
1	桩距(mm)	±100	抽查2%	1
2	桩径(mm)	不小于设计要求值	抽查2%	2
3	桩长(m)	不小于设计要求值	检查施工记录	3
4	竖直度(%)	1.5	检查记工记录	1
5	单桩喷粉量	符合设计要求	检查施工记录	3
6	强度(kPa)	不小于设计要求值	抽查5%	3

3.外观鉴定

砂垫层表面坑洼不平时,每处减1～2分。

四、路基排水设施施工质量检验与评价

(一)土沟

1.基本要求

(1)土沟边坡必须平整、坚实、稳定,严禁贴坡。

(2)沟底应平顺整齐,不得有松散土和其他杂物,排水畅通。

2. 实测项目

土沟实测项目见表 4-7。

土 沟 实 测 项 目　　表 4-7

项次	检 查 项 目	规定值或允许偏差	检查方法和频率	权值
1	沟底高程(mm)	0,－30	水准仪:每 200m 测 4 处	2
2	断面尺寸(mm)	不小于设计要求值	尺量:每 200m 测 2 处	2
3	边坡坡度	不陡于设计要求值	尺量:每 200m 测 2 处	1
4	边棱直顺度(mm)	50	尺量:20m 拉线,每 200m 测 2 处	1

3. 外观鉴定

沟底无明显凹凸不平和阻水现象。不符合要求时,每处减 1～2 分。

(二)浆砌排水沟

1. 基本要求

(1)砌体砂浆配合比准确,砌缝内砂浆均匀饱满,勾缝密实。

(2)浆砌片(块)石、混凝土预制块的质量和规格应符合设计要求。

(3)基础中缩缝应与墙身缩缝对齐。

(4)砌体抹面应平整、压光、直顺,不得有裂缝、空鼓现象。

2. 实测项目

浆砌排水沟实测项目见表 4-8。

浆砌排水沟实测项目　　表 4-8

项次	检 查 项 目	规定值或允许偏差	检查方法和频率	权值
1△	砂浆强度(MPa)	在合格标准内	按附录 F 检查	3
2	轴线偏位(mm)	50	经纬仪或尺量:每 200m 测 5 处	1
3	沟底高程(mm)	＋15	水准仪:每 200m5 点	2
4	墙面直顺度(mm)或坡度	30 或不陡于设计要求值	20m 拉线、坡度尺:每 200m 测 2 处	1
5	断面尺寸(mm)	±30	尺量:每 200m 测 2 处	2
6	铺砌厚度(mm)	不小于设计要求值	尺量:每 200m 测 2 处	1
7	基础垫层宽、厚(mm)	不小于设计要求值	尺量:每 200m 测 2 处	1

3. 外观鉴定

(1)砌体内侧及沟底应平顺。不符合要求时,减 1～2 分。

(2)沟底不得有杂物。不符合要求时,减 1～2 分。

(三)盲沟

1. 基本要求

(1)盲沟的设置及材料规格、质量等应符合设计要求和施工规范规定。

(2)反滤层应用筛选过的中砂、粗砂、砾石等渗水性材料分层填筑。

(3)排水层应采用石质坚硬的较大粒料填筑,以保证排水孔隙度。

2. 实测项目

盲沟实测项目见表 4-9。

盲 沟 实 测 项 目　　表 4-9

项　次	检 查 项 目	规定值或允许偏差	检查方法和频率	权　值
1	沟底高程(mm)	±15	水准仪:每 10～20m 测 1 处	1
2	断面尺寸(mm)	不小于设计要求值	尺量:每 20m 测 1 处	1

3. 外观鉴定

(1)反滤层应层次分明。不符合要求时,减 1～2 分。

(2)进、出水口应排水通畅。不符合要求时,减 1～2 分。

五、防护工程施工质量检验与评价

(一)砌体挡土墙

1. 基本要求

(1)石料或混凝土预制块的强度、规格和质量应符合有关规范和设计要求。

(2)砂浆所用的水泥、砂、水的质量应符合有关规范的要求,按规定的配合比施工。

(3)地基承载力必须满足设计要求,基础埋置深度应满足施工规范要求。

(4)砌筑应分层错缝。浆砌时坐浆挤紧,嵌填饱满密实,不得有空洞;干砌时不得松动、叠砌和浮塞。

(5)沉降缝、泄水孔、反滤层的设置位置、质量和数量应符合设计要求。

2. 实测项目

砌体挡土墙和干砌挡土墙实测项目见表 4-10、表 4-11。

砌体挡土墙实测项目　　表 4-10

<table>
<tr><th>项次</th><th>检 查 项 目</th><th colspan="2">规定值或允许偏差</th><th>检查方法和频率</th><th>权值</th></tr>
<tr><td>1△</td><td>砂浆强度(MPa)</td><td colspan="2">在合格标准内</td><td>按附录 F 检查</td><td>3</td></tr>
<tr><td>2</td><td>平面位置(mm)</td><td colspan="2">50</td><td>经纬仪:每 20m 检查墙顶外边线 3 点</td><td>1</td></tr>
<tr><td>3</td><td>顶面高程(mm)</td><td colspan="2">±20</td><td>水准仪:每 20m 检查 1 点</td><td>1</td></tr>
<tr><td>4</td><td>竖直度或坡度(%)</td><td colspan="2">0.5</td><td>吊垂线:每 20m 检查 2 点</td><td>1</td></tr>
<tr><td>5△</td><td>断面尺寸(mm)</td><td colspan="2">不小于设计要求值</td><td>尺量:每 20m 量 2 个断面</td><td>3</td></tr>
<tr><td>6</td><td>底面高程(mm)</td><td colspan="2">±50</td><td>水准仪:每 20m 检查 1 点</td><td>1</td></tr>
<tr><td rowspan="3">7</td><td rowspan="3">表面平整度(mm)</td><td>块石</td><td>20</td><td rowspan="3">2m 直尺:每 20m 检查 3 处,每处检查竖直和墙长两个方向</td><td rowspan="3">1</td></tr>
<tr><td>片石</td><td>30</td></tr>
<tr><td>混凝土块、料石</td><td>10</td></tr>
</table>

3. 外观鉴定

(1)砌体表面平整,砌缝完好、无开裂现象,勾缝平顺,无脱落现象。不符合要求时,减 1～3 分。

(2)泄水孔坡度向外,无堵塞现象。不符合要求时,必须进行处理,并减 1～3 分。

(3)沉降缝整齐垂直,上下贯通。不符合要求时,必须进行处理,并减1～3分。

干砌挡土墙实测项目 表4-11

项次	检查项目	规定值或允许偏差	检查方法和频率	权值
1	平面位置(mm)	50	经纬仪:每20m检查3点	2
2	顶面高程(mm)	±30	水准仪;每20m测3点	2
3	竖直度或坡度(%)	0.5	尺量:每20m吊垂线检查3点	1
4△	断面尺寸(mm)	不小于设计要求值	尺量:每20m检查2处	2
5	底面高程(mm)	±50	水准仪:每20m测1点	2
6	表面平整度(mm)	50	2m直尺:每20m检查3处,每处检查竖直和墙长两个方向	1

(二)悬臂式和扶臂式挡土墙

1.基本要求

(1)混凝土所用的水泥、石、砂、水和外掺剂的规格和质量应符合有关规范的要求,按规定的配合比施工。

(2)地基强度必须满足设计要求。

(3)不得有露筋和空洞现象。

(4)沉降缝、泄水孔的设置位置、质量和数量应符合设计要求。

2.实测项目

悬臂式和扶臂式挡土墙实测项目见表4-12。

悬臂式和扶臂式挡土墙实测项目 表4-12

项次	检查项目	规定值或允许偏差	检查方法和频率	权值
1△	混凝土强度(MPa)	在合格标准内	按附录D检查	3
2	平面位置(mm)	30	经纬仪:每20m检查3点	1
3	顶面高程(mm)	±20	水准仪;每20m检查1点	1
4	竖直度或坡度(%)	0.3	吊垂线:每20m检查2点	1
5△	断面尺寸(mm)	不小于设计要求值	尺量:每20m检查2个断面,抽查扶臂2个	2
6	底面高程(mm)	±30	水准仪:每20m检查1点	1
7	表面平整度(mm)	5	2m直尺:每20m检查2处	1

3.外观鉴定

(1)混凝土施工缝平顺。不符合要求时,减1～2分。

(2)蜂窝、麻面面积不得超过该面面积的0.5%,不符合要求时,每超过0.5%减3分;深度超过1cm的必须处理。

(3)混凝土表面出现非受力裂缝,减1～3分。裂缝宽度超过设计规定或设计未规定时,超过0.15mm的必须处理。

(4)泄水孔坡度向外,无堵塞现象。不符合要求时,必须进行处理,并减1～3分。

(5)沉降缝整齐垂直,上下贯通。不符合要求时,应进行处理,并减1～3分。

第三节　路面工程施工质量检验与评价

一、基层、底基层施工质量检验与评价

（一）水泥土基层和底基层

1. 基本要求

（1）土的性能应符合设计要求，土块要经过粉碎。

（2）水泥用量应按设计要求控制准确。

（3）路拌深度要达到层底。

（4）混合料处于最佳含水量状况下，用重型压路机碾压至要求的压实度。从加水拌和到碾压终了的时间不应超过 3～4h，并应短于水泥的终凝时间。

（5）碾压检查合格后立即覆盖或洒水养生，养生期要符合规范要求。

2. 实测项目

水泥土基层和底基层实测项目见表 4-13。

水泥土基层和底基层实测项目　　表 4-13

项次	检查项目		规定值或允许偏差				检查方法和频率	权值
			基层		底基层			
			高速公路、一级公路	其他公路	高速公路、一级公路	其他公路		
1△	压实度（%）	代表值	—	95	95	93	按附录 B 检查每 200m 每车道 2 处	3
		极值	—	91	91	89		
2	平整度（mm）		—	12	12	15	3m 直尺：每 200m 测 2 处×10 尺	2
3	纵断高程（mm）		—	+5，−15	+5，−15	+5，−20	水准仪：每 200m 测 4 个断面	1
4	宽度（mm）		不小于设计要求值		不小于设计要求值		尺量：每 200m 测 4 个断面	1
5△	厚度（mm）	代表值	—	−10	−10	−12	按附录 H 检查，每 200m 每车道 1 点	2
		合格值	—	−20	−25	−30		
6	横坡（%）		—	±0.5	±0.3	±0.5	水准仪：每 200m 测 4 个断面	1
7△	强度（MPa）		符合设计要求		符合设计要求		按附录 G 检查	3

3. 外观鉴定

（1）表面平整密实、无坑洼。不符合要求时，每处减 1～2 分。

（2）施工接茬平整、稳定。不符合要求时，每处减 1～2 分。

（二）水泥稳定粒料（碎石、砂砾或矿渣等）基层和底基层

1. 基本要求

（1）粒料应符合设计和施工规范要求，并应根据当地料源选择质坚干净的粒料，矿渣应分解稳定，未分解渣块应予剔除。

（2）物质、水泥用量和矿料级配按设计控制准确。

(3)路拌深度要达到层底。

(4)摊铺时要注意消除离析现象。

(5)混合料处于最佳含水量状况下,用重型压路机碾压至要求的压实度,从加水拌和到碾压终了的时间不应超过 3～4h,并应短于水泥的终凝时间。

(6)碾压检查合格后立即覆盖或洒水养生,养生期要符合规范要求。

2. 实测项目

水泥稳定粒料基层和底基层实测项目见表 4-14。

水泥稳定粒料基层和底基层实测项目 表 4-14

项次	检查项目		规定值或允许偏差				检查方法和频率	权值
			基层		底基层			
			高速公路、一级公路	其他公路	高速公路、一级公路	其他公路		
1△	压实度(%)	代表值	98	97	96	95	按附录 B 检查,每 200m 每车道 2 处	3
		极值	94	93	92	91		
2	平整度(mm)		8	12	12	15	3m 直尺:每 200m 测 2 处×10 尺	2
3	纵断高程(mm)		+5,−10	+5,−15	+5,−15	+5,−20	水准仪:每 200m 测 4 个断面	1
4	宽度(mm)		不小于设计要求值		不小于设计要求值		尺量:每 200m 测 4 个断面	1
5△	厚度(mm)	代表值	−8	−10	−10	−12	按附录 H 检查,每 200m 每车道 1 点	3
		合格值	−15	−20	−25	−30		
6	横坡(%)		±0.3	±0.5	±0.3	±0.5	水准仪:每 200m 测 4 个断面	1
7△	强度(MPa)		符合设计要求		符合设计要求		按附录 G 检查	3

3. 外观鉴定

(1)表面平整密实、无坑洼、无明显离析。不符合要求时,每处减 1～2 分。

(2)施工接茬平整、稳定。不符合要求时,每处减 1～2 分。

(三)石灰土基层和底基层

1. 基本要求

(1)土质应符合设计要求,土块要经过粉碎。

(2)石灰质量应符合设计要求,块灰须经充分消解才能使用。

(3)石灰和土的用量按设计要求控制准确,未消解生石灰块必须剔除。

(4)路拌深度要达到层底。

(5)混合料处于最佳含水量状况下,用重型压路机碾压至要求的压实度。

(6)保湿养生,养生期要符合规范要求。

2. 实测项目

石灰土基层和底基层实测项目见表 4-15。

3. 外观鉴定

(1)表面平整密实、无坑洼。不符合要求时,每处减 1～2 分。

(2)施工接茬平整、稳定。不符合要求时,每处减 1～2 分。

石灰土基层和底基层实测项目　　表 4-15

<table>
<tr><th rowspan="3">项次</th><th rowspan="3" colspan="2">检 查 项 目</th><th colspan="4">规定值或允许偏差</th><th rowspan="3">检查方法和频率</th><th rowspan="3">权值</th></tr>
<tr><th colspan="2">基层</th><th colspan="2">底基层</th></tr>
<tr><th>高速公路、一级公路</th><th>其他公路</th><th>高速公路、一级公路</th><th>其他公路</th></tr>
<tr><td rowspan="2">1△</td><td rowspan="2">压实度(%)</td><td>代表值</td><td>—</td><td>95</td><td>95</td><td>93</td><td rowspan="2">按附录 B 检查,每 200m 每车道 2 处</td><td rowspan="2">3</td></tr>
<tr><td>极值</td><td>—</td><td>91</td><td>91</td><td>89</td></tr>
<tr><td>2</td><td colspan="2">平整度(mm)</td><td>—</td><td>12</td><td>12</td><td>15</td><td>3m 直尺:每 200m 测 2 处×10 尺</td><td>2</td></tr>
<tr><td>3</td><td colspan="2">纵断高程(mm)</td><td>—</td><td>+5,−15</td><td>+5,−15</td><td>+5,−20</td><td>水准仪:每 200m 测 4 个断面</td><td>1</td></tr>
<tr><td>4</td><td colspan="2">宽度(mm)</td><td colspan="2">不小于设计要求值</td><td colspan="2">不小于设计要求值</td><td>尺量:每 200m 测 4 个断面</td><td>1</td></tr>
<tr><td rowspan="2">5△</td><td rowspan="2">厚度(mm)</td><td>代表值</td><td>—</td><td>−10</td><td>−10</td><td>−12</td><td rowspan="2">按附录 H 检查,每 200m 每车道 1 点</td><td rowspan="2">2</td></tr>
<tr><td>合格值</td><td>—</td><td>−20</td><td>−25</td><td>−30</td></tr>
<tr><td>6</td><td colspan="2">横坡(%)</td><td>—</td><td>±0.5</td><td>±0.3</td><td>±0.5</td><td>水准仪:每 200m 测 4 个断面</td><td>1</td></tr>
<tr><td>7△</td><td colspan="2">强度(MPa)</td><td colspan="2">符合设计要求</td><td colspan="2">符合设计要求</td><td>按附录 G 检查</td><td>3</td></tr>
</table>

(四)石灰稳定粒料(碎石,砂砾或矿渣等)基层和底基层

1. 基本要求

(1)粒料应符合设计和施工规范要求,矿渣应分解稳定后才能使用。

(2)石灰质量应符合设计要求,块灰须经充分消解才能使用。

(3)石灰的用量按设计要求控制准确,未消解生石灰块必须剔除。

(4)路拌深度要达到层底。

(5)混合料处于最佳含水量状况下,用重型压路机碾压至要求的压实度。

(6)保湿养生,养生期要符合规范要求。

2. 实测项目

石灰稳定粒料基层和底基层实测项目见表 4-16。

石灰稳定粒料基层和底基层实测项目　　表 4-16

<table>
<tr><th rowspan="3">项次</th><th rowspan="3" colspan="2">检 查 项 目</th><th colspan="4">规定值或允许偏差</th><th rowspan="3">检查方法和频率</th><th rowspan="3">权值</th></tr>
<tr><th colspan="2">基层</th><th colspan="2">底基层</th></tr>
<tr><th>高速公路、一级公路</th><th>其他公路</th><th>高速公路、一级公路</th><th>其他公路</th></tr>
<tr><td rowspan="2">1△</td><td rowspan="2">压实度(%)</td><td>代表值</td><td>—</td><td>97</td><td>96</td><td>95</td><td rowspan="2">按附录 B 检查,每 200m 每车道 2 处</td><td rowspan="2">3</td></tr>
<tr><td>极值</td><td>—</td><td>93</td><td>92</td><td>91</td></tr>
<tr><td>2</td><td colspan="2">平整度(mm)</td><td>—</td><td>12</td><td>12</td><td>15</td><td>3m 直尺:每 200m 测 2 处×10 尺</td><td>2</td></tr>
<tr><td>3</td><td colspan="2">纵断高程(mm)</td><td>—</td><td>+5,−15</td><td>+5,−15</td><td>+5,−20</td><td>水准仪:每 200m 测 4 个断面</td><td>1</td></tr>
<tr><td>4</td><td colspan="2">宽度(mm)</td><td colspan="2">不小于设计要求值</td><td colspan="2">不小于设计要求值</td><td>尺量:每 200m 测 4 个断面</td><td>1</td></tr>
<tr><td rowspan="2">5△</td><td rowspan="2">厚度(mm)</td><td>代表值</td><td>—</td><td>−10</td><td>−10</td><td>−12</td><td rowspan="2">按附录 H 检查,每 200m 每车道 1 点</td><td rowspan="2">2</td></tr>
<tr><td>合格值</td><td>—</td><td>−20</td><td>−25</td><td>−30</td></tr>
<tr><td>6</td><td colspan="2">横坡(%)</td><td>—</td><td>±0.5</td><td>±0.3</td><td>±0.5</td><td>水准仪:每 200m 测 4 个断面</td><td>1</td></tr>
<tr><td>7△</td><td colspan="2">强度(MPa)</td><td colspan="2">符合设计要求</td><td colspan="2">符合设计要求</td><td>按附录 G 检查</td><td>3</td></tr>
</table>

3. 外观鉴定

(1)表面平整密实、无坑洼。不符合要求时,每处减 1～2 分。

(2)施工接茬平整、稳定。不符合要求时,每处减 1～2 分。

(五)石灰、粉煤灰土基层和底基层

1. 基本要求

(1)土质应符合设计要求,土块要经过粉碎。

(2)石灰和粉煤灰质量应符合设计要求,石灰须经充分消解才能使用。

(3)混合料配合比应准确,不得含有灰团和生石灰块。

(4)碾压时应先用轻型压路机稳压,后用重型压路机碾压至要求的压实度。

(5)保湿养生,养生期要符合规范要求。

2. 实测项目

石灰、粉煤灰土基层和底基层实测项目见表 4-17。

石灰、粉煤灰土基层和底基层实测项目 表 4-17

项次	检查项目		规定值或允许偏差				检查方法和频率	权值
			基层		底基层			
			高速公路、一级公路	其他公路	高速公路、一级公路	其他公路		
1△	压实度(%)	代表值	—	95	95	93	按附录 B 检查,每 200m 每车道 2 处	3
		极值	—	91	91	89		
2	平整度(mm)		—	12	12	15	3m 直尺:每 200m 测 2 处×10 尺	2
3	纵断高程(mm)		—	+5,−15	+5,−15	+5,−20	水准仪:每 200m 测 4 个断面	1
4	宽度(mm)		不小于设计要求值		不小于设计要求值		尺量:每 200m 测 4 个断面	1
5△	厚度(mm)	代表值	—	−10	−10	−12	按附录 H 检查,每 200m 每车道 1 点	2
		合格值	—	−20	−25	−30		
6	横坡(%)		—	±0.5	±0.3	±0.5	水准仪:每 200m 测 4 个断面	1
7△	强度(MPa)		符合设计要求		符合设计要求		按附录 G 检查	3

3. 外观鉴定

(1)表面平整密实、无坑洼。不符合要求时,每处减 1～2 分。

(2)施工接茬平整、稳定。不符合要求时,每处减 1～2 分。

(六)石灰、粉煤灰稳定粒料(碎石、砂砾或矿渣等)基层和底基层

1. 基本要求

(1)粒料应符合设计和施工规范要求,并应根据当地料源选择质坚干净的粒料。矿渣应分解稳定,未分解渣块应予剔除。

(2)石灰和粉煤灰质量应符合设计要求,石灰须经充分消解才能使用。

(3)混合料配合比应准确,不得含有灰团和生石灰块。

(4)摊铺时要注意消除离析现象。

(5)碾压时应先用轻型压路机稳压,后用重型压路机碾压至要求的压实度。

(6)保湿养生，养生期要符合规范要求。

2. 实测项目

石灰、粉煤灰稳定粒料基层和底基层实测项目见表4-18。

石灰、粉煤灰稳定粒料基层和底基层实测项目　　表4-18

项次	检查项目		规定值或允许偏差				检查方法和频率	权值
			基层		底基层			
			高速公路、一级公路	其他公路	高速公路、一级公路	其他公路		
1△	压实度(%)	代表值	98	97	96	95	按附录B检查，每200m每车道2处	3
		极值	94	93	92	91		
2	平整度(mm)		8	12	12	15	3m直尺：每200m测2处×10尺	2
3	纵断高程(mm)		－＋5，－10	＋5，－15	＋5，－15	＋5，－20	水准仪：每200m测4个断面	1
4	宽度(mm)		不小于设计要求值		不小于设计要求值		尺量：每200m测4个断面	1
5△	厚度(mm)	代表值	－8	－10	－10	－12	按附录H检查，每200m每车道1点	2
		合格值	－15	－20	－25	－30		
6	横坡(%)		±0.3	±0.5	±0.3	±0.5	水准仪：每200m测4个断面	1
7△	强度(MPa)		符合设计要求		符合设计要求		按附录G检查	3

3. 外观鉴定

(1)表面平整密实、无坑洼、无明显离析。不符合要求时，每处减1～2分。

(2)施工接茬平整、稳定。不符合要求时，每处减1～2分。

(七)级配碎(砾)石基层和底基层

1. 基本要求

(1)选用质地坚韧、无杂质碎石、砂砾、石屑或砂，级配应符合要求。

(2)配料必须准确，塑性指数必须符合规定。

(3)混合料拌和均匀，无明显离析现象。

(4)碾压应遵循先轻后重的原则，洒水碾压至要求的密实度。

2. 实测项目

级配碎(砾)石基层和底基层实测项目见表4-19。

3. 外观鉴定

表面平整密实，边线整齐，无松散。不符合要求时，每处减1～2分。

(八)填隙碎石(矿渣)基层和底基层

1. 基本要求

(1)粗粒料应为质坚、无杂质的轧制石料或分解稳定的轧制矿渣，填缝料为5mm以下的轧制细料或粗砂。

(2)应用振动压路机碾压，使填缝料填满粗粒料空隙。

2. 实测项目

填隙碎石(矿渣)基层和底基层实测项目见表4-20。

级配碎(砾)石基层和底基层实测项目 表 4-19

项次	检查项目		规定值或允许偏差				检查方法和频率	权值
			基层		底基层			
			高速公路、一级公路	其他公路	高速公路、一级公路	其他公路		
1△	压实度(%)	代表值	98	98	96	96	按附录B检查,每200m每车道2处	3
		极值	94	94	92	92		
2	弯沉值(0.01mm)		符合设计要求		符合设计要求		按附录I检查	3
3	平整度(mm)		8	12	12	15	3m直尺:每200m测处×10尺	2
4	纵断高程(mm)		+5,−10	+5,−15	+5,−15	+5,−20	水准仪;每200m测4个断面	1
5	宽度(mm)		不小于设计要求值		不小于设计要求值		尺量:每200m测4处	1
6△	厚度(mm)	代表值	−8	−10	−10	−12	按附录H检查,每200m每车道1点	2
		合格值	−15	−20	−25	−30		
7	横坡(%)		±0.3	±0.5	±0.3	±0.5	水准仪:每200m测4个断面	1

填隙碎石(矿渣)基层和底基层实测项目 表 4-20

项次	检查项目		规定值或允许偏差				检查方法和频率	权值
			基层		底基层			
			高速公路、一级公路	其他公路	高速公路、一级公路	其他公路		
1△	压实度(%)	代表值	—	85	83	83	按附录B检查,每200m每车道2处	3
		极值	—	82	80	80		
2	弯沉值(0.01mm)		符合设计要求		符合设计要求		按附录I检查	3
3	平整度(mm)		—	12	12	15	3m直尺:每200m测处×10尺	2
4	纵断高程(mm)		—	+5,−15	+5,−15	+5,−20	水准仪;每200m测4个断面	1
5	宽度(mm)		不小于设计要求值		不小于设计要求值		尺量:每200m测4处	1
6△	厚度(mm)	代表值	—	−10	−10	−12	按附录H检查,每200m每车道1点	2
		合格值	—	−20	−25	−30		
7	横坡(%)		—	±0.5	±0.3	±0.5	水准仪:每200m测4个断面	1

3. 外观鉴定

表面平整密实,边线整齐,无松散现象。不符合要求时,每处减1~2分。

二、路面施工质量检验与评价

(一)水泥混凝土路面

1. 基本要求

(1)基层质量必须符合规定要求,并应进行弯沉测定,验算的基层整体模量应满足设计要求。

(2)水泥强度、物理性能和化学成分应符合国家标准及有关规范的规定。

(3)粗细集料、水、外掺剂及接缝填缝料应符合设计和施工规范要求。

(4)施工配合比应根据现场测定水泥的实际强度进行计算，并经试验，选择最佳配合比。

(5)接缝的位置、规格、尺寸及传力杆、拉力杆的设置应符合设计要求。

(6)路面拉毛或机具压槽等抗滑措施，其构造深度应符合施工规范要求。

(7)面层与其他构造物相接应平顺，检查井井盖顶面高程应高于周边路面 1～3mm。雨水口高程按设计比路面低 5～8mm，路面边缘无积水现象。

(8)混凝土路面铺筑后按施工规范要求养生。

2. 实测项目

水泥混凝土面层实测项目见表 4-21。

水泥混凝土面层实测项目　　表 4-21

<table>
<tr><th rowspan="2">项次</th><th rowspan="2" colspan="2">检查项目</th><th colspan="2">规定值或允许偏差</th><th rowspan="2">检查方法和频率</th><th rowspan="2">权值</th></tr>
<tr><th>高速公路、一级公路</th><th>其他公路</th></tr>
<tr><td>1△</td><td colspan="2">弯拉强度(MPa)</td><td colspan="2">在合格标准之内</td><td>按附录 C 检查</td><td>3</td></tr>
<tr><td rowspan="2">2△</td><td rowspan="2">板厚度(mm)</td><td>代表值</td><td colspan="2">−5</td><td rowspan="2">按附录 H 检查，每 200m 每车道 2 处</td><td rowspan="2">3</td></tr>
<tr><td>合格值</td><td colspan="2">−10</td></tr>
<tr><td rowspan="3">3</td><td rowspan="3">平整度</td><td>σ(mm)</td><td>1.2</td><td>2.0</td><td rowspan="2">平整度仪、全线每车道连续检测，每 100m 计算 σ、IRI</td><td rowspan="3">2</td></tr>
<tr><td>IRI(m/km)</td><td>2.0</td><td>3.2</td></tr>
<tr><td>最大间隙 h(mm)</td><td>—</td><td>5</td><td>3m 直尺：半幅车道板带每 200m 测 2 处×10 尺</td></tr>
<tr><td>4</td><td colspan="2">抗滑构造深度(mm)</td><td>一般路段不小于 0.7 且不大于 1.1；特殊路段不小于 0.8 且不大于 1.2</td><td>一般路段不小于 0.5 且不大于 1.0；特殊路段不小于 0.6 且不大于 1.1</td><td>铺砂法：每 200m 测 1 处</td><td>2</td></tr>
<tr><td>5</td><td colspan="2">相邻板高差(mm)</td><td>2</td><td>3</td><td>抽量：每条胀缝 2 点；每 200m 抽纵、横缝各 2 条，每条 2 点</td><td>2</td></tr>
<tr><td>6</td><td colspan="2">纵、横缝顺直度(mm)</td><td colspan="2">10</td><td>纵缝 20m 拉线，每 200m 测 4 处；
横缝沿板宽拉线，每 200m 测 4 条</td><td>1</td></tr>
<tr><td>7</td><td colspan="2">中线平面偏位(mm)</td><td colspan="2">20</td><td>经纬仪：每 200m 测 4 点</td><td>1</td></tr>
<tr><td>8</td><td colspan="2">路面宽度(mm)</td><td colspan="2">±20</td><td>抽量：每 200m 测 4 处</td><td>1</td></tr>
<tr><td>9</td><td colspan="2">纵断高程(mm)</td><td>±10</td><td>±15</td><td>水准仪：每 200m 测 4 断面</td><td>1</td></tr>
<tr><td>10</td><td colspan="2">横坡(%)</td><td>±0.15</td><td>±0.25</td><td>水准仪：每 200m 测 4 断面</td><td>1</td></tr>
</table>

注：表中 σ 为平整度仪测定的标准差；IRI 为国际平整度指数；h 为 3m 直尺与面层的最大间隙。

3. 外观鉴定

(1)混凝土板的断裂块数，高速公路和一级公路不得超过评定路段混凝土板总块数的 0.2%，其他公路不得超过 0.4%。不符合要求时，每超过 0.1%减 2 分。对于断裂板应采取适当措施予以处理。

(2)混凝土板表面的脱皮、印痕、裂纹和缺边掉角等病害现象，对于高速公路和一级公路，有上述缺陷的面积不得超过受检面积的0.2%,其他公路不得超过0.3%。不符合要求时,每超过0.1%减2分。对于连续配筋的混凝土路面和钢筋混凝土路面,因干缩、温缩产生的裂缝,可不减分。

(3)路面侧石直顺、曲线圆滑,越位20mm以上者,每处减1~2分。

(4)接缝填筑饱满密实,不污染路面。不符合要求时,累计长度每100m减2分。

(5)胀缝有明显缺陷时,每条减1~2分。

(二)沥青混凝土面层和沥青碎(砾)石面层

1. 基本要求

(1)沥青混合料的矿料质量及矿料级配应符合设计要求和施工规范的规定。

(2)严格控制各种矿料和沥青用量及各种材料和沥青混合料的加热温度,沥青材料及混合料的各项指标应符合设计和施工规范要求。沥青混合料的生产,每日应做抽提试验、马歇尔稳定度试验。矿料级配、沥青含量、马歇尔稳定度等结果的合格率应不小于90%。

(3)拌和后的沥青混合料应均匀一致,无花白,无粗细料分离和结团成块现象。

(4)基层必须碾压密实,表面干燥、清洁、无浮土,其平整度和路拱度应符合要求。

(5)摊铺时应严格控制摊铺厚度和平整度,避免离析,注意控制摊铺和碾压温度,碾压至要求的密实度。

2. 实测项目

沥青混凝土面层和沥青碎(砾)石面层实测项目见表4-22。

沥青混凝土面层和沥青碎(砾)石面层实测项目 表4-22

项次	检查项目		规定值或允许偏差		检查方法和频率	权值
			高速公路、一级公路	其他公路		
1△	压实度(%)		试验室标准密度的96%(*98%); 最大理论密度的92%(*94%); 试验段密度的98%(*99%)		按附录B检查,每200m测1处	3
2	平整度	σ(mm)	1.2	2.5	平整度仪:全线每车道连续按每100m计算IRI或σ	2
		IRI(m/km)	2.0	4.2		
		最大间隙h(mm)	—	5	3m直尺:每200m测2处×10尺	
3	弯沉值(0.01mm)		符合设计要求		按附录I检查	2
4	渗水系数		SMA路面200mL/min; 其他沥青混凝土路面300mL/min	—	渗水试验仪:每200m测1处	2
5	抗滑	摩擦系数	符合设计要求	—	摆式仪:每200m测1处; 摩擦系数测定车:全线连续	2
		构造深度			铺砂法:每200m测1处	
6△	厚度(mm)	代表值	总厚度:设计值的-8% 上面层:设计值的-10%	-8%H	按附录H检查,双车道每200m测1处	3
		合格值	总厚度:设计值的-10% 上面层:设计值的-20%	-15%H		

续上表

项次	检查项目		规定值或允许偏差		检查方法和频率	权值
			高速公路、一级公路	其他公路		
7	中线平面偏位(mm)		20	30	经纬仪:每200m测4点	1
8	纵断高程(mm)		±10	±15	水准仪:每200m测4断面	1
9	宽度(mm)	有侧石	±20	±30	尺量:每200m测4断面	1
		无侧石	不小于设计要求值			
10	横坡(%)		±0.3	±0.5	水准仪:每200m测4处	1

注:1.表内压实度可选用其中的1个或2个标准,并以合格率低的作为评定结果。带*号者是指SMA路面,其他为普通沥青混凝土路面。

2.表列厚度仅规定负允许偏差。其他公路的厚度代表值和极值允许偏差按总厚度计,当总厚度≤60mm时,允许偏差分别为-5mm和-10mm;总厚度>60mm时,允许偏差分别为-8%和-15%的总厚度。H为总厚度(mm)。

3.外观鉴定

(1)表面应平整密实,不应有泛油、松散、裂缝和明显离析等现象,对于高速公路和一级公路,有上述缺陷的面积(凡属单条的裂缝,则按其实际长度乘以0.2m宽度,折算成面积)之和不得超过受检面积的0.03%,其他公路不得超过0.05%。不符合要求时,每超过0.03%或0.05%减2分。半刚性基层的反射裂缝可不计作施工缺陷,但应及时进行灌缝处理。

(2)搭接处应紧密、平顺,烫缝不应枯焦。不符合要求时,累计每10m长减1分。

(3)面层与路缘石及其他构筑物应密贴接顺,不得有积水或漏水现象。不符合要求时,每一处减1~2分。

(三)沥青贯入式面层(或上拌下贯式面层)

1.基本要求

(1)沥青材料的各项指标应符合设计要求和施工规范。

(2)各种材料的规格和用量应符合设计要求和施工规范,上拌沥青混凝土混合料每日应做抽提试验和马歇尔稳定度试验。

(3)碎石层必须平整坚实,嵌挤稳定,沥青贯入应深透,浇洒应均匀,不得污染其他构筑物。

(4)嵌缝料必须趁热撒铺,扫料均匀,不应有重叠现象。

(5)上层采用拌和料时,混合料应均匀一致,无花白和粗细分离现象,摊铺平整,接茬平顺,及时碾压密实。

(6)沥青贯入式面层施工前,应先做好路面结构层与路肩的排水。

2.实测项目

沥青贯入式面层(或上拌下贯式面层)实测项目见表4-23。

3.外观鉴定

(1)表面应平整密实,不应有松散、裂缝、油包、油丁、波浪、泛油等现象,有上述缺陷的面积之和不超过受检面积的0.2%。不符合要求时,每超过0.2%减2分。

(2)表面无明显碾压轮迹。不符合要求时,每处减1~2分。

(3)面层与路缘石及其他构筑物应密贴接顺,无积水现象。不符合要求时,每一处减 1~2 分。

沥青贯入式面层(或上拌下贯式面层)实测项目 表 4-23

<table>
<tr><th>项次</th><th colspan="2">检 查 项 目</th><th>规定值或允许偏差</th><th>检查方法和频率</th><th>权值</th></tr>
<tr><td rowspan="3">1</td><td rowspan="3">平整度</td><td>σ(mm)</td><td>3.5</td><td rowspan="2">平整度仪:全线每车道连续按每 100m 计算 IRI 或 σ</td><td rowspan="3">3</td></tr>
<tr><td>IRI(m/km)</td><td>5.8</td></tr>
<tr><td>最大间隙 h(mm)</td><td>8</td><td>3m 直尺:每 200m 测 2 处×10 尺</td></tr>
<tr><td>2</td><td colspan="2">弯沉值(0.01mm)</td><td>符合设计要求</td><td>按附录 I 检查</td><td>2</td></tr>
<tr><td rowspan="2">3△</td><td rowspan="2">厚度(mm)</td><td>代表值</td><td>-8%H 或-5mm</td><td rowspan="2">按附录 H 检查
每 200m 每车道 1 点</td><td rowspan="2">3</td></tr>
<tr><td>合格值</td><td>-15%H 或-10mm</td></tr>
<tr><td>4</td><td colspan="2">沥青总用量(kg/m²)</td><td>±0.5%</td><td>每工作日每层洒布查 1 次</td><td>3</td></tr>
<tr><td>5</td><td colspan="2">中线平面偏位(mm)</td><td>30</td><td>经纬仪:每 200m 测 4 点</td><td>1</td></tr>
<tr><td>6</td><td colspan="2">纵断高程(mm)</td><td>±15</td><td>水准仪:每 200m 测 4 断面</td><td>2</td></tr>
<tr><td rowspan="2">7</td><td rowspan="2">宽度(mm)</td><td>有侧石</td><td>±30</td><td rowspan="2">尺量:每 200m 测 4 处</td><td rowspan="2">2</td></tr>
<tr><td>无侧石</td><td>不小于设计要求值</td></tr>
<tr><td>8</td><td colspan="2">横坡(%)</td><td>±0.5</td><td>水准仪:每 200m 测 4 断面</td><td>2</td></tr>
</table>

注:1. 当设计厚度≥60mm 时,按厚度百分率控制;当设计厚度<60mm 时,按厚度不足的毫米数控制。H 为厚度(mm)。

2. 沥青总用量按《公路路基路面现场测试规程》(JTG E60—2008)中 T0892 的方法,每工作日每层洒布沥青检查一次,并计算同一路段的单位面积的总沥青用量。

(四)沥青表面处治面层

1. 基本要求

(1)在新建或旧路的表层进行表面处治时,应将表面的泥砂及一切杂物清除干净,底层必须坚实、稳定、平整,保持干燥后才可施工。

(2)沥青材料的各项指标和石料的质量、规格、用量应符合设计要求和施工规范的规定。

(3)沥青浇洒应均匀,无露白,不得污染其他构筑物。

(4)嵌缝料必须趁热撒铺,扫布均匀,不得有重叠现象,压实平整。

2. 实测项目

沥青表面处治面层实测项目见表 4-24。

3. 外观鉴定

(1)表面平整密实,不应有松散、油包,油丁、波浪、泛油、封面料明显散失等现象,有上述缺陷的面积之和不超过受检面积的 0.2%。不符合要求时,每超过 0.2%减 2 分。

(2)无明显碾压轮迹。不符合要求时,每处减 1~2 分。

(3)面层与路缘石及其他构筑物应密贴接顺,不得有积水现象。不符合要求时,每处减 1~2 分。

沥青表面处治面层实测项目　　表 4-24

项次	检查项目		规定值或允许偏差	检查方法和频率	权值
1	平整度	σ(mm)	4.5	平整度仪：全线每车道连续按每 100m 计算 IRI 或 σ	3
		IRI(m/km)	7.8		
		最大间隙 h(mm)	10	3m 直尺：每 200m 测 2 处×10 尺	
2	弯沉值(0.01mm)		符合设计要求	按附录 I 检查	2
3△	厚度(mm)	代表值	−5	按附录 H 检查；每 200m 每车道 1 点	3
		合格值	−10		
4	沥青总用量(kg/m^2)		±10%	每工作日每层洒布查 1 次	3
5	中线平面偏位(mm)		30	经纬仪：每 200m 测 4 点	1
6	纵断高程(mm)		±15	水准仪：每 200m 测 4 断面	2
7	宽度(mm)	有侧石	±30	尺量：每 200m 测 4 处	2
		无侧石	不小于设计要求值		
8	横坡(%)		±0.5	水准仪：每 200m 测 4 断面	2

注：同上文表 4-23 注 2。

第四节　桥梁工程施工质量检验与评价

一、桥梁总体施工质量检验与评价

1. 基本要求

(1)桥梁施工应严格按照设计图纸、施工技术规范和有关技术操作规程要求进行。

(2)桥下净空不得小于设计要求。

(3)特大跨径桥梁或结构复杂的桥梁，必要时应进行荷载试验。

2. 实测项目

桥梁总体实测项目见表 4-25。

桥梁总体实测项目　　表 4-25

项次	检查项目		规定值或允许偏差	检查方法和频率	权值
1	桥面中线偏位(mm)		20	全站仪或经纬仪：检查 3～8 处	2
2	桥宽(mm)	车行道	±10	尺量：每孔 3～5 处	2
		人行道	±10		
3	桥长(mm)		+300，−100	全站仪或经纬仪、钢尺检查	1
4	引道中心线与桥梁中心线的衔接(mm)		20	尺量：分别将引道中心线和桥梁中心线延长至两岸桥长端部，比较其平面位置	2
5	桥头高程衔接(mm)		±3	水准仪：在桥头搭板范围内顺延桥面纵坡，每米 1 点测量高程	2

3. 外观鉴定

(1)桥梁的内外轮廓线条应顺滑清晰,无突变、明显折变或反复现象。不符合要求时,减1～3 分。

(2)栏杆、防护栏,灯柱和缘石的线形顺滑流畅,无折弯现象。不符合要求时,减 1～3 分。

(3)踏步顺直,与边坡一致。不符合要求时,减 1～2 分。

二、钢筋和预应力筋加工、安装及张拉施工质量检验

1. 基本要求

(1)钢筋、机械连接器、焊条等的品种、规格和技术性能应符合国家现行标准规定和设计要求。

(2)冷拉钢筋的机械性能必须符合规范要求,钢筋平直,表面不应有裂皮和油污。

(3)受力钢筋同一截面的接头数量、搭接长度、焊接和机械接头质量应符合施工技术规范要求。

(4)钢筋安装时,必须保证设计要求的钢筋根数。

(5)受力钢筋应平直,表面不得有裂纹及其他损伤。

2. 实测项目

钢筋安装实测项目见表 4-26。

钢筋安装实测项目 表 4-26

<table>
<tr><th>项次</th><th colspan="3">检 查 项 目</th><th>规定值或允许偏差</th><th>检查方法和频率</th><th>权值</th></tr>
<tr><td rowspan="4">1△</td><td rowspan="4">受力钢筋间距(mm)</td><td colspan="2">两排以上排距</td><td>±5</td><td rowspan="4">尺量:每构件检查 2 个断面</td><td rowspan="4">3</td></tr>
<tr><td rowspan="2">同排</td><td>梁、板、拱肋</td><td>±10</td></tr>
<tr><td>基础、锚碇、墩台、柱</td><td>±20</td></tr>
<tr><td colspan="2">灌注桩</td><td>±20</td></tr>
<tr><td>2</td><td colspan="3">箍筋、横向水平钢筋、螺旋筋间距(mm)</td><td>±10</td><td>尺量:每构件检查 5～10 个间距</td><td>2</td></tr>
<tr><td rowspan="2">3</td><td rowspan="2" colspan="2">钢筋骨架尺寸(mm)</td><td>长</td><td>±10</td><td rowspan="2">尺量:按骨架总数 30%抽查</td><td rowspan="2">1</td></tr>
<tr><td>宽、高或直径</td><td>±5</td></tr>
<tr><td>4</td><td colspan="3">弯起钢筋位置(mm)</td><td>±20</td><td>尺量:每骨架抽查 30%</td><td>2</td></tr>
<tr><td rowspan="3">5△</td><td rowspan="3">保护层厚度(mm)</td><td colspan="2">柱、梁、拱肋</td><td>±5</td><td rowspan="3">尺量:每构件沿模板周边检查 8 处</td><td rowspan="3">3</td></tr>
<tr><td colspan="2">基础、锚碇、墩台</td><td>±10</td></tr>
<tr><td colspan="2">板</td><td>±3</td></tr>
</table>

注:1. 小型构件的钢筋安装按总数抽查 30%。

2. 在海水或腐蚀环境中,保护层厚度不应出现负值。

3. 外观鉴定

(1)钢筋表面无铁锈及焊渣。不符合要求时,减 1～3 分。

(2)多层钢筋网要有足够的钢筋支撑,保证骨架的施工刚度。不符合要求时,减 1～3 分。

三、钻孔灌注桩施工质量检验

1. 基本要求

(1)桩身混凝土所用的水泥、砂、石、水、外掺剂及混合材料的质量和规格必须符合有关规范的要求,按规定的配合比施工。

(2)成孔后必须清孔,测量孔径、孔深、孔位和沉淀层厚度,确认满足设计或施工技术规范要求后,方可灌注水下混凝土。

(3)水下混凝土应连续灌注,严禁有夹层和断桩。

(4)嵌入承台的锚固钢筋长度不得低于设计规范规定的最小锚固长度要求。

(5)应选择有代表性的桩用无破损法进行检测,重要工程或重要部位的桩宜逐根进行检测。设计有规定或对桩的质量有怀疑时,应采取钻取芯样法对桩进行检测。

(6)凿除桩头预留混凝土后,桩顶应无残余的松散混凝土。

2. 实测项目

钻孔灌注桩实测项目见表 4-27。

钻孔灌注桩实测项目　　表 4-27

<table>
<tr><th>项次</th><th colspan="3">检 查 项 目</th><th>规定值或允许偏差</th><th>检查方法和频率</th><th>权值</th></tr>
<tr><td>1△</td><td colspan="3">混凝土强度(MPa)</td><td>在合格标准内</td><td>按附录 D 检查</td><td>3</td></tr>
<tr><td rowspan="3">2△</td><td rowspan="3">桩位
(mm)</td><td colspan="2">群桩</td><td>100</td><td rowspan="3">全站仪或经纬仪:每桩检查</td><td rowspan="3">2</td></tr>
<tr><td rowspan="2">排架桩</td><td>允许</td><td>50</td></tr>
<tr><td>极值</td><td>100</td></tr>
<tr><td>3△</td><td colspan="3">孔深(m)</td><td>不小于设计要求值</td><td>测绳量:每桩测量</td><td>3</td></tr>
<tr><td>4△</td><td colspan="3">孔径(mm)</td><td>不小于设计要求值</td><td>探孔器:每桩测量</td><td>3</td></tr>
<tr><td>5</td><td colspan="3">钻孔倾斜度(mm)</td><td>1%桩长,且不大于 500</td><td>用测壁(斜)仪或钻杆垂线法:每桩检查</td><td>1</td></tr>
<tr><td rowspan="2">6△</td><td rowspan="2">沉淀厚度
(mm)</td><td colspan="2">摩擦桩</td><td>满足设计规定,设计未规定时满足施工规范要求</td><td rowspan="2">沉淀盒或标准测锤:每桩检查</td><td rowspan="2">2</td></tr>
<tr><td colspan="2">支承桩</td><td>不大于设计规定</td></tr>
<tr><td>7</td><td colspan="3">钢筋骨架底面高程(mm)</td><td>±50</td><td>水准仪:测每桩骨架顶面高程后反算</td><td>1</td></tr>
</table>

3. 外观鉴定

(1)无破损检测桩的质量有缺陷,但经设计单位确认仍可用时,应减 3 分。

(2)桩顶面应平整,桩柱连接处应平顺且无局部修补。不符合要求时,减 1～3 分。

四、大体积混凝土结构施工质量检验

1. 基本要求

(1)所用的水泥、砂、石、水、外掺剂及混合材料的质量和规格必须符合有关规范的要求。

(2)材料配合比应满足大体积混凝土施工的要求,按规定的配合比施工。

(3)必须采取措施控制水化热引起的混凝土内最高温度及内外温差在允许范围内,防止出现温度裂缝。

(4)不得出现露筋和空洞现象。

2. 实测项目

大体积混凝土结构实测项目见表4-28。

大体积混凝土结构实测项目 表4-28

项次	检查项目	规定值或允许偏差	检查方法和频率	权值
1△	混凝土强度(MPa)	在合格标准内	按附录D检查	3
2	轴线偏位(mm)	20	全站仪或经纬仪:纵、横各测量2点	2
3	断面尺寸(mm)	±30	尺量:检查1~2个断面	2
4	结构高度(mm)	±30	尺量:检查8~10处	1
5	顶面高程(mm)	±20	水准仪:测量8~10处	2
6	大面积平整度(mm)	8	2m直尺:检查两个垂直方向,每20m²测1处	1

3. 外观鉴定

(1)混凝土表面平整,棱角平直,无明显施工接缝。不符合要求时,每处减1~3分。

(2)蜂窝、麻面面积不得超过该面总面积的0.5%。不符合要求时,每超过0.5%减3分;深度超过1cm的必须处理。

(3)混凝土表面出现非受力裂缝时减1~3分,裂缝宽度超过设计规定或设计未规定时,超过0.15mm的必须处理。

五、预制和安装梁(板)施工质量检验

1. 基本要求

(1)所用的水泥、砂、石、水、外掺剂及混合材料的质量和规格必须符合有关规范的要求,按规定的配合比施工。

(2)梁(板)不得出现露筋和空洞现象。

(3)空心板采用胶囊施工时,应采取有效措施防止胶囊上浮。

(4)梁(板)在吊移出预制底座时,混凝土的强度不得低于设计所要求的吊装强度;梁(板)在安装时,支承结构(墩台、盖梁、垫石)的强度应符合设计要求。

(5)梁(板)安装前,墩、台支座垫板必须稳固。

(6)梁(板)就位后,梁两端支座应对位,梁(板)底与支座以及支座底与垫石顶须密贴,否则应重新安装。

(7)两梁(板)之间接缝填充材料的规格和强度应符合设计要求。

2. 实测项目

梁(板)预制、安装实测项目见表4-29、表4-30。

3. 外观鉴定

(1)混凝土表面平整,色泽一致,无明显施工接缝。不符合要求时,减1~3分。

(2)混凝土表面不得出现蜂窝、麻面,如出现必须修整,并减1~4分。

(3)混凝土表面出现非受力裂缝,减1~3分。裂缝宽度超过设计规定或设计未规定时,超过0.15mm的必须处理。

(4)封锚混凝土应密实、平整。不符合要求时,减2~4分。

(5)梁、板的填缝应平整密实。不符合要求时,减1~3分。

梁(板)预制实测项目　　表4-29

<table>
<tr><th>项次</th><th colspan="3">检查项目</th><th>规定值或允许偏差</th><th>检查方法和频率</th><th>权值</th></tr>
<tr><td>1△</td><td colspan="3">混凝土强度(MPa)</td><td>在合格标准内</td><td>按附录D检查</td><td>3</td></tr>
<tr><td>2</td><td colspan="3">梁(板)长度(mm)</td><td>+15,−10</td><td>尺量:每梁(板)</td><td>1</td></tr>
<tr><td rowspan="4">3</td><td rowspan="4">宽度
(mm)</td><td colspan="2">干接缝(梁翼缘、板)</td><td>±10</td><td rowspan="4">尺量:检查3处</td><td rowspan="4">1</td></tr>
<tr><td colspan="2">湿接缝(梁翼缘、板)</td><td>±20</td></tr>
<tr><td rowspan="2">箱梁</td><td>顶宽</td><td>±30</td></tr>
<tr><td>底宽</td><td>±20</td></tr>
<tr><td rowspan="2">4</td><td rowspan="2">高度
(mm)</td><td colspan="2">梁、板</td><td>±5</td><td rowspan="2">尺量:检查2处</td><td rowspan="2">1</td></tr>
<tr><td colspan="2">箱梁</td><td>+0,−5</td></tr>
<tr><td rowspan="3">5△</td><td rowspan="3">断面尺寸
(mm)</td><td colspan="2">顶板厚</td><td rowspan="3">+5,−0</td><td rowspan="3">尺量:检查3个断面</td><td rowspan="3">2</td></tr>
<tr><td colspan="2">底板厚</td></tr>
<tr><td colspan="2">腹板或梁肋</td></tr>
<tr><td>6</td><td colspan="3">平整度(mm)</td><td>5</td><td>2m直尺:每侧面每梁长测1处</td><td>1</td></tr>
<tr><td>7</td><td colspan="3">横系梁及预埋件位置(mm)</td><td>5</td><td>尺量:每件</td><td>1</td></tr>
</table>

梁(板)安装实测项目　　表4-30

<table>
<tr><th>项次</th><th colspan="2">检查项目</th><th>规定值或允许偏差</th><th>检查方法和频率</th><th>权值</th></tr>
<tr><td rowspan="2">1△</td><td rowspan="2">支座中心偏位
(mm)</td><td>梁</td><td>5</td><td rowspan="2">尺量:每孔抽查4~6个支座</td><td rowspan="2">3</td></tr>
<tr><td>板</td><td>10</td></tr>
<tr><td>2</td><td colspan="2">倾斜度</td><td>1.2%</td><td>吊垂线:每孔检查3片梁</td><td>2</td></tr>
<tr><td>3</td><td colspan="2">梁(板)顶面纵向高程(mm)</td><td>+8,−5</td><td>水准仪:抽查每孔2片,每片3点</td><td>2</td></tr>
<tr><td>4</td><td colspan="2">相邻梁(板)顶面高差(mm)</td><td>8</td><td>尺量:每相邻梁(板)</td><td>1</td></tr>
</table>

六、就地浇筑梁(板)施工质量检验

1. 基本要求

(1)所用的水泥、砂、石、水、外掺剂及混合材料的质量和规格必须符合有关规范要求,按规定的配合比施工。

(2)支架和模板的强度、刚度、稳定性应满足施工技术规范的要求。

(3)预计的支架变形及地基的下沉量应满足施工后梁体设计高程的要求,必要时应采取对支架预压的措施。

(4)梁(板)体不得出现露筋和空洞现象。

(5)预埋件的设置和固定应满足设计和施工技术规范的规定。

2. 实测项目

就地浇筑梁(板)实测项目见表4-31。

就地浇筑梁(板)实测项目　　表4-31

项次	检查项目		规定值或允许偏差	检查方法和频率	权值
1△	混凝土强度(MPa)		在合格标准内	按附录D检查	3
2△	轴线偏位(mm)		10	全站仪或经纬仪:测量3处	2
3	梁(板)顶面高程		±10	水准仪:检查3～5处	1
4△	断面尺寸	高度	+5,−10	尺量:检查3个断面	2
		顶宽	±30		
		箱梁底宽	±20		
		顶、底、腹板或梁肋厚	+5,−0		
5	长度(mm)		+5,−10	尺量:每梁(板)	1
6	平整度(mm)		8	2m直尺:每侧面每梁长测1处	1

3.外观鉴定

(1)混凝土表面平整,色泽一致,无明显施工接缝。不符合要求时,每处减1～3分。

(2)混凝土不得出现蜂窝、麻面,如出现必须修整,并减1～4分。

(3)混凝土表面出现非受力裂缝,减1～3分,裂缝宽度超过设计规定或设计未规定时,超过0.15mm的必须处理。

七、悬臂施工梁质量检验

1.基本要求

(1)悬臂浇筑或合龙段浇筑所用的砂、石、水泥、水、外掺剂及混合材料的质量和规格必须符合有关规范要求,按规定的配合比施工。

(2)悬拼或悬浇块件前,必须对桥墩根部(0号块件)的高程、桥轴线作详细复核,符合设计要求后,方可进行悬拼或悬浇。

(3)悬臂施工必须对称进行,应对轴线和高程进行施工控制。

(4)在施工过程中,梁体不得出现宽度超过设计规范规定的受力裂缝。一旦出现,必须查明原因,经过处理后方可继续施工。

(5)必须确保悬浇或悬拼的接头质量。

(6)悬臂合龙时,两侧梁体的高差应在设计允许范围内。

2.实测项目

悬臂浇筑梁和悬臂拼装梁实测项目见表4-32和表4-33。

3.外观鉴定

(1)线形平顺,梁顶面平整,各孔无明显折变。不符合要求时,减1～3分。

(2)相邻块件色泽一致,接缝平整密实,无明显错台。每孔出现两处及以上明显错台(≥3mm)时,减2分。

(3)混凝土表面不得出现蜂窝、麻面,如出现必须进行修整,并减1～4分。

(4)梁体出现非受力裂缝,减1～3分。裂缝宽度超过设计规定或设计未规定时,超过0.15mm的必须处理。

(5)梁体内外不应遗留建筑垃圾、杂物、临时预埋件等。不符合要求时，减1～3分并应清理干净。

悬臂浇筑梁实测项目　　表4-32

项次	检查项目		规定值或允许偏差	检查方法和频率	权值
1△	混凝土强度(MPa)		在合格标准内	按附录D检查	3
2△	轴线偏位(mm)	L≤100m	10	全站仪或经纬仪：每个节段检查2处	2
		L>100m	L/10 000		
3	顶面高程(mm)	L≤100m	±20	水准仪：每个节段检查2处	2
		L>100m	±L/5 000		
		相邻节段高差	10	尺量：检查3～5处	1
4△	断面尺寸(mm)	高度	+5，-10	尺量：每个节段检查1个断面	2
		顶宽	±30		
		底宽	±20		
		顶底腹板厚	+10，-0		
5	合龙后同跨对称点高程差(mm)	L≤100m	20	水准仪：每跨检查5～7	1
		L>100m	L/5 000		
6	平整度(mm)		8	2m直尺：检查竖直、水平两个方向，每侧面每10m梁长测1处	1

注：L为梁跨径。

悬臂拼装梁实测项目　　表4-33

项次	检查项目		规定值或允许偏差	检查方法和频率	权值
1△	混凝土强度(MPa)		在合格标准内	按附录D检查	3
2△	轴线偏位(mm)	L≤100m	10	全站仪或经纬仪：每个节段检查2处	2
		L>100m	L/10 000		
3	顶面高程(mm)	L≤100m	±20	水准仪：每个节段检查2处	2
		L>100m	±L/5 000		
		相邻节段高差	10	尺量：检查3～5处	
4	合龙后同跨对称点高程差(mm)	L≤100m	20	水准仪：每跨检查5～7	1
		L>100m	L/5 000		

注：1. L为梁跨径。
2. 非合龙段，项次1不参与评定。

八、涵洞质量检验

(一)涵洞总体

1. 基本要求

(1)涵洞施工应严格按照设计图纸、施工规范和有关技术操作规程要求进行。

(2)各接缝、沉降缝位置正确,填缝无空鼓、开裂、漏水现象;若有预制构件,其接缝须与沉降缝吻合。

(3)涵洞内不得遗留建筑垃圾、杂物等。

2. 实测项目

涵洞总体实测项目见表4-34。

涵洞总体实测项目 表4-34

项次	检查项目	规定值或允许偏差	检查方法和频率	权值
1	轴线偏位(mm)	明涵20,暗涵50	经纬仪:检查2处	2
2△	流水面高程(mm)	±20	水准仪、尺量:检查洞口2处,拉线检查中间1~2处	3
3	涵底铺砌厚度(mm)	+40,-10	尺量:检查3~5处	1
4	长度(mm)	+100, -50	尺量:检查中心线	1
5△	孔径(mm)	±20	尺量:检查3~5处	3
6	净高(mm)	明涵±20,暗涵±50	尺量:检查3~5处	1

注:实际工程无项次3时,该项不参与评定。

3. 外观鉴定

(1)洞身顺直,进出口、洞身、沟槽等衔接平顺,无阻水现象。不符合要求时,减1~3分。

(2)帽石、一字墙或八字墙等应平直,与路线边坡、线形匹配,棱角分明。不符合要求时,减1~3分。

(3)涵洞处路面平顺,无跳车现象。不符合要求时,减2~4分。

(4)外露混凝土表面平整,颜色一致。不符合要求时,减1~3分。

(二)涵台

1. 基本要求

(1)所用的水泥、砂、石、水、外掺剂、混合材料及石料的强度、质量和规格必须符合有关技术规范的要求,按规定的配合比施工。

(2)地基承载力及基础埋置深度须满足设计要求。

(3)混凝土不得出现露筋和空洞现象。

(4)砌块应错缝、坐浆挤紧,嵌缝料和砂浆饱满,无空洞、宽缝、大堆砂浆填隙和假缝。

2. 实测项目

涵台实测项目见表4-35。

涵台实测项目 表4-35

项次	检查项目		规定值或允许偏差	检查方法和频率	权值
1△	混凝土或砂浆强度(MPa)		在合格标准内	按附录D或F检查	3
2	涵台断面尺寸(mm)	片石砌体	±20	尺量:检查3~5处	1
		混凝土	±15		
3	竖直度或斜度(mm)		0.3%台高	吊垂线或经纬仪:测量2处	1
4△	顶面高程(mm)		±10	水准仪:测量3处	2

3. 外观鉴定

(1)涵台线条顺直,表面平整。不符合要求时,减 1～3 分。

(2)蜂窝、麻面面积不得超过该面面积的 0.5%,不符合要求时,每超过 0.5%减 3 分;深度超过 1cm 的必须处理。

(3)砌缝匀称,勾缝平顺,无开裂和脱落现象。不符合要求时,减 1～3 分。

(三)管座及涵管安装

1. 基本要求

(1)涵管必须检验合格方可安装。

(2)地基承载力须满足设计要求,涵管与管座、垫层或地基紧密贴合,垫稳坐实。

(3)接缝填料嵌填密实,接缝表面平整,无间断、裂缝、空鼓现象。

(4)每节管底坡度均不得出现反坡。

(5)管座沉降缝应与涵管接头平齐,无错位现象。

(6)要求防渗漏的倒虹吸涵管须做渗漏试验,渗漏量应满足要求。

2. 实测项目

管座及涵管安装实测项目见表 4-36。

管座及涵管安装实测项目 表 4-36

项次	检查项目		规定值或允许偏差	检查方法和频率	权值
1△	管座或垫层混凝土强度(MPa)		在合格标准内	按附录 D 检查	3
2	管座或垫层宽度、厚度(mm)		大于设计要求值	尺量:抽查 3 个断面	2
3	相邻管节底面错台(mm)	管径≤1m	3	尺量:检查 3～5 个接头	2
		管径>1m	5		

3. 外观鉴定

管壁顺直,接缝平整,填缝饱满。不符合要求时,减 1～3 分。

(四)盖板制作

1. 基本要求

(1)混凝土所用的水泥、砂、石、水、外掺剂及混合料的质量和规格必须符合有关技术规范要求,按规定的配合比施工。

(2)分块施工时接缝应与沉降缝吻合。

(3)板体不得出现露筋和空洞现象。

2. 实测项目

盖板制作实测项目见表 4-37。

3. 外观鉴定

(1)混凝土表面平整,棱线顺直,无严重啃边、掉角。不符合要求时,减 1～2 分。

(2)蜂窝、麻面面积不得超过该面面积的 0.5%,不符合要求时,每超过 0.5%减 3 分;深度超过 1cm 的必须处理。

(3)混凝土表面出现非受力裂缝,减 1～3 分,裂缝宽度超过设计规定或设计未规定时,超过 0.15mm 的必须处理。

盖板制作实测项目 表 4-37

<table>
<tr><th>项次</th><th colspan="2">检 查 项 目</th><th>规定值或偏差</th><th>检查方法和频率</th><th>权值</th></tr>
<tr><td>1△</td><td colspan="2">混凝土强度(MPa)</td><td>在合格标准内</td><td>按附录 D 检查</td><td>3</td></tr>
<tr><td>2△</td><td colspan="2">高度(mm)</td><td>明涵:+10,−0
暗涵:不小于设计要求值</td><td>尺量:抽查 30%的板,每板检查 3 个断面</td><td>2</td></tr>
<tr><td rowspan="2">3</td><td rowspan="2">宽度(mm)</td><td>现浇</td><td>±20</td><td rowspan="2">尺量:抽查 30%的板,每板检查 3 个断面</td><td rowspan="2">1</td></tr>
<tr><td>预制</td><td>±10</td></tr>
<tr><td>4</td><td colspan="2">长度(mm)</td><td>+20,−10</td><td>尺量:抽查 30%的板,每板检查两侧</td><td>1</td></tr>
</table>

(五)盖板安装

1. 基本要求

(1)安装前,盖板、涵台、墩及支承面检验必须合格。

(2)盖板就位后,板与支承面须密合,否则应重新安装。

(3)板与板之间接缝填充材料的规格和强度应符合设计要求,并与沉降缝吻合。

2. 实测项目

盖板安装实测项目见表 4-38。

盖板安装实测项目 表 4-38

项 次	检 查 项 目	规定值或允许偏差	检查方法和频率	权 值
1	支承面中心偏位(mm)	10	尺量:每孔抽查 4~6 个	2
2	相邻板最大高差(mm)	10	尺量:抽查 20%	1

3. 外观鉴定

板的填缝应平整密实。不符合要求时,减 1~2 分。

(六)箱涵浇筑

1. 基本要求

(1)混凝土所用的水泥、砂、石、水、外掺剂及混合材料的质量规格必须符合有关技术规范的要求,按规定的配合比施工。

(2)地基承载力及基础埋置深度须满足设计要求。

(3)箱体不得出现露筋和空洞现象。

2. 实测项目

箱涵浇筑实测项目见表 4-39。

3. 外观鉴定

(1)混凝土表面平整,棱线顺直,无严重啃边、掉角。不符合要求时,减 1~2 分。

(2)蜂窝、麻面面积不得超过该面面积的 0.5%,不符合要求时,每超过 0.5%减 3 分;深度超过 1cm 的必须处理。

(3)混凝土表面出现非受力裂缝,减 1~3 分,裂缝宽度超过设计规定或设计未规定时,超过 0.15mm 的必须处理。

箱涵浇筑实测项目　　表 4-39

项次	检 查 项 目	规定值或偏差	检查方法和频率	权值
1△	混凝土强度(MPa)	在合格标准内	按附录 D 检查	3
2	高度(mm)	+5,−10	尺量:检查 3 个断面	1
3	宽度(mm)	±30		1
4△	顶板厚(mm)	明涵:+10,−0 暗涵:不小于设计要求值	尺量:检查 3～5 处	2
5	侧墙和底板厚(mm)	不小于设计要求值	尺量:检查 3～5 处	1
6	平整度(mm)	5	2m 直尺:每 10m 检查 2 处×3 尺	1

(七)拱涵浇(砌)筑

1. 基本要求

(1)所用的水泥、砂、石、水、外掺剂、混合材料及石料的强度、质量和规格必须符合有关技术规范的要求,按规定的配合比施工。

(2)地基承载力及基础埋置深度须满足设计要求。

(3)混凝土不得出现露筋和空洞现象。

(4)砌块应错缝、坐浆挤紧,嵌缝料和砂浆饱满,无空洞、宽缝、大堆砂浆填隙和假缝。

2. 实测项目

拱涵浇(砌)筑实测项目见表 4-40。

拱涵浇(砌)筑实测项目　　表 4-40

项次	检 查 项 目		规定值或允许偏差	检查方法和频率	权值
1△	混凝土或砂浆强度(MPa)		在合格标准内	按附录 D 或 F 检查	3
2△	拱圈厚度(mm)	砌体	±20	尺量:检查拱顶、拱脚 3 处	2
		混凝土	±15		
3	内弧线偏离设计弧线(mm)		±20	样板:检查拱顶、1/4 跨 3 处	1

3. 外观鉴定

(1)线形圆顺,表面平整。不符合要求时,减 1～3 分。

(2)混凝土蜂窝、麻面面积不得超过该面面积的 0.5%,不符合要求时,每超过 0.5%减 3 分;深度超过 1cm 的必须处理。

(3)砌缝匀称,勾缝平顺,无开裂和脱落现象。不符合要求时,减 1～3 分。

(八)倒虹吸竖井、集水井砌筑

1. 基本要求

(1)砌块的质量和规格符合设计要求,砌筑砂浆所用材料符合规范要求。

(2)井基符合设计要求。

(3)应分层错缝砌筑,砌缝砂浆应饱满。抹面时应压光,不得有空鼓现象。

(4)接头填缝平整密实、不漏水。

(5)井内不得遗留建筑垃圾、杂物等。

(6)按设计规定做灌水试验,试验结果应满足要求。

2. 实测项目

倒虹吸竖井砌筑实测项目见表 4-41。

倒虹吸竖井砌筑实测项目 表 4-41

项次	检查项目	规定值或允许偏差	检查方法和频率	权值
1△	砂浆强度 (MPa)	在合格标准内	按附录 F 检查	3
2△	井底高程 (mm)	±15	水准仪:测 4 点	2
3	井口高程 (mm)	±20		1
4	圆井直径或方井边长 (mm)	±20	尺量:2～3 个断面	1
5△	井壁、井底厚(mm)	+20,−5	尺量:井壁 4～8 点,井底 3 点	1

3. 外观鉴定

井壁平整、圆滑,抹面无麻面、裂缝。不符合要求时,减 1～3 分。

(九)一字墙和八字墙

1. 基本要求

(1)混凝土或砂浆所用的水泥、砂、水的质量应符合有关规范的要求,按规定的配合比施工。

(2)砌块的强度、规格和质量应符合有关规定。

(3)地基承载力及基础埋置深度必须满足设计要求。

(4)砌块应分层错缝砌筑,坐浆挤紧,嵌填饱满密实,不得有空洞。

(5)抹面应压光、无空鼓现象。

2. 实测项目

一字墙和八字墙实测项目见表 4-42。

一字墙和八字墙实测项目 表 4-42

项次	检查项目	规定值或允许偏差	检查方式和频率	权值
1△	混凝土或砂浆强度(MPa)	在合格标准内	按附录 D 或 F 检查	4
2	平面位置(mm)	50	经纬仪:检查墙两端	1
3	顶面高程(mm)	±20	水准仪:检查墙两端	1
4	底面高程(mm)	±50		1
5	竖直度或坡度(%)	0.5	吊垂线:每墙检查 2 处	1
6△	断面尺寸(mm)	不小于设计要求值	尺量:各墙两端断面	2

3. 外观鉴定

(1)墙体直顺、表面平整。不符合要求时,减 1～3 分。

(2)砌缝无裂隙;勾缝平顺,无脱落、开裂现象。不符合要求时,减 1～4 分。

(3)混凝土墙蜂窝、麻面面积不得超过该面面积的 0.5%,不符合要求时,每超过 0.5%减 3 分;深度超过 1cm 的必须处理。

(十)填土

1. 基本要求

(1)填土时涵洞圬工主体强度不得低于设计和规范规定的强度。

(2)填土土质、施工顺序应符合设计要求。

(3)洞顶及洞身两侧不小于两倍孔径范围的填土须分层、对称填筑压实,每层表面平整,路拱合适。

(4)已成路堤应挖出台阶。

2. 实测项目

涵洞填土实测项目见表 4-43。

涵洞填土实测项目　　表 4-43

项次	检查项目	规定值或允许偏差			检查方法和频率	权值
		高速公路、一级公路	二级公路	三、四级公路		
1△	压实度(%)	96	95	94	附录B密度法:每车道每压实层测2处	1

注:涵洞顶 1.5m 厚范围内填土压实度按本表检查,其余按路基要求进行评定。

3. 外观鉴定

(1)表面平整,边线顺畅。不符合要求时,减 1~2 分。

(2)边坡坡面平顺、稳定,不得亏坡。不符合要求时,减 2~4 分。

第五节　隧道工程施工质量检验与评价

一、明洞浇筑

1. 基本要求

(1)水泥、砂、石、水及外掺剂的质量须符合设计和规范要求。按规定的配合比施工。

(2)寒冷地区混凝土集料应按有关规定进行抗冻试验,结果应符合规范要求。

(3)基础的地基承载力须满足设计和规范要求,严禁超挖回填虚土。

(4)钢筋的加工、接头、焊接和安装以及混凝土的拌制、运输、灌注、养护、拆模均须符合设计和规范要求。

(5)明洞与暗洞应连接良好,符合设计和规范要求。

2. 实测项目

明洞浇筑实测项目见表 4-44。

3. 外观鉴定

(1)混凝土表面密实,每延米的隧道面积中,蜂窝、麻面和气泡面积不超过 0.5%。不符合要求时,每超过 0.5%减 0.5~1 分。蜂窝、麻面深度超过 5mm 时不论面积大小,发现一处减 1 分。深度超过 10mm 时应处理。

(2)结构轮廓线条顺直美观,混凝土颜色均匀一致。不符合要求时,减 1~3 分。

(3)施工缝平顺无错台。不符合要求时,每处减 1~2 分。

(4)混凝土因施工养护不当产生裂缝,每条裂缝减0.5～2分。

明洞浇筑实测项目　　表4-44

项次	检查项目	规定值或允许偏差	检查方法和频率	权值
1△	混凝土强度(MPa)	在合格标准内	按附录D检查	3
2△	混凝土厚度(mm)	不小于设计要求值	尺量或地质雷达:每20m检查一个断面,每个断面自拱顶每3m检查1点	3
3	混凝土平整度(mm)	20	2m直尺:每10m每侧检查2处	1

二、明洞防水层

1.基本要求

(1)防水材料的质量、规格等应符合设计和规范要求。

(2)防水层施工前,明洞混凝土外部应平整,不得有钢筋露出。

(3)明洞外模拆除后应立即做好防水层和纵向盲沟。

2.实测项目

防水层实测项目见表4-45。

防水层实测项目　　表4-45

项次	检查项目	规定值或允许偏差	检查方法和频率	权值
1	搭接长度(mm)	≥100	尺量:每环测3处	2
2	卷材向隧道延伸长度(mm)	≥500	尺量:检查5处	2
3	卷材于基底的横向长度(mm)	≥500	尺量:检查5处	2
4	沥青防水层每层厚度(mm)	2	尺量:检查10点	3

3.外观鉴定

防水卷材无破损,接合处无气泡、折皱和空隙。不符合要求时,一处减1分,并采取修补措施或返工处理。

三、洞身开挖

1.基本要求

(1)不良地质段开挖前应做好预加固、预支护。

(2)当前方地质出现变化迹象或接近围岩分界线时,必须用地质雷达、超前小导坑、超前探孔等方法先探明隧道的工程地质和水文地质情况,才能进行开挖。

(3)应严格控制欠挖。当石质坚硬完整且岩石抗压强度大于30MPa并确认不影响衬砌结构稳定和强度时,允许岩石个别凸出部分(每$1m^2$不大于$0.1m^2$)凸入衬砌断面,锚喷支护时凸入不大于30mm,衬砌时不大于50mm,拱脚、墙脚以上1m内严禁欠挖。

(4)开挖轮廓要预留支撑沉落量及变形量,并利用量测反馈信息进行及时调整。

(5)隧道爆破开挖时,应严格控制爆破震动。

(6)洞身开挖在清除浮石后,应及时进行初喷支护。

2.实测项目

洞身开挖实测项目见表4-46。

洞身开挖实测项目　　表 4-46

项次	检查项目		规定值或允许偏差	检查方法和频率	权值
1	拱部超挖(mm)	破碎岩,土(Ⅰ、Ⅱ类围岩)	平均 100,最大 150	水准仪或断面仪:每 20m 一个断面	3
		中硬岩、软岩(Ⅲ、Ⅳ、Ⅴ类围岩)	平均 150,最大 250		
		硬岩(Ⅵ类围岩)	平均 100,最大 200		
2	边墙宽度(mm)	每侧	+100,−0	尺量:每 20m 检查一处	2
		全宽	+200,−0		
3	边墙、仰拱、隧底超挖(mm)		平均 100	水准仪:每 20m 检查 3 处	1

3. 外观鉴定

洞顶无浮石。不符合要求时,每处减 1 分并及时清除。

四、(钢纤维)喷射混凝土支护

1. 基本要求

(1)材料必须满足规范或设计要求。

(2)喷射前要检查开挖断面的质量,处理好超欠挖。

(3)喷射前,岩面必须清洁。

(4)喷射混凝土支护应与围岩紧密黏结,结合牢固,喷层厚度应符合要求,不能有空洞,喷层内不容许添加片石和木板等杂物,必要时应进行黏结力测试。喷射混凝土严禁挂模喷射,受喷面必须是原岩面。

(5)支护前应做好排水措施,对渗漏水孔洞、缝隙应采取引捧、堵水措施,保证喷射混凝土质量。

(6)采用钢纤维喷射混凝土时,钢纤维抗拉强度不得低于 380MPa,且不得有油渍及明显的锈蚀。钢纤维直径宜为 0.3～0.5mm,长度为 20～25mm,且不得大于 25mm。钢纤维含量宜为混合料质量的 1%～3%。

2. 实测项目

(钢纤维)喷射混凝土支护实测项目见表 4-47。

(钢纤维)喷射混凝土支护实测项目　　表 4-47

项次	检查项目	规定值或允许偏差	检查方法和频率	权值
1△	喷射混凝土强度(MPa)	在合格标准内	按附录 E 检查	3
2△	喷层厚度(mm)	平均厚度≥设计厚度;检查点的 60%≥设计厚度;最小厚度≥0.5 设计厚度,且≥50	凿孔法或雷达检测仪:每 10m 检查一个断面,每个断面从拱顶中线起每 3m 检查 1 点	3
3△	空洞检测	无空洞,无杂物	凿孔或雷达检测仪:每 10m 检查一个断面,每个断面从拱顶中线起每 3m 检查 1 点	3

注:发现一处空洞本分项工程为不合格。

3. 外观鉴定

无漏喷、离鼓、裂缝、钢筋网外露现象。不符合要求时,减 2～5 分并返工处理。

五、锚杆支护

1. 基本要求

(1)锚杆的材质、类型、规格、数量、质量和性能必须符合设计和规范的要求。

(2)锚杆插入孔内的长度不得短于设计长度的 95%。

(3)砂浆锚杆和注浆锚杆的灌浆强度应不小于设计和规范要求,锚杆孔内灌浆密实饱满。

(4)锚杆垫板应满足设计要求,垫板应紧贴围岩,围岩不平时要用 M10 砂浆填平。

(5)锚杆应垂直于开挖轮廓线布设。对沉积岩,锚杆应尽量垂直于岩层面。

2. 实测项目

锚杆支护实测项目见表 4-48。

锚杆支护实测项目 表 4-48

项次	检 查 项 目	规定值或允许偏差	检查方法和频率	权值
1△	锚杆数量(根)	不少于设计要求值	按分项工程统计	3
2	锚杆拔力(kN)	28d 拔力平均值≥设计值,最小拔力≥0.9 设计值	按锚杆数 1%做拔力试验,且不小于 3 根做拔力试验	2
3	孔位(mm)	±50	尺量:检查锚杆数的 10%	2
4	钻孔深度(mm)	±50	尺量:检查锚杆数的 10%	2
5	孔径(mm)	砂浆锚杆:>杆体直径+15;其他锚杆:符合设计要求	尺量:检查锚杆数的 10%	2
6	锚杆垫板	与岩面紧贴	检查锚杆数的 10%	1

3. 外观鉴定

钻孔方向应尽量与围岩和岩层主要结构面垂直,锚杆垫板与岩面紧贴。不符合要求时,减 1～3 分。

六、钢筋网支护

1. 基本要求

(1)所用材料、规格、尺寸等应符合设计要求。

(2)采用双层钢筋网时,第二层钢筋网应在第一层钢筋网被混凝土覆盖后铺设。

2. 实测项目

钢筋网支护实测项目见表 4-49。

钢筋网支护实测项目 表 4-49

项次	检 查 项 目	规定值或允许偏差	检查方法和频率	权值
1△	网格尺寸(mm)	±10	尺量:每 $50m^2$ 检查 2 个网眼	3
2	钢筋保护层厚(mm)	≥10	凿孔检查:检查 5 点	2
3	与受喷岩面的间隙(mm)	≤30	尺量:检查 10 点	2
4	网的长、宽(mm)	±10	尺量	1

3. 外观鉴定

钢筋网与锚杆或其他固定装置连接牢固,喷射混凝土时不得晃动。不符合要求时,减 1～

3分。

七、仰拱

1.基本要求

(1)仰拱应结合拱墙施工及时进行,使支护结构尽快封闭。

(2)仰拱浇筑前应清除积水、杂物、虚渣等。

(3)仰拱超挖严禁用虚土、虚渣回填。

2.实测项目

仰拱实测项目见表4-50。

仰拱实测项目　　表4-50

项次	检查项目	规定值或允许偏差	检查方法和频率	权值
1△	混凝土强度(MPa)	在合格标准内	按附录D检查	3
2△	仰拱厚度(mm)	不小于设计要求值	水准仪:每20m检查一个断面,每个断面检查5点	3
3	钢筋保护层厚度(mm)	≥50	凿孔检查:每20m检查一个断面,每个断面检查3点	1

3.外观鉴定

混凝土表面密实,无露筋。不符合要求时,每处减2分并进行处理。

八、混凝土衬砌

1.基本要求

(1)所用材料、规格必须满足规范和设计要求。

(2)防水混凝土必须满足设计和规范的要求。

(3)防水混凝土粗集料尺寸不应超过规定值。

(4)基底承载力应满足设计要求,对基底承载力有怀疑时应做承载力试验。

(5)拱墙背后的空隙必须回填密实。因严重超挖和塌方产生的空洞要制订具体处理方案经批准后实施。

2.实测项目

混凝土衬砌实测项目见表4-51。

混凝土衬砌实测项目　　表4-51

项次	检查项目	规定值或允许偏差	检查方法和频率	权值
1△	混凝土强度(MPa)	在合格标准内	按附录D检查	3
2△	衬砌厚度(mm)	不小于设计要求值	激光断面仪或地质雷达:每40m检查一个断面	3
3	墙面平整度(mm)	5	2m直尺:每40m每侧检查5处	1

3.外观鉴定

(1)混凝土表面密实,每延米的隧道面积中,蜂窝麻面和气泡面积不超过0.5%。不符合要求时,每超过0.5%减0.5~1分。蜂窝、麻面深度超过5mm时不论面积大小,一处减1分,深度超过10mm时应处理。

(2)结构轮廓线条顺直美观,混凝土颜色均匀一致。不符合要求时,减1~3分。

(3)施工缝平顺无错台。不符合要求时,每处减1~2分。

(4)混凝土因施工养护不当产生裂缝,每条裂缝减0.5~2分。

九、钢支撑支护

1. 基本要求

(1)钢支撑的形式、制作和架设应符合设计和规范要求。

(2)钢支撑之间必须用纵向钢筋连接,拱脚必须放在牢固的基础上。

(3)拱脚高程不足时,不得用块石、碎石砌垫,而应设置钢板进行调整,或用混凝土浇筑,混凝土强度等级不小于C20。

(4)钢支撑应靠紧围岩,其与围岩的间隙不得用片石回填,而应用喷射混凝土填实。

2. 实测项目

钢支撑支护实测项目见表4-52。

钢支撑支护实测项目 表4-52

项次	检查项目		规定值或允许偏差	检查方法和频率	权值
1△	安装间距(mm)		50	尺量:每榀检查	3
2	保护层厚度(mm)		≥20	凿孔检查:每榀自拱顶每3m检查一点	2
3	倾斜度(°)		±2	测量仪器检查每榀倾斜度	1
4	安装偏差(mm)	横向	±50	尺量:每榀检查	1
		竖向	不低于设计高程		
5	拼装偏差(mm)		±3	尺量:每榀检查	1

3. 外观鉴定

无污秽、无锈蚀和假焊,安装时基底无虚渣及杂物,接头连接牢靠。不符合要求时,减1~5分。

十、衬砌钢筋

1. 基本要求

钢筋的品种、规格、形状,尺寸、数量、间距、接头位置必须符合设计要求和有关标准的规定。

2. 实测项目

衬砌钢筋实测项目见表4-53。

衬砌钢筋实测项目 表4-53

项次	检查项目	规定值或允许偏差	检查方法和频率	权值
1△	主筋间距(mm)	±10	尺量:每20m检查5点	3
2	两层钢筋间距(mm)	±5	尺量:每20m检查5点	2

续上表

项次	检查项目			规定值或允许偏差	检查方法和频率	权值
3	箍筋间距(mm)			±20	尺量：每20m检查5处	1
4	绑扎搭接长度	受拉	Ⅰ级钢	30*d*	尺量：每20m检查3个接头	1
			Ⅱ级钢	35*d*		
		受压	Ⅰ级钢	20*d*		
			Ⅱ级钢	25*d*		
5	钢筋加工	钢筋长度(mm)		−10,+5	尺量：每20m检查2根	1

3.外观鉴定

无污秽、无锈蚀。不符合要求时，减1～3分。

十一、防水层

1.基本要求

(1)防水材料的质量、规格、性能等必须符合设计和规范要求。

(2)防水卷材铺设前要对喷射混凝土基面进行认真的检查，不得有钢筋凸出的管件等尖锐突出物；割除尖锐突出物后，割除部位用砂浆抹平顺。

(3)隧道断面变化处或转弯处的阴角应抹成半径不小于50mm的圆弧。

(4)防水层施工时，基面不得有明水；如有明水，应采取措施封堵或引撑。

2.实测项目

防水层实测项目见表4-54。

防水层实测项目　　表4-54

项次	检查项目		规定值或允许偏差	检查方法和频率	权值
1	搭接宽度(mm)		≥100	尺量：全部搭接均要检查，每个搭接检查3处	2
2	缝宽(mm)	焊接	两侧焊缝宽≥25	尺量：每个搭接检查5处	2
		黏结	黏缝宽≥50		
3	固定点间距(mm)	拱部	0.5～0.7	尺量：检查总数的10%	1
		侧墙	1.0～1.2		

3.外观鉴定

(1)防水层表面平顺，无折皱、无气泡、无破损等现象，与洞壁密贴，松紧适度，无紧绷现象。不符合要求时，每处减1～3分。

(2)接缝、补眼粘贴密实饱满，不得有气泡、空隙。不符合要求时，每处减1～3分。

十二、止水带

1.基本要求

(1)止水带的材质、规格等应满足设计和规范要求。

(2)止水带与衬砌端头模板应正交。

2. 实测项目

止水带实测项目见表 4-55。

止水带实测项目　表 4-55

项次	检查项目	规定值或允许偏差	检查方法和频率	权值
1	纵向偏离(mm)	±50	尺量:每环 3 处	1
2	偏离衬砌中心线(mm)	≤30	尺量:每环 3 处	1

3. 外观鉴定

(1)发现破裂应及时修补。不符合要求时,减 1～3 分。

(2)衬砌脱模后,若发现因走模致使止水带过分偏离中心,应适当凿除或填补部分混凝土,对止水带进行纠偏。不符合要求时,减 1～3 分。

十三、超前锚杆

1. 基本要求

(1)锚杆材质、规格等应符合设计和规范要求。

(2)超前锚杆与隧道轴线外插角宜为 5°～10°,长度应大于循环进尺,宜为 3～5m。

(3)超前锚杆与钢架支撑配合使用时,应从钢架腹部穿过,尾端应与钢架焊接。

(4)锚杆插入孔内的长度不得短于设计长度的 95%。

(5)锚杆搭接长度应不小于 1m。

2. 实测项目

超前锚杆实测项目见表 4-56。

超前锚杆实测项目　表 4-56

项次	检查项目	规定值或允许偏差	检查方法和频率	权值
1	长度(m)	不小于设计要求值	尺量:检查锚杆数的 10%	2
2	孔位(mm)	±50	尺量:检查锚杆数的 10%	2
3	钻孔深度(mm)	±50	尺量:检查锚杆数的 10%	2
4	孔径(mm)	大于杆体直径+15	尺量:检查锚杆数的 10%	2

3. 外观鉴定

锚杆沿开挖轮廓线周边均匀布置,尾端与钢架焊接牢固,锚杆入孔长度符合要求。不符合要求时,每处减 3～5 分。

十四、超前钢管

1. 基本要求

(1)钢管的型号、规格、质量等应符合设计和规范要求。

(2)超前钢管与钢架支撑配合使用时,应从钢架腹部穿过,尾端与钢架焊接。

2. 实测项目

超前钢管实测项目见表 4-57。

3. 外观鉴定

钢管沿开挖轮廓线周边均匀布置,尾端与钢架焊接牢固,入孔长度符合要求。不符合要求时，减1～5分。

超前钢管实测项目　　表4-57

项次	检查项目	规定值或允许偏差	检查方法和频率	权值
1	长度(m)	不小于设计要求值	尺量：检查10%	2
2	孔位(mm)	±50	尺量：检查10%	2
3	钻孔深度(mm)	±50	尺量：检查10%	2
4	孔径(mm)	大于杆体直径+20	尺量：检查10%	2

第六节　交通工程施工质量检验与评价

一、交通标志施工质量检验与评价

1. 基本要求

(1)交通标志的制作应符合《道路交通标志和标线》(GB 5768—2009)和《公路交通标志板》(JT/T 279—2004)的规定。

(2)交通标志在运输、安装过程中不应损伤标志面及金属构件的镀层。

(3)标志的位置、数量及安装角度应符合设计要求。

(4)大型标志的地基承载力应符合设计要求。大型标志柱、梁的焊接部分应符合钢结构焊接规范的质量要求，无裂缝、未熔合、夹渣等缺陷。

(5)标志面应平整完好，无起皱、开裂、缺损或凹凸变形，标志面任一处面积为50cm×50cm表面上，不得存在总面积大于10mm^{2}的一个或一个以上气泡。

(6)反光膜应尽可能减少拼接，任何标志的字符不允许拼接，当标志板的长度或宽度、圆形标志的直径小于反光膜产品的最大宽度时，底膜不应有拼接缝。当粘贴反光膜不可避免出现接缝时，应按反光膜产品的最大宽度进行拼接。

2. 实测项目

交通标志实测项目见表4-58。

交通标志实测项目　　表4-58

项次	检查项目	规定值或允许偏差	检查方法和频率	权值
1	标志板外形尺寸(mm)	±5。当边长尺寸大于1.2m时允许偏差为边长的±0.5%；三角形内角应为60°±5°	钢卷尺、万能角尺、卡尺：检查100%	1
	标志底板厚度(mm)	不小于设计要求值		
2	标志汉字、数字、拉丁字的字体及尺寸(mm)	应符合规定字体，基本字高不小于设计要求值	字体与标准字体对照，字高用钢卷尺：检查10%	1
3△	标志面反光膜等级及逆反射系数(cd·lx^{-1}·m^{-2})	反光膜等级符合设计要求值。逆反射系数值不低于《公路交通标志板》(JT/T 279—2004)规定	反光膜等级用目测初定。便携式测定仪：检查100%	2
4	标志板下缘至路面净空高度及标志板内缘距路边缘距离(mm)	+100，0	直尺、水平尺或经纬仪：检查100%	1

续上表

项次	检查项目	规定值或允许偏差	检查方法和频率	权值
5	立柱竖直度(mm/m)	±3	垂线、直尺:检查100%	1
6△	标志金属构件镀层厚度(μm)	标志柱、横梁≥78,紧固件≥50	测厚仪:检查100%	2
7	标志基础尺寸(mm)	−50,+100	钢尺、直尺:检查100%	1
8	基础混凝土强度(MPa)	在合格标准内	基础施工同时做试件,每处1组(3件):检查100%	1

3. 外观鉴定

(1)标志板安装后应平整,夜间在车灯照射下,标志板底色和字符应清晰明亮,颜色均匀,不应出现明暗不均的现象,不能影响标志的认读。标志板有明显明暗不均现象时,每一标志减2分。

(2)标志反光膜采用拼接时,重叠部分不应小于5mm。当采用平接时,其间隙不应超过1mm。距标志板边缘50mm之内,不得有接缝。不符合要求时,每处减2分。

(3)标志金属构件镀层应均匀、颜色一致,不允许有流挂、滴瘤或多余结块,镀件表面应无漏镀、露铁等缺陷。不符合要求时,每一构件减2分。

二、路面标线

1. 基本要求

(1)路面标线涂料应符合《路面标线涂料》(JT/T 280—2004)的规定。

(2)路面标线喷涂前应仔细清洁路面,表面应干燥,无起灰现象。

(3)路面标线的颜色、形状和设置位置应符合《道路交通标志和标线》(GB 5768—2009)的规定和设计要求。

2. 实测项目

路面标线实测项目见表4-59。

路面标线实测项目 表4-59

项次	检查项目		规定值或允许偏差	检查方法和频率	权值
1	标线线段长度(mm)	6 000	±50	钢卷尺;抽检10%	1
		4 000	±40		
		3 000	±30		
		1 000~2 000	±20		
2	标线宽度(mm)	400~450	+15,0	钢尺:抽检10%	1
		150~200	+8,0		
		100	+5,0		
3△	标线厚度(mm)	常温型(0.12~0.2)	−0.03,+0.10	湿膜厚度计,干膜用水平尺、塞尺或用卡尺,抽检10%	2
		加热型(0.20~0.4)	−0.05,+0.15		
		热熔型(1.0~4.50)	−0.10,+0.50		
4	标线横向偏位(mm)		±30	钢卷尺:抽检10%	1

续上表

项次	检查项目		规定值或允许偏差	检查方法和频率	权值
5	标线纵向间距(mm)	9 000	±45	钢卷尺:抽检10%	1
		6 000	±30		
		4 000	±20		
		3 000	±15		
6	标线剥落面积		检查总面积的0～3%	4倍放大镜:目测检查	1
7	反光标线逆反射系数($cd \cdot lx^{-1} \cdot m^{-2}$)		白色标线≥150 黄色标线≥100	反光标线逆反射系数测量仪:抽检10%	2

3.外观鉴定

(1)标线施工污染路面应及时清理。每处污染面积不超过10cm²,不符合要求时,每处减1分。

(2)标线线形应流畅,与道路线形相协调,不允许出现折线,曲线应圆滑。不符合要求时,每处减2分。

(3)反光标线玻璃珠应撒布均匀,附着牢固,反光均匀。不符合要求时,每处减2分。

(4)标线表面不应出现网状裂缝、断裂裂缝、起泡现象。不符合要求时,每处减1分。

三、波形梁钢护栏

1.基本要求

(1)波形梁钢护栏产品应符合《公路波形梁钢护栏》(JT/T 281—2007)及《公路三波形梁钢护栏》(JT/T 457—2007)的规定。

(2)护栏立柱、波形梁、防阻块及托架的安装应符合设计和施工的要求。

(3)为保证护栏的整体强度,路肩和中央分隔带的土基压实度不应小于设计值。达不到压实度要求的路段不应进行护栏立柱打入施工。石方路段和挡土墙上的护栏立柱的埋深及基础处理应符合设计要求。

(4)波形梁护栏的端头处理及与桥梁护栏过渡段的处理应满足设计要求。

2.实测项目

波形梁钢护栏实测项目见表4-60。

3.外观鉴定

(1)焊接钢管的焊缝应平整,无焊渣、突起。构件镀锌层表面应均匀完整、颜色一致,表面具有实用性光滑,不得有流挂、滴瘤或多余结块。镀件表面应无漏镀、露铁、擦痕等缺陷。构件镀铝层表面应连续,不得有明显影响外观质量的熔渣、色泽暗淡及假浸、漏浸等缺陷。构件涂塑层应均匀光滑、连续,无肉眼可分辨的小孔、空间、孔隙、裂缝、脱皮及其他有害缺陷。不符合要求时,每处减2分。

(2)直线段护栏不得有明显的凹凸、起伏现象,曲线段护栏应圆滑顺畅,与线形协调一致,中央分隔带开口端头护栏的抛物线形应与设计图相符。不符合要求时,每处减2分。

(3)波形梁板搭接方向正确,搭接平顺,垫圈齐备,螺栓紧固。不符合要求时,每处减2分。

(4)防阻块、托架、端头的安装应与设计图相符,安装到位,不得有明显变形、扭转、倾斜。不符合要求时,每处减2分。

(5)波形梁板和立柱不得现场焊割和钻孔。不符合要求时,每处减 2 分。

(6)立柱及柱帽安装牢固,其顶部应无明显塌边、变形,开裂等缺陷。不符合要求时,每处减 2 分。

波形梁钢护栏实测项目 表 4-60

项次	检 查 项 目	规定值或允许偏差	检查方法和频率	权值
1△	波形梁板基底金属厚度(mm)	±0.16	板厚千分尺:抽检 5%	2
2△	立柱壁厚(mm)	4.5±0.25	测厚仪、千分尺:抽检 5%	2
3△	镀(涂)层厚度(um)	符合设计规定	测厚仪:抽检 10%	2
4	拼接螺栓(45 号钢)抗拉强度(MPa)	≥600	抽样做拉力试验,每批 3 组	1
5	立柱埋入深度	符合设计规定	过程检查,尺量:抽检 10%	1
6	立柱外边缘距路肩边线距离(mm)	±20	尺量:抽检 10%	1
7	立柱中距(mm)	±50	钢卷尺:抽检 10%	1
8△	立柱竖直度(mm/m)	±10	垂线、尺量:抽检 10%	2
9△	横梁中心高度(mm)	±20	尺量:抽检 10%	2
10△	护栏顺直度(mm/m)	±5	拉线、尺量:抽检 10%	2

四、混凝土护栏

1. 基本要求

(1)混凝土所用的水泥、砂、石,水及外掺剂的质量、规格必须符合有关规范的要求,按规定的配合比施工。

(2)混凝土护栏预制块件在吊装、运输、安装过程中,不得断裂。

(3)各混凝土护栏块件之间、护栏与基础之间的连接应符合设计要求。

(4)混凝土护栏块件标准段、混凝土护栏起终点及其他开口处的混凝土护栏块件的几何尺寸应符合设计要求。

(5)混凝土护栏的地基强度、埋入深度应符合设计要求。

(6)混凝土护栏块件的损边、掉角长度每处不得超过 20mm,否则应予及时修补。

2. 实测项目

混凝土护栏实测项目见表 4-61。

混凝土护栏实测项目 表 4-61

<table>
<tr><th>项次</th><th colspan="2">检 查 项 目</th><th>规定值或允许偏差</th><th>检查方法和频率</th><th>权值</th></tr>
<tr><td>1△</td><td colspan="2">护栏混凝土强度(MPa)</td><td>在合格标准内</td><td>按附录 D 检查</td><td>2</td></tr>
<tr><td>2</td><td colspan="2">地基压实度(%)</td><td>符合设计要求</td><td>核于密度仪现场检查</td><td>1</td></tr>
<tr><td rowspan="3">3</td><td rowspan="3">护栏断面尺寸(mm)</td><td>高度</td><td>±10</td><td rowspan="3">尺量:抽检 10%</td><td rowspan="3">1</td></tr>
<tr><td>顶宽</td><td>±5</td></tr>
<tr><td>底宽</td><td>±5</td></tr>
<tr><td>4</td><td colspan="2">基础平整度(mm)</td><td>10</td><td>水平尺;检查 100%</td><td>1</td></tr>
<tr><td>5△</td><td colspan="2">轴向横向偏位(mm)</td><td>±20 或符合设计要求</td><td>尺量:抽检 10%</td><td>2</td></tr>
<tr><td>6</td><td colspan="2">基础厚度(mm)</td><td>±10%H</td><td>过程检查,尺量:检查 100%</td><td>1</td></tr>
</table>

3. 外观鉴定

(1)混凝土护栏块件之间的错位不大于5mm。不符合要求时,每处减2分。

(2)混凝土护栏外观、色泽应均匀一致,表面的蜂窝、麻面、裂缝、脱皮等缺陷面积不超过该面面积的0.5%,不符合要求时,每超过0.5%减2分;深度不应超过10mm,不符合要求时,每处减2分。

(3)护栏线形适顺,直线段不允许有明显的凹凸现象,曲线段护栏应圆滑顺畅,与线形协调一致。中央分隔带开口端头护栏尺寸应与设计图相符。不符合要求时,每处减2分。

五、缆索护栏

1. 基本要求

(1)缆索性能、缆索直径、单丝直径、构造(3股7芯)、锚具及其镀锌质量应符合设计与施工规范的要求,缆索抗拉强度、镀锌质量须经抽检合格后方可使用。

(2)张拉前应标定拉力测定计。

(3)立柱埋深不得小于设计值。采用挖埋法施工,立柱埋入土中时,回填土应分层(每层厚度不超过100mm)夯实;立柱埋入混凝土中时,基础混凝土的几何尺寸、强度等应符合设计要求。

(4)立柱壁厚、外径和长度不小于设计要求。

(5)采用打入法施工时,立柱顶部不应出现明显变形、倾斜、扭曲或卷边等现象。

2. 实测项目

缆索护栏实测项目见表4-62。

缆索护栏实测项目　　表4-62

项次	检 查 项 目	规定值或允许偏差	检查方法和频率	权值
1	缆索直径(mm)	18±0.5	卡尺:抽检10%	1
	单丝直径(mm)	2.86+0.10,−0.02		
2△	初张力(kN)	±5%	过程检查,张拉计:抽检10%	2
3	最下一根缆索的高度(mm)	±20	尺量:抽检10%	1
4△	立柱壁厚(mm)	±0.10	千分尺:抽检10%	2
5	立柱埋入深度	符合设计要求	过程检查,抽检10%	1
6△	立柱竖直度(mm/m)	±10	垂线、尺量:抽检10%	2
7	立柱中距(mm)	±50	尺量:抽检10%	1
8△	镀锌层厚度(μm)	立柱≥85	测厚仪:抽检10%	2
		索端锚具≥50		
		紧固件≥50		
		镀锌钢丝≥33		
9	混凝土基础尺寸	符合设计规定	过程检查,尺量:检查100%	1
10△	混凝土强度	在合格标准内	基础施工同时做试件,每个工作班1组(3件),检查试件的强度,抽检100%	2

3. 外观鉴定

(1)金属构件表面不得有气泡、剥落、漏镀及划痕等表面缺陷。不符合要求时,每处减2分。

(2)直线段护栏没有明显的凹凸现象,曲线段护栏圆滑顺畅。不符合要求时,每处减2分。

(3)索端锚具、托架、索夹螺栓应安装到位、固定牢固;托架编号和组合应与缆索护栏的类别相适应;上、下托架位置正确,中央分隔带缆索护栏的托架应两边对称。不符合要求时,每处减2分。

六、突起路标

1. 基本要求

(1)突起路标产品应符合《突起路标》(GB/T 24725—2009)的规定。

(2)突起路标的布设及其颜色应符合《道路交通标志和标线》(GB 5768—2009)的规定或符合设计要求。

(3)突起路标与路面的黏结应牢固、耐久,能经受汽车轮胎的冲击而不会脱落。

(4)突起路标应在路面干燥、清洁,并经测量定位后施工。

2. 实测项目

突起路标实测项目见表4-63。

突起路标实测项目 表4-63

项次	检查项目	规定值或允许偏差	检查方法和频率	权值
1	安装角度(°)	±5	角尺:抽检10%	1
2	纵向间距(mm)	±50	尺量:抽检10%	1
3△	损坏及脱落个数	<0.5%	检查损坏及脱落个数:抽检30%	2
4△	横向偏位(mm)	±50	尺量:抽检10%	2
5	承受压力(kN)	>160	检查测试记录	1
6△	光度性能	在规定范围内	检查测试报告	2

3. 外观鉴定

(1)突起路标外观应美观,尺寸符合有关规范要求,表面光滑,不得有尖角、毛刺存在,表面无明显的划伤、裂纹。不符合要求时,每处减2分。

(2)突起路标纵向安装应成直线,不得出现折线。曲线段的突起路标应与道路曲线相吻合,线形圆滑顺畅。不符合要求时,每处减2分。

(3)突起路标黏结剂不得造成路面污染,不符合要求时,每处减2分。

七、轮廓标

1. 基本要求

(1)轮廓标产品应符合《轮廓标》(GB/T 24970—2010)的规定。

(2)轮廓标的布设应符合设计及施工规范的要求。

(3)柱式轮廓标的基础混凝土强度、基础尺寸应符合设计要求。

(4)柱式轮廓标应安装牢固,逆反射材料表面与行车方向垂直,色度性能和光度性能应与设计相符。

2. 实测项目

轮廓标实测项目见表 4-64。

轮廓标实测项目 表 4-64

项次	检查项目	规定值或允许偏差	检查方法和频率	权值
1	柱式轮廓标尺寸(mm)	三角形断面:底边允许偏差为±5,三角形高允许偏差为±5;柱式轮廓标总长允许偏差为±10	尺量:抽检 10%	1
2	安装角度(°)	0~5	花秆、十字架、卷尺、万能角尺:抽检 10%	1
3	反射器中心高度(mm)	±20	尺量:抽检 10%	1
4△	反射器外形尺寸(mm)	±5	卡尺、直尺:抽检 10%	2
5△	光度性能	在合格标准内	检查检测报告	2

3. 外观鉴定

(1)轮廓标不应有明显的划伤、裂纹、损边、掉角等缺陷。表面应平整光滑无明显凹痕或变形。不符合要求时,每处减 2 分。

(2)轮廓标安装牢固,线形顺畅。不符合要求时,每处减 2 分。

(3)柱式轮廓标的垂直度不超过±8mm/m。不符合要求时,每处减 1 分。

八、防眩设施

1. 基本要求

(1)防眩设施的材质、镀锌量应符合《防眩板》(GB/T 24718—2009)及设计和施工规范的要求。

(2)防眩设施整体应与道路线形相一致,美观大方,结构合理。

(3)防眩设施的几何尺寸及遮光角应符合设计要求。

(4)防眩板的平面弯曲度不得超过板长的 0.3%。

(5)防眩设施安装牢固。

2. 实测项目

防眩设施实测项目见表 4-65。

防眩设施实测项目 表 4-65

项次	检查项目	规定值或允许偏差	检查方法和频率	权值
1△	安装相对高度(mm)	±10	尺量:抽检 5%	2
2	镀(涂)层厚度	符合设计要求	涂层测厚仪:抽检 5%	1
3	防眩板宽度(mm)	±5	尺量:抽检 5%	1
4	防眩板设置间距(mm)	±10	尺量:抽检 10%	1
5	竖直度(mm/m)	±5	垂线、尺量:抽检 10%	1
6△	顺直度(mm/m)	±8	拉线、尺量:抽检 10%	2

3. 外观鉴定

(1)防眩板表面不得有气泡、裂纹、疤痕、端面分层等缺陷。不符合要求时,每处减 2 分。

(2)防眩设施色泽均匀。不符合要求时,每处减2分。

九、隔离栅和防落网

1. 基本要求

(1)隔离栅和防落网用的材料规格及防腐处理应符合《隔离栅》(GB/T 26941—2011)及设计和施工规范的规定。

(2)用金属网制作的隔离栅和防落网,安装后要求网面平整,无明显翘曲现象。刺铁丝的中心垂度小于15mm。

(3)防落网应网孔均匀,结构牢固,围封严实。

(4)金属立柱弯曲度超过8mm/m,有明显变形、卷边、划痕等缺陷者,及混凝土立柱折断者均不得使用。

(5)立柱埋深应符合设计要求。立柱与基础、立柱与网之间的连接应稳固。混凝土基础强度不小于设计要求。

(6)隔离栅起终点应符合端头围封设计的要求。

2. 实测项目

隔离栅和防落网实测项目见表4-66。

隔离栅和防落网实测项目 表4-66

项次	检查项目	规定值或允许偏差	检查方法和频率	权值
1	高度(mm)	±15	尺量:每100根测2根	1
2△	镀(涂)层厚度(μm)	符合设计要求值	测厚仪:抽检5%	2
3△	网面平整度(mm/m)	±2	直尺、塞尺:抽检5%	2
4△	立柱埋深	符合设计要求值	过程检查,尺量:抽检10%	2
5	立柱中距(mm)	±30	尺量:每100根测2根	1
6△	混凝土强度(MPa)	在合格标准内	基础施工同时做试件,每工作班作1组(3件),检查试件的强度,抽检10%	2
7	立柱竖直度(mm/m)	±8	垂线、尺量:每100根测2根	1

3. 外观鉴定

(1)电焊网不得脱焊、虚焊。不符合要求时,每处减2分。

(2)镀锌层表面应具有均匀完整的锌层,颜色一致,表面具有实用性光滑,不允许有流挂、滴瘤或多余结块。镀件表面应无漏镀、露铁等缺陷。涂塑层应均匀光滑、连续,无肉眼可分辨的小孔、空间、孔隙、裂缝、脱皮及其他有害缺陷。不符合要求时,每处减2分。

(3)混凝土立柱应密实平整,无裂缝、翘曲、蜂窝、麻面等缺陷。不符合要求时,每处减2分。

(4)有框架的隔离栅和防落网,网片应与框架焊牢,网片拉紧。整网铺设的隔离栅,端柱与网连接牢固,网面平整绷紧。刺铁丝间距符合设计要求,刺线平直,绷紧。不符合要求时,每处减2分。

(5)隔离栅安装位置应符合设计规定。安装线形整体顺畅并与地形相协调。围封严实,安装牢固。不符合要求时,每处减2分。

【案例】 某公路工程分项工程施工质量检验与评价

一、分项工程质量评分

分项工程质量检验内容包括基本要求、实测项目、外观鉴定和质量保证资料4个部分。只有在其使用的原材料、半成品、成品及施工工艺符合基本要求的规定，且无严重外观缺陷和质量保证资料真实并基本齐全时，才能对分项工程质量进行检验评定。

涉及结构安全和使用功能的重要实测项目为关键项目(在文中以“△”标识)，其合格率不得低于90%(属于工厂加工制造的桥梁金属构件不低于95%，机电工程为100%)，且检测值不得超过规定极值，否则必须进行返工处理。实测项目的规定极值是指任一单个检测值都不能突破的极限值，不符合要求时该实测项目为不合格。

采用《公路工程质量检验评定标准》(JTG F80/1—2004)附录B至附录I所列方法进行评定的关键项目，不符合要求时则该分项工程评为不合格。

分项工程的评分值满分为100分，按实测项目采用加权平均法计算。存在外观缺陷或资料不全时，须予减分。

$$分项工程得分=\frac{\sum[检查项目得分\times权值]}{\sum检查项目权值}$$

$$分项工程评分值=分项工程得分-外观缺陷减分-资料不全减分$$

1.基本要求检查

分项工程所列基本要求，对施工质量优劣具有关键作用，应按基本要求对工程进行认真检查。经检查不符合基本要求规定时，不得进行工程质量的检验和评定。

2.实测项目计分

对规定检查项目采用现场抽样方法，按照规定频率和下列计分方法对分项工程的施工质量直接进行检测计分。

检查项目除按数理统计方法评定的项目以外，均应按单点(组)测定值是否符合标准要求进行评定，并按合格率计分。

$$检查项目合格率(\%)=\frac{检查合格的点(组)数}{该检查项目的全部检查点(组)数}\times100$$

$$检查项目得分=检查项目合格率\times100$$

3.外观缺陷减分

对工程外表状况应逐项进行全面检查，如发现外观缺陷，应进行减分。对于较严重的外观缺陷，施工单位须采取措施进行整修处理。

4.资料不全减分

分项工程的施工资料和图表残缺，缺乏最基本的数据，或有伪造涂改者，不予检验和评定。资料不全者应予减分，减分幅度可按《公路工程质量检验评定标准》(JTG F80/1—2004)所列各款逐款检查，视资料不全情况，每款减1～3分。

二、实例

某高速公路土方路基质量检验评定如表4-67所示。

分项工程质量检验评定表

表 4-67

分项工程名称:土方路基　　所属分部工程名称:K2+240~K2+850 路基土石方工程　　所属建设项目:××××高速公路

工程部位:K2+240~K2+850　　施工单位:××××公司　　监理单位:××××公司

基本要求	根据《公路工程质量检验评定标准》(JTG F80/1—2004)4.2.1 条 (1)在路基用地和取土坑范围内,应清除地表植被、杂物、积水、淤泥和表土,处理坑塘,并按规范和设计要求对基底进行压实。 (2)路基填料应符合规范和设计的规定,经认真调查、试验后合理选用。 (3)填方路基须分层填筑压实,每层表面平整,路拱合适,排水良好。 (4)施工临时排水系统应与设计排水系统结合,避免冲刷边坡,勿使路基附近积水。 (5)在设定取土区内合理取土,不得滥开滥挖。完工后应按要求对取土坑和弃土场进行修整,保持合理的几何外形。

实测项目	项次	检查项目	规定值或允许偏差	实测值或实测偏差值										质量评定			
				1	2	3	4	5	6	7	8	9	10	平均值、代表值	合格率(%)	权值	得分值
	1△	压实度(%) 零填及挖方(m) 0~0.30	—											97.28	100	3	100
		压实度(%) 零填及挖方(m) 0~0.80	≥96														
		压实度(%) 填方(m) 0~0.80	≥96	96.2	97.3	98.1	97.5	97.2	97.1	98.2	96.8	97.5					
		压实度(%) 填方(m) 0.80~1.50	≥94														
		压实度(%) 填方(m) >1.50	≥93														
	2△	弯沉(0.01mm)	≤260	244	235	246	238	242	239	238	240	241	240	240.3	100	3	100
	3	纵断高程(mm)	+10,−15	4	7	−5	5	−11	−7	5	−4	7	3	5,−7	100	2	100
	4	中线偏位(mm)	50	20	16	17	15	18	19	17	15	18	17	22.2	100	2	100
	5	宽度(mm)	不小于设计要求值	88	90	92	95	92	90	91	93	92	90	91.3	100	2	100
	6	平整度(mm)	15	10	11	13	16	12	13	14	12	11	10	13.7	90	2	90
	7	横坡(%)	±0.3	0.01	−0.01	0.02	0.01	−0.02	−0.01	−0.02	0.02	0.01	0.01	0.01,−0.02	100	1	100
	8	边坡	>1.5	1.51	1.52	1.51	1.51	1.51	1.51	1.52	1.52	1.51	1.51	1.51	100	1	100
	合计			(100×3+100×3+100×2++100×2+100×2+90×2+100×1+100×1)/16=98.75												16	98.75

外观鉴定	路基局部表面不平整	减分	2	监理意见	合格
质量保证资料	真实、齐全	减分	0		
工程质量等级评定	评分:96.75			质量等级	合格

检验负责人:×××　　检测:×××　　记录:×××　　复核:×××　　××××年××月××日

第五章　公路工程施工进度控制

本章主要介绍了公路工程施工的进度计划的主要形式、编制依据、原则及步骤，施工进度控制的措施，施工项目进度计划的检查、比较及调整等内容。

第一节　施工进度计划的编制

一、施工进度计划编制依据及原则

1.施工进度计划编制依据

公路工程项目施工进度计划是对工程实施过程进行管理的前提，没有进度计划，也就谈不上对工程项目的进度管理。因此，在工程开始施工之前，必须制订一份科学、合理的工程项目进度计划。施工进度控制的目标是确定一个合理的计划工期，施工进度计划编制依据主要有：

(1)工程设计图纸；

(2)各种有关水文、地质、气象和经济资料；

(3)合同工期或指定工期、规定的开工竣工日期、里程碑事件或阶段工期；

(4)主要工程的施工方案；

(5)各类定额数据；

(6)劳动力、材料、机械供应情况。

2.施工进度计划编制的基本要求

(1)保证施工在合同规定的期限内完成；

(2)迅速发挥生产效益；

(3)保证施工的连续性和均衡性；

(4)尽可能节约费用，实现成本目标；

(5)合理安排机械化施工，充分发挥施工机械的生产效率；

(6)保证施工质量和安全。

二、施工进度计划的主要形式

施工进度计划是施工组织设计的重要组成部分，在施工组织设计中，必须认真考虑。编制施工进度计划的基本原理是流水作业法和网络计划技术。施工进度计划一般采用横道图、斜线图及进度曲线图等形式来表示。对于高等级公路及大型工程项目，还应采用网络图表示。

1.横道图

横道图又叫甘特图，它是以图示的方式通过活动列表和时间刻度形象地表示出任何特定项目的活动顺序与持续时间。它是以时间为横坐标，以各分部分项工程或施工工序为纵坐标，按一定的先后施工顺序和工艺流程，用带时间比例的水平横线表示对应项目或工序持续时间的施工进度计划图表。

(1)横道图的常用格式

横道图的常用格式如图 5-1 所示,它是由两大部分组成:左部分以分部、分项工程或工序为主要内容的表格,包括序号、工程名称(工序名称)、施工方法、工程数量或工作量的单位及数量等;右面部分是用横线条表示的指示图表,它是由左面的有关数据经计算得到的。在指示图表中用水平横向线条形象地表示出各工序(项目)的施工进度,其线条的长度表示施工持续时间长短,线条的位置表示施工过程,线上可以用数字表示劳动力数量,有时也可采用不同线条符号表示施工作业班组或施工段。

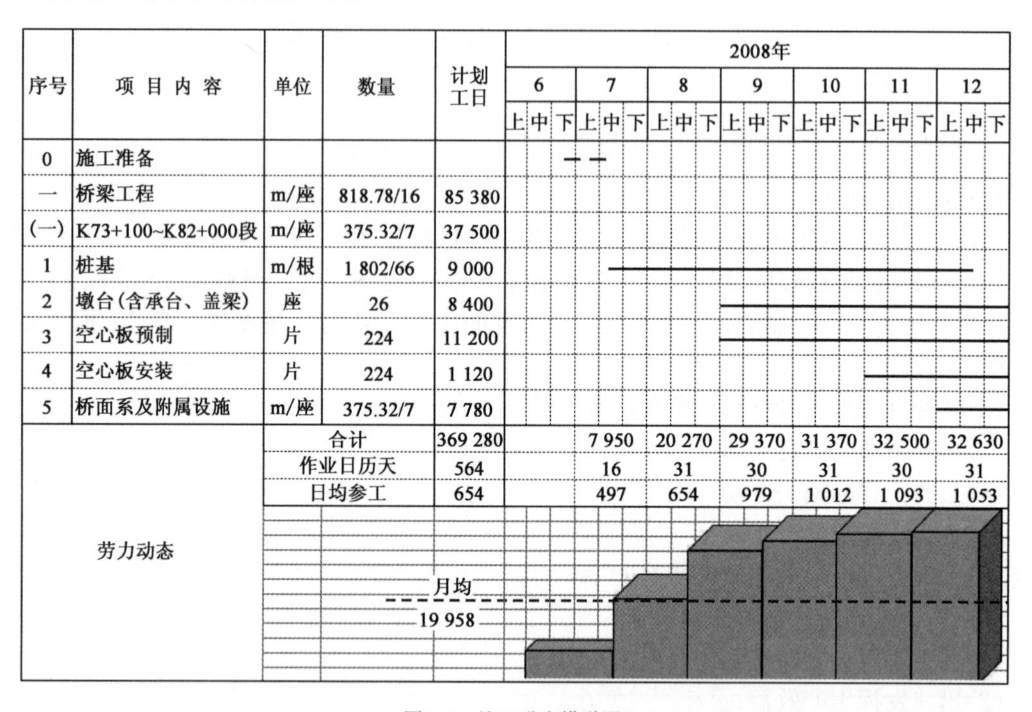

序号	项目内容	单位	数量	计划工日	2008年 6	7	8	9	10	11	12
					上 中 下	上 中 下	上 中 下	上 中 下	上 中 下	上 中 下	上 中 下
0	施工准备										
一	桥梁工程	m/座	818.78/16	85 380							
(一)	K73+100~K82+000段	m/座	375.32/7	37 500							
1	桩基	m/根	1 802/66	9 000							
2	墩台(含承台、盖梁)	座	26	8 400							
3	空心板预制	片	224	11 200							
4	空心板安装	片	224	1 120							
5	桥面系及附属设施	m/座	375.32/7	7 780							
劳力动态		合计		369 280		7 950	20 270	29 370	31 370	32 500	32 630
		作业日历天		564		16	31	30	31	30	31
		日均参工		654		497	654	979	1 012	1 093	1 053

图 5-1 施工进度横道图

(2)横道图的特点

①横道图的优点。

从图 5-1 可以看出,横道图简单、形象、直观,且易于编制和理解,可以方便地表达出施工计划的总工期和各分部分项工程或施工工序的持续时间,每项工作何时开始,何时结束一目了然;便于计算完成施工计划所需的劳动力,材料,机械设备及资金等各种资源需要量。

②横道图的缺点。

a. 分部分项工程或施工工序之间的逻辑关系不明确,仅反映工作之间的前后衔接关系;

b. 无法表示施工期限与地点之间的关系,不能绘制对应施工项目的平面示意图;

c. 工程数量的实际分布情况不具体,无法寻找施工计划的潜力;

d. 不能实现定量分析,因而无法采用计算机计算;

e. 无法反映工作的机动使用时间,反映不出关键工作及哪些工作决定总工期;

f. 无法进行施工组织及施工技术方案的比较与优化。

因此，横道图只适宜编制集中性工程进度计划、材料供应计划或者简单的工程进度计划。

2. 斜线图

(1)斜线图法

斜线图法又称垂直图法或垂直坐标图法，是在流水作业斜线图的基础上扩充和改进形成的。它以纵坐标表示施工日期和工程数量，以横坐标表示公路里程和工程位置，而各分部、分项工程(工序)的施工进度，则相应地以不同的斜线或符号表示的一种施工进度图形。

(2)斜线图的常用格式

斜线图的常用格式如图 5-2 所示。它一般由三部分组成：图的上部表示了各分部、分项工程的工程数量按里程分布的具体情况和构造物的具体位置、结构形式等；图的中间部分用不同的斜线或线条表示各工序的施工进度和作业组织形式，对应进度线的右侧按月以一定的比例绘出劳动力需要量曲线；图的下部按里程绘出施工组织平面示意图。

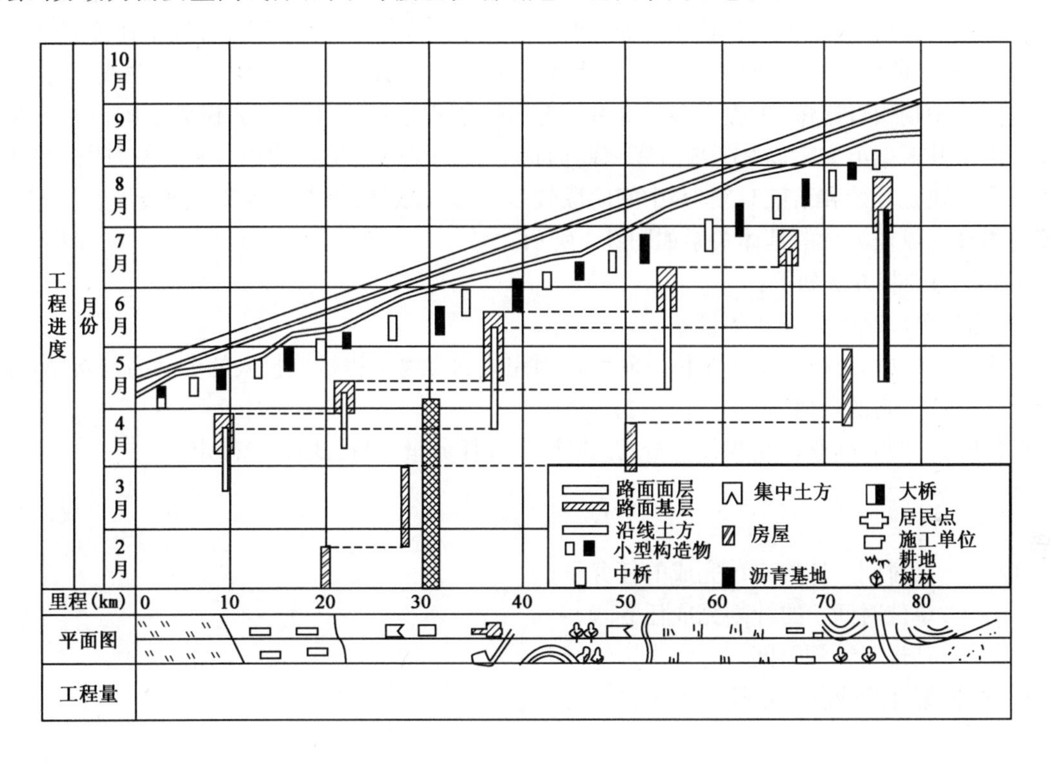

图 5-2　施工进度垂直图

(3)斜线图的特点

①斜线图的优点。

a. 工程项目的相互关系、施工的紧凑程度和施工速度都十分清楚；

b. 工程的分布情况和施工工期一目了然，从图中可以直接找出任何一天各施工队的施工地点和应完成的工程数量。

②斜线图的缺点。

a. 不便于将工序划分很细；

b. 不能反映各项目或工序之间错综复杂的关系;

c. 不能确定工作的机动时间及其关键工作;

d. 不能使用计算机进行定量分析;

e. 计划编制和修改的工作量较大;

f. 不能进行计划方案的比较及优选等。

3. S曲线图

S曲线即工程进度曲线,又称为现金流动曲线,因其曲线形状大致呈S形故而得名。S曲线是针对横道图监控工程进度时,计划进度与实际进度的比较只能在各个分项工程或工作(工序)之间进行,无法对整个工程进度情况进行全局性的管理这一不足而提出的。S曲线以工期为横轴,以累计完成的工程费用的百分比或累计完成的工程量的百分比为纵轴的图表化曲线。

从整个工程项目实际进展全过程看,若施工过程是匀速时,时间与累计完成任务量之间曲线呈成正比例直线;若施工过程是变速的,则计划呈曲线形态。具体而言,若施工速度是先快后慢,计划累计曲线呈抛物线形态;若施工速度是先慢后快,计划累计曲线呈指数曲线形态;若施工速度是中期快首尾慢(工程中多是这种情况),随工程进展累计完成的任务量则应呈S形变化。由于其形似英文字母"S",S曲线因此而得名。在实际施工过程中,由于单位时间投入的资源量一般是开始和结束时较少,中间阶段较多,因此计划累计曲线多呈S曲线形态。施工速度与累计完成任务量的具体关系如图5-3所示。

S曲线的绘制方法如下:

(1)确定单位时间完成任务量 q_j

在实际工程中,可以根据每单位时间内计划完成的实物工程量或投入的劳动力与费用,计算出计划单位时间的量值 q_j。

(2)计算不同时间累计完成任务量 Q_j,累计完成任务量,可按式(5-1)确定:

$$Q_j = \sum_{j=1}^{j} q_j \tag{5-1}$$

式中:Q_j——某时间 j 计划累计完成的任务量;

q_j——单位时间 j 的计划完成任务量;

j——某规定计划时间。

(3)根据累计完成任务量绘制S曲线。

4. 网络图

网络图又叫流程图,是以加注工程持续时间的箭线和节点来表示施工进度计划的一种网状流程图。其与横道图、垂直图、曲线图比较,不但能反映施工进度,而且更能清楚地反映出各个工序、各施工项目之间的相互联系、相互制约的生产和协作关系,适用于集中工程、线性工程等各种类型的工程。

网络图计划是在网络图上加注工作的时间参数而编制成的进度计划。采用网络图表达施工计划,工序之间的逻辑关系明确,可以反映出关键工序和关键路线。同时网络图计划能用计算机计算和输出图表,更便于对计划进度进行调整优化。但网络图不便于计算各项资源需求。目前,由于计算机技术的普及,通常用网络图求得最佳优化计划,再整理成时标网络图,相当于横道图,最后进行所需资源的计算与平衡。网络图如图5-4所示。

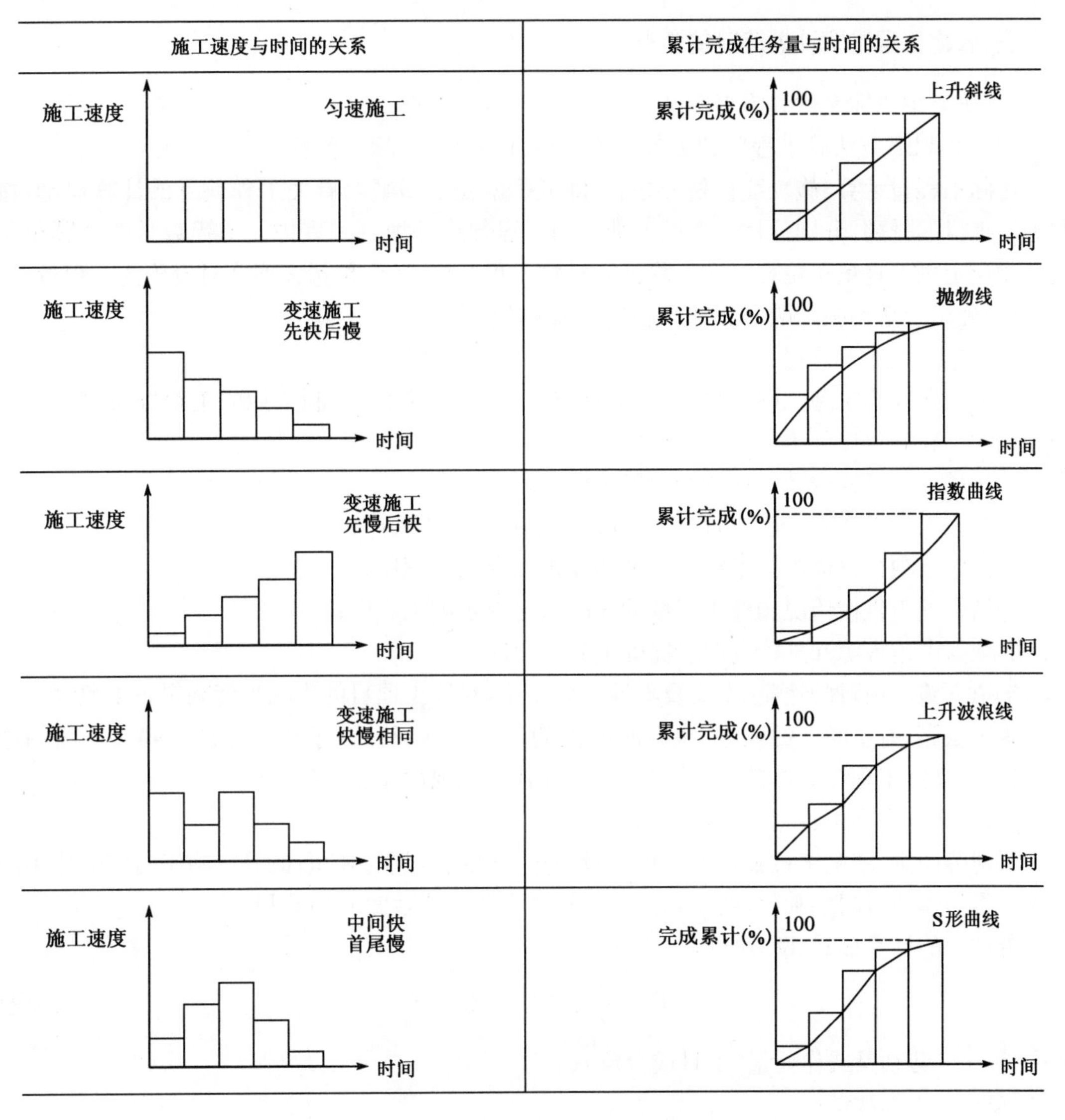

图 5-3　施工速度与累计完成任务量的关系

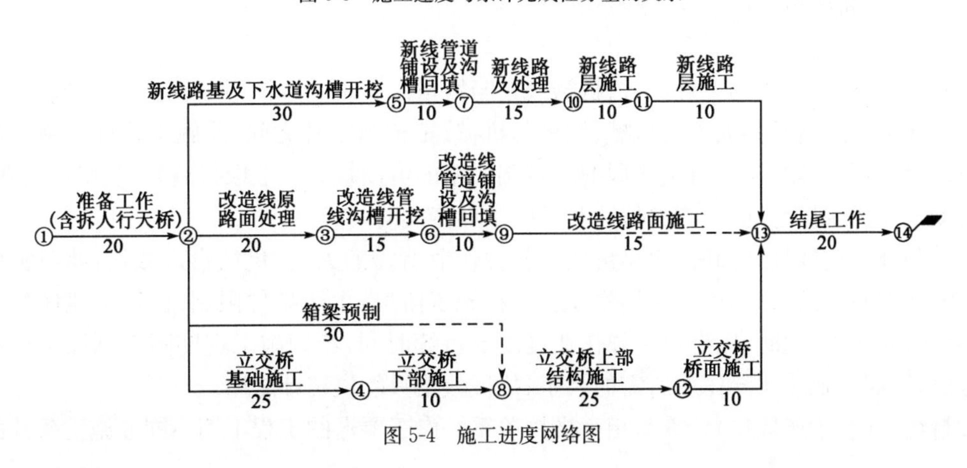

图 5-4　施工进度网络图

三、公路工程进度计划编制的步骤

(1)研究招投标文件和施工图纸、施工条件及相关资料。

(2)用WBS方法将工程分解为各个施工细目并计算实际工程量。

实际工程量计算:施工细目划分好后,即可根据施工图纸及有关工程数量的计算规则,按照施工细目的排列,分别计算各个施工细目的工程数量并填到列表中。工程数量的计算单位应与相应定额的计量单位相一致。除计算实物工程量外,还应包括大型临时设施的工程量。

(3)确定合理的施工顺序和选择适当的施工方法。

确定施工顺序的依据:

①依据合同约定施工顺序的安排,如重点工程、难点工程、控制工期的工程以及对后续影响较大的工程确定先开工;

②按设计图纸或设计资料的要求确定施工顺序;

③按施工技术、施工规范与操作规程的要求确定施工顺序;

④按施工项目整体施工组织与管理的要求确定施工顺序;

⑤结合施工机械情况和施工现场的实际情况确定施工顺序;

⑥依据本地资源和外购资源状况确定施工顺序;

⑦依据施工项目的地质、水文及本地气候变化,对施工项目的影响程度确定施工顺序。

施工顺序,有空间上的顺序,也有时间上的顺序。这两种顺序的安排都受到多方面的影响,只有对具体工程和具体条件加以分析,掌握其变化规律才能安排得合理。

(4)计算各个施工过程的实际劳动量。

所谓劳动量,就是工程细目的工程数量与相应时间定额的乘积;或等于施工时实际使用的工人数量与作业时间的乘积,或实际使用的机械台数与作业时间的乘积。

劳动量的计算如式(5-2)所示:

$$D = \frac{Q}{C} \text{或} D = Q \times S \tag{5-2}$$

式中:D——劳动量或作业量(工日或台班);

Q——工程数量;

S——时间定额;

C——产量定额。

(5)确定各施工过程的工种人数、机械规格与数量以及班制选择,并确定持续时间。

①主导劳动量就是指人工与机械、机械与机械、工种与工种之间,受施工条件或施工单位人力、设备数量的限制,从而对生产周期起控制作用的劳动量。一般取持续时间(生产周期)最长的劳动量作为主导劳动量,它的持续时间叫主导持续时间。

在编制施工进度计划图时,应尽量调节各种作业所需的人工、机械投入数量,使各种作业的持续时间大致一致,即都成为主导作业。但在施工阶段,由于条件限制,往往不能使各种作业的持续时间相等,此时,则应以主导作业之主导持续时间,绘制施工进度图控制该生产过程的持续时间,而其他非主导作业所需的人工、机械数量只能供统计之用。

②持续时间(生产周期)计算与相互搭接关系。由于要求的工程工期不同或施工条件的差

异可分为估算法和计算法。估算法主要是经验估算法，即根据过去施工同类型、相似工程的经验进行估计，施工经验丰富时亦有相当高的准确性，对于一些无定额可循的工程亦采用该方法估计。计算法又分为以下两种：

a. 以施工单位现有的人力、机械的实际生产能力以及工作面大小，来确定完成该劳动量所需的持续时间(生产周期)。一般按式(5-3)计算：

$$t = \frac{D}{Rn} \tag{5-3}$$

式中：t——持续时间(生产周期)(d)；

D——劳动量(工日或台班)；

R——人数或机械台班；

n——生产工作班制数。

b. 根据规定的工程工期倒排确定出各工作的持续时间，从而计算施工队(班组)人数或机械台数。在某些情况下，可以根据已规定的或后续工序需要的持续时间，来计算在“一班制”、“二班制”或“三班制”条件下，完成劳动量所需作业队的人数或机械台数。可按式(5-4)计算：

$$R = \frac{D}{tn} \tag{5-4}$$

确定各施工项目间的搭接关系时，要遵循施工技术规律和合理的组织关系，并应以流水作业的方式进行安排。

(6)编制公路施工进度计划图(横道图、斜率图、网络图等)。

(7)检查与调整公路施工进度计划以及评价。

施进度计划的评价，通常采用下列指标对施工进度计划编制的质量进行评价：

①工程工期。计划工期应当符合合同约定的工期以及阶段性工期，并尽可能留有余地。

②劳动量消耗的均衡性。每天需要的人工数变动幅度不要过大，劳动力需要量力求均衡。一般用劳动力不均衡系数 K 来衡量劳动力消耗的均衡性。

$$K = \frac{\text{最高峰施工时期工人人数}}{\text{施工期间每天平均工人人数}}$$

劳动力不均衡系数 K 的值通常大于 1，一般不要超过 1.5，最理想的情况是接近于 1。在组织流水施工的情况下，不均衡系数可以大大降低。

③主要施工机械的利用程度。

(8)施工进度资源保障计划。

①劳动力需求计划。

根据已确定的施工进度计划，可得到各工程项目在某段时间内的平均劳动力数量，逐项累加可绘出人工数随时间变化的劳动力需求柱状图，为劳动部门提供劳动力进退场时间，保证及时调配，搞好平衡。劳动力需求计划要由与工程目标相适应的各专业人员组成。

②主要材料需求计划。

材料的需求，可按照已确定的工程量，以进度计划为依据，根据定额计算得出，从而编制出需求计划。

③主要施工机械设备需求计划。

在确定施工方案时，专用机械设备需预先确定。施工机械需求计划除用于机械设备调配外,还可为施工用电、选择变压器容量、确定停放场地面积等提供依据。

④测量、试验检测仪器设备需求计划。

测量与试验检测是工程施工中非常重要的基础技术工作,所配备仪器设备的数量、质量均应满足施工的需要,以及技术规范的要求。

⑤资金需求计划。

工程施工是投入与产出的过程,按时间顺序,算出总进度计划中各个施工项目在单位时间内的资金需求,逐项累加后得到总需求。

第二节　施工进度控制的措施

1.进度控制的组织措施

组织是目标能否实现的决定性因素,为实现项目的进度目标应充分重视健全项目管理的组织体系。在项目组织结构中应有专门的工作部门和符合进度控制岗位资格的专人负责进度控制工作。

进度控制的主要工作环节包括进度目标的分析和论证、编制进度计划、定期跟踪进度计划的执行情况、采取纠偏措施以及调整进度计划。这些工作任务和相应的管理职能应在项目管理组织设计的任务分工表和管理职能分工表中标示并落实。

应编制施工进度控制的工作流程,如:

(1)定义施工进度计划系统(由多个相互关联的施工进度计划组成的系统)的组成;

(2)各类进度计划的编制程序、审批程序和计划调整程序等。

进度控制工作包含了大量的组织和协调工作,而会议是组织和协调的重要手段,应进行有关进度控制会议的组织设计,以明确以下内容:

(1)会议的类型;

(2)各类会议的主持人和参加单位及人员;

(3)各类会议的召开时间;

(4)各类会议文件的整理、分发和确认等。

2.进度控制的管理措施

建设工程项目进度控制的管理措施涉及管理的思想、管理的方法、管理的手段、承发包模式、合同管理和风险管理等。在理顺组织的前提下,科学和严谨的管理显得十分重要。

建设工程项目进度控制在管理观念方面存在的主要问题是:

(1)缺乏进度计划系统的观念——往往分别编制各种独立而互不关联的计划,这样就形成不了计划系统;

(2)缺乏动态控制的观念——只重视计划的编制,而不重视及时地进行计划的动态调整;

(3)缺乏进度计划多方案比较和选优的观念——合理的进度计划应体现资源的合理使用、工作面的合理安排、有利于提高建设质量、有利于文明施工和有利于合理地缩短建设周期。

用工程网络计划的方法编制进度计划时,必须很严谨地分析和考虑工作之间的逻辑关系,通过工程网络的计算可发现关键工作和关键路线,也可知道非关键工作可使用的时差。工程网络计划的方法有利于实现进度控制的科学化。

承发包模式的选择直接关系到工程实施的组织和协调。为了实现进度目标，应选择合理的合同结构，以避免过多的合同交界面而影响工程的进展。工程物资的采购模式对进度也有直接的影响，对此应作比较分析。

为实现进度目标，不但应进行进度控制，还应注意分析影响工程进度的风险，并在分析的基础上采取风险管理措施，以减少进度失控的风险量。常见的影响工程进度的风险如下：

(1)组织风险；

(2)管理风险；

(3)合同风险；

(4)资源(人力、物力和财力)风险；

(5)技术风险等。

应重视信息技术(包括相应的软件、局域网、互联网以及数据处理设备等)在进度控制中的应用。虽然信息技术对进度控制而言只是一种管理手段，但它的应用有利于提高进度信息处理的效率，有利于提高进度信息的透明度，有利于促进进度信息的交流和项目各参与方的协同工作。

3. 进度控制的经济措施

建设工程项目进度控制的经济措施涉及资金需求计划、资金供应的条件和经济激励措施等。为确保进度目标的实现，应编制与进度计划相适应的资源需求计划(资源进度计划)，包括资金需求计划和其他资源(人力和物力资源)需求计划，以反映工程实施的各时段所需要的资源。通过资源需求的分析，可发现所编制的进度计划实现的可能性，若资源条件不具备，则应调整进度计划。资金需求计划也是工程融资的重要依据。

资金供应条件包括可能的资金总供应量、资金来源(自有资金和外来资金)以及资金供应的时间。在工程预算中应考虑加快工程进度所需要的资金，其中包括为实现进度目标将要采取的经济激励措施所需要的费用。

4. 进度控制的技术措施

建设工程项目进度控制的技术措施涉及对实现进度目标有利的设计技术和施工技术的选用。不同的设计理念、设计技术路线、设计方案会对工程进度产生不同的影响，在设计工作的前期，特别是在设计方案评审和选用时，应对设计技术与工程进度的关系做分析比较。在工程进度受阻时，应分析是否存在设计技术的影响因素，为实现进度目标有无设计变更的可能性。

施工方案对工程进度有直接的影响，在决策其选用时，不仅应分析技术的先进性和经济合理性，还应考虑其对进度的影响。在工程受阻时，应分析是否存在施工技术的影响因素，为实现进度目标有无改变施工技术、施工方法和施工机械的可能性。

第三节　施工进度计划的检查与调整

一、施工项目进度计划的实施

施工项目进度计划的实施就是施工活动的进展，也就是用施工进度计划指导施工活动、落实和完成计划。施工项目进度计划逐步实施的进程就是施工项目建造的逐步完成过程。为了保证施工项目进度计划的实施,并且尽量按编制的计划时间逐步进行,保证各进度目标的实现,应做好如下工作。

1.施工项目进度计划的贯彻

(1)检查各层次的计划,形成严密的计划保证系统

施工项目的所有施工进度计划:施工总进度计划、单位工程施工进度计划、分部分项工程施工进度计划,都是围绕一个总任务而编制的,它们之间关系是高层次的计划为低层次计划的依据,低层次计划是高层次计划的具体化。在其贯彻执行时应当首先检查是否协调一致,计划目标是否层层分解,互相衔接,组成一个计划实施的保证体系,以施工任务书的方式下达施工队,以保证实施。

(2)层层签订承包合同或下达施工任务书

施工项目经理、施工队和作业班组之间分别签订承包合同,按计划目标明确规定合同工期、相互承担的经济责任、权限和利益,或者采用下达施工任务书,将作业下达到施工班组,明确具体施工任务、技术措施、质量要求等内容,使施工班组必须保证按作业计划时间完成规定的任务。

(3)计划全面交底,发动群众实施计划

施工进度计划的实施是全体工作人员共同的行动,要使有关人员都明确各项计划的目标、任务、实施方案和措施,使管理层和作业层协调一致,将计划变成群众的自觉行动,充分发动群众,发挥群众的干劲和创造精神。在计划实施前要进行计划交底工作,可以根据计划的范围召开全体职工代表大会或各级生产会议进行交底落实。

2.施工项目进度计划的实施

(1)编制月(旬)作业计划

为了实施施工进度计划,将规定的任务结合现场施工条件,如施工场地的情况,劳动力、机械等资源条件和施工的实际进度,在施工开始前和过程中不断地编制本月(旬)的作业计划,这使得施工计划更具体、切合实际和可行。在月(旬)计划中要明确:本月(旬)应完成的任务、所需要的各种资源量、提高劳动生产率和节约措施等。

(2)签发施工任务书

编制好月(旬)作业计划以后,将每项具体任务通过签发施工任务书的方式下达到班组,使其进一步落实。施工任务书是向班组下达任务,实行责任承包、全面管理和原始记录的综合性文件。施工班组必须保证指令任务的完成。它是计划和实施的纽带。

(3)做好施工进度记录,填好施工进度统计表

在计划任务完成的过程中,各级施工进度计划的执行者都要跟踪做好施工记录,记载计划中的每项工作开始日期、工作进度和完成日期,为施工项目进度检查分析提供信息,因此要求实事求是地记载,并填好有关图表。

(4)做好施工中的调度工作

施工中的调度是组织施工中各阶段、环节、专业和工种的互相配合、进度协调的指挥核心。调度工作是使施工进度计划实施顺利进行的重要手段。其主要任务是掌握计划实施情况,协调各方面关系,采取措施,排除各种矛盾,加强各薄弱环节,实现动态平衡,保证完成作业计划和实现进度目标。

调度工作内容主要有：监督作业计划的实施，调整和协调各方面的进度关系；监督检查施工准备工作；督促资源供应单位按计划供应劳动力、施工机具、运输车辆、材料构配件等，并对临时出现问题采取调配措施；按施工平面图管理施工现场，结合实际情况进行必要调整，保证文明施工；了解气候、水、电、气的情况，采取相应的防范和保证措施；及时发现和处理施工中各种事故和意外事件；调节各薄弱环节；定期召开现场调度会议，贯彻施工项目主管人员的决策，发布调度令。

二、施工项目进度计划的检查

在施工项目的实施进程中，为了进行进度控制，进度控制人员应经常地、定期地跟踪检查施工实际进度情况，主要是收集施工项目进度材料，进行统计整理和对比分析，确定实际进度与计划进度之间的关系。其主要工作包括以下几个方面。

1.跟踪检查施工实际进度

跟踪检查施工实际进度是项目施工进度控制的关键措施。其目的是收集实际施工进度的有关数据。跟踪检查的时间和收集数据的质量，直接影响控制工作的质量和效果。一般检查的时间间隔与施工项目的类型、规模、施工条件和对进度执行要求程度有关。通常可以确定每月、半月、旬或周进行一次。若在施工中遇到天气、资源供应等不利因素的严重影响，检查的时间间隔可临时缩短，次数应频繁，甚至可以每日进行检查，或派人员驻现场督阵。检查和收集资料的方式一般采用进度报表方式或定期召开进度工作汇报会。为了保证汇报资料的准确性，进度控制的工作人员，要经常到现场查看施工项目的实际进度情况，从而保证经常地、定期的准确掌握施工项目的实际进度。

2.整理统计检查数据

收集到的施工项目实际进度数据，要进行必要的整理、按计划控制的工作项目进行统计，形成与计划进度有可比性的数据，具有相同的量纲和形象进度。一般可以按实物工程量、工作量和劳动消耗量以及累计百分比整理和统计实际检查的数据，以便与相应的计划完成量相对比。

3.对比实际进度与计划进度

将收集的资料整理和统计成具有与计划进度可比性的数据后，用施工项目实际进度与计划进度的比较方法进行比较。通常用的比较方法有：横道图比较法、S形曲线比较法、“香蕉”形曲线比较法、前锋线比较法和列表比较法等。通过比较得出实际进度与计划进度一致、超前、拖后三种情况。

4.施工项目进度检查结果的处理

施工项目进度检查的结果，按照检查报告制度的规定，形成进度控制报告向有关主管人员和部门汇报。进度控制报告是把检查比较的结果，有关施工进度现状和发展趋势，提供给项目经理及各级业务职能负责人的最简单的书面形式报告。

进度控制报告是根据报告的对象不同，确定不同的编制范围和内容而分别编写的。一般分为项目概要级进度控制报告、项目管理级进度控制报告和业务管理级进度控制报告。项目概要级的进度报告是报给项目经理、企业经理或业务部门以及建设单位或业主的，它是以整个施工项目为对象说明进度计划执行情况的报告。项目管理级的进度报告是报给项目经理及企业的业务部门的,它是以单位工程或项目分区为对象说明进度计划执行情况的报告。业务管理级的进度报告是就某个重点部位或重点问题为对象编写的报告,供项目管理者及各业务部门为其采取应急措施而使用的。

进度报告由计划负责人或进度管理人员与其他项目管理人员协作编写。报告时间一般与进度检查时间相协调,也可按月、旬、周等进行编写上报。进度控制报告的内容主要包括:项目实施概况、管理概况、进度概要的总说明;项目施工进度、形象进度及简要说明;施工图纸提供进度;材料、物资、构配件供应进度;劳务记录及预测;日历计划;对建设单位、业主和施工者的变更指令等。

三、施工项目进度计划的比较

施工项目进度比较分析与计划调整是施工项目进度控制的主要环节。其中施工项目进度比较是调整的基础。常用的比较方法有以下几种。

1. 横道图比较法

横道图比较法是指将在项目实施中检查实际进度收集到的信息,经整理后直接用横道线并列标于原计划的横道线处,进行直观比较的方法。如图 5-5 所示为某基础工程的施工实际进度与计划进度比较图,其中粗实线表示计划进度,涂黑部分表示实际进度。从图中可以看出,在第 9 周末进行检查时,第 1、2 项工作已经完成;第 3 项工作按计划也应完成,但实际只完成了 75%,进度拖后 25%;第 4 项工作按计划应完成 60%,而实际只完成 20%,进度拖后 40%。

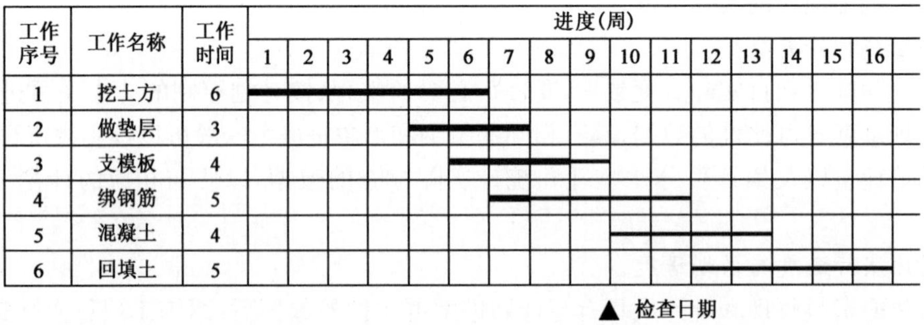

工作序号	工作名称	工作时间	进度(周)															
			1	2	3	4	5	6	7	8	9	10	11	12	13	14	15	16
1	挖土方	6																
2	做垫层	3																
3	支模板	4																
4	绑钢筋	5																
5	混凝土	4																
6	回填土	5																

▲ 检查日期

图 5-5 某基础工程实际进度与计划进度比较图

图 5-5 所表达的比较方法仅适用于各项工作均为匀速进展的情况,而实际工程项目中各项工作的进展不一定是匀速的。因此,根据工程项目中各项工作的进展是否匀速,可分别采用以下不同方法进行实际进度与计划进度的比较。

(1)匀速进展横道图比较法

该方法仅适用于每项工作在从开始到完成的整个过程中的进展速度是不变的,累计完成的任务量与时间是成线性正比关系的情况。此种比较方法的步骤为:

①编制横道图进度计划;

②在进度计划上标出检查日期;

③将检查收集到的实际进度数据,经整理后按比例用涂黑的粗线标于计划进度的下方,如图 5-6 所示;

④对比分析实际进度与计划进度：若涂黑粗线右端与检查日期重合，表明实际进度与计划进度一致；若涂黑粗线右端在检查日期左侧，表明实际进度拖后；若涂黑粗线右端在检查日期右侧，表明实际进度超前。

(2)非匀速进展横道图比较法

该方法适用于每项工作在不同的单位时间里的进展速度是不相等的，累计完成的任务量与时间是成非线性关系的情况。此种比较方法的步骤为：

①编制横道图进度计划；

②在横道线上方标出各主要时间工作的计划完成任务量累计百分比；

③在横道线下方标出相应时间工作的实际完成任务量累计百分比；

④用涂黑粗线标出工作的实际进度，从开始之日标起，同时反映出工作在实施过程中的连续和间断情况，如图 5-7 所示；

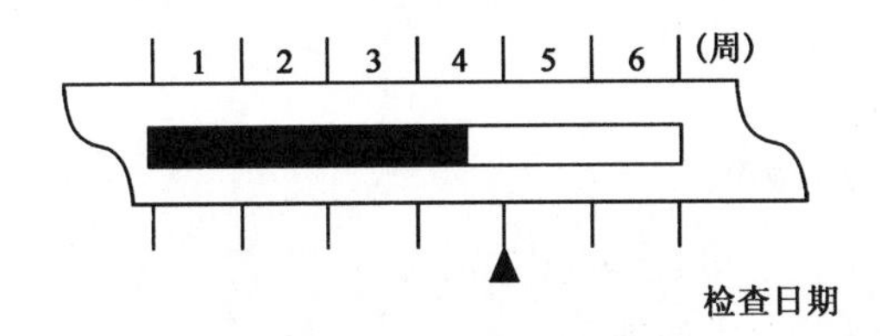

图 5-6　匀速进展横道图比较法

图 5-7　非匀速进展横道图比较法

⑤对比分析同一时刻横道线下方实际完成任务量累计百分比和横道线上方计划完成任务量累计百分比：若同一时刻上方累计百分比大于下方累计百分比，表明实际进度拖后，拖欠任务量为二者之差；若同一时刻上方累计百分比小于下方累计百分比，表明实际进度超前，超前任务量为二者之差；若同一时刻上、下方累计百分比相等，表明实际进度与计划进度一致。

2. S 形曲线比较法

在工程项目的开始和结尾阶段，单位时间内投入的资源量较少；而在中间阶段，单位时间内投入的资源量较多。与此相对应，单位时间完成的任务量也呈同样的变化规律，而随工程进展累计完成的任务量则呈 S 形变化，故名 S 形曲线，如图 5-8 所示。

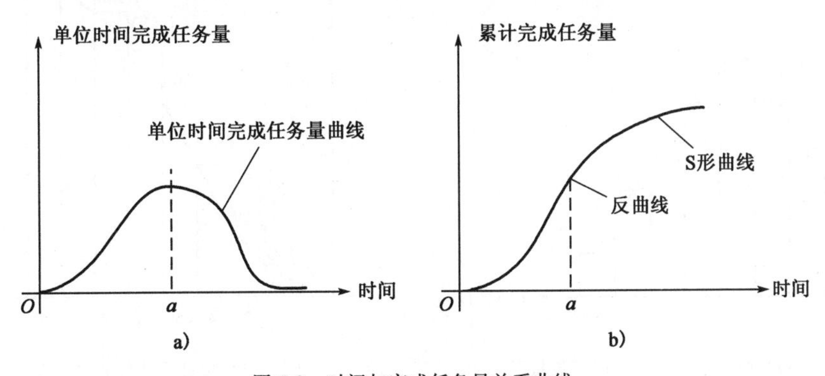

图 5-8　时间与完成任务量关系曲线

S 形曲线比较法是以横坐标表示时间，纵坐标表示累计完成任务量，绘制出一条计划时间——累计完成任务量的 S 形曲线；然后将工程项目实施过程中各检查时间——实际累计完成任务量的S形曲线也绘制在同一坐标系中,进行实际进度与计划进度相比较的一种方法,如图 5-9 所示。

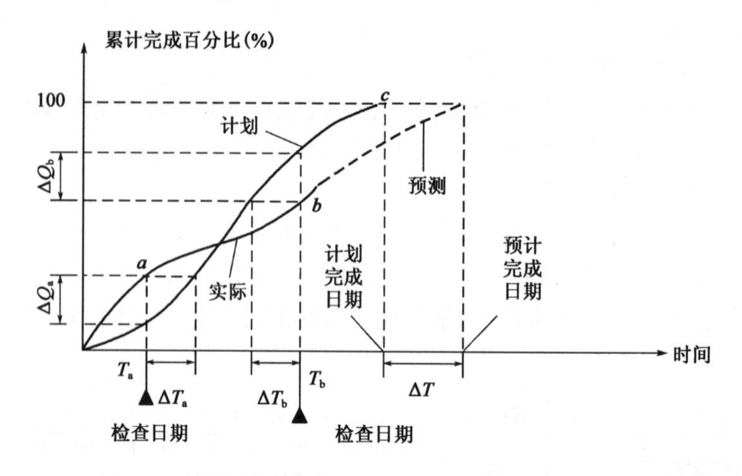

图 5-9　S形曲线比较法示意图

S形曲线比较法的步骤为:

(1)在进度计划实施前,绘制计划进度的S形曲线,方法如下:

①确定单位时间计划完成的任务量,如图 5-10 所示;

②计算不同时间累计完成的任务量,如表 5-1 所示;

每月累计完成任务量汇总表　　表 5-1

时间(月)	1	2	3	4	5	6	7	8	9
每月完成任务量(m^2)	80	160	240	320	400	320	240	160	80
累计完成任务量(m^2)	80	240	480	800	1 200	1 520	1 760	1 920	2 000

③根据累计完成任务量绘制S形曲线,如图 5-11 所示。

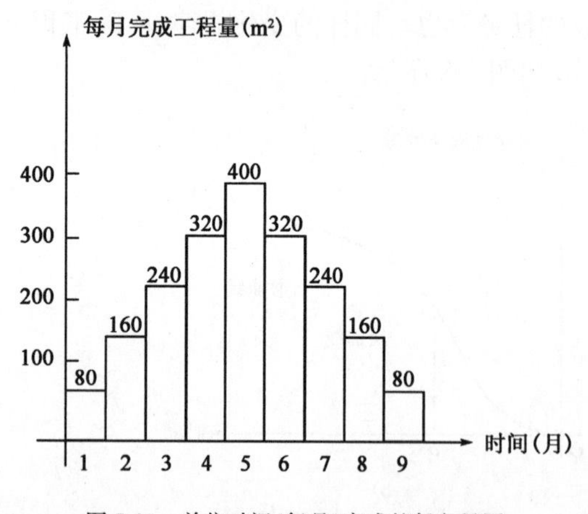

图 5-10　单位时间(每月)完成的任务量图

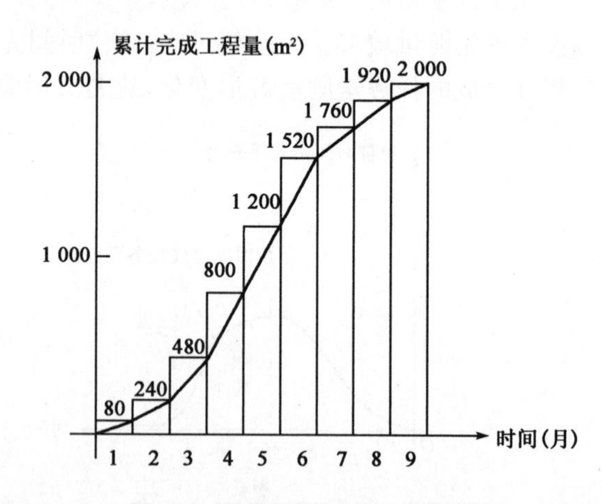

图 5-11　累计完成任务量S形曲线图

(2)在进度计划实施中,按照规定时间将检查收集到的实际累计完成任务量绘制在原计划进度的S形曲线图上,即得出实际进度的S形曲线图,如图 5-9 所示。

(3)对比分析同一时刻的实际进度S形曲线和计划进度S形曲线,可以得到下列信息:

①工程项目的实际进展情况。若实际进展点落在计划进度S形曲线左侧,表明此时实际进度比计划进度超前,如图5-9中的a点;若实际进展点落在计划进度S形曲线右侧,表明此时实际进度比计划进度拖后,如图5-9中的b点;若实际进度点正好落在计划进度S形曲线上,表明此时实际进度与计划进度一致,如图5-9中的c点。

②工程项目实际进度超前或拖后的时间。可直接从图5-9中读出:ΔT_a为T_a时刻实际进度超前的时间;ΔT_b为T_b时刻实际进度拖后的时间。

③工程项目实际进度超额或拖欠的任务量。也可直接从图5-9中读出:ΔQ_a为T_a时刻实际进度超额完成的任务量;ΔQ_b为T_b时刻实际进度拖欠的任务量。

④对后期工程进度进行预测。若后期工程按原计划进度进行,则工期拖延预测值为ΔT。

3. 香蕉形曲线比较法

香蕉形曲线是两种S形曲线组合而成的闭合曲线。这两种S形曲线分别是:以各项工作最早开始时间安排进度而绘制的ES曲线和以各项工作最迟开始时间安排进度而绘制LS曲线。这两条曲线都是从计划的开始时刻开始,到计划的完成时刻结束,二者具有共同的起点和终点,因此这两条曲线是闭合的。而且通常ES曲线上的各点均落在LS曲线相应的左侧,使所形成的闭合曲线状如“香蕉”,故称香蕉曲线,如图5-12所示。

香蕉形曲线的绘制方法与S形曲线的绘制方法基本相同,不同之处在于香蕉形曲线由ES和LS两条S形曲线组成。因此在绘制时,应首先计算出各项工作的最早开始时间和最迟开始时间;然后分别制定出各项工作按最早开始时间和最迟开始时间安排的进度计划;根据这两种不同的进度计划,按照前面讲述的S形曲线的绘制方法,分别绘制出ES曲线和LS曲线,进而组成香蕉曲线。

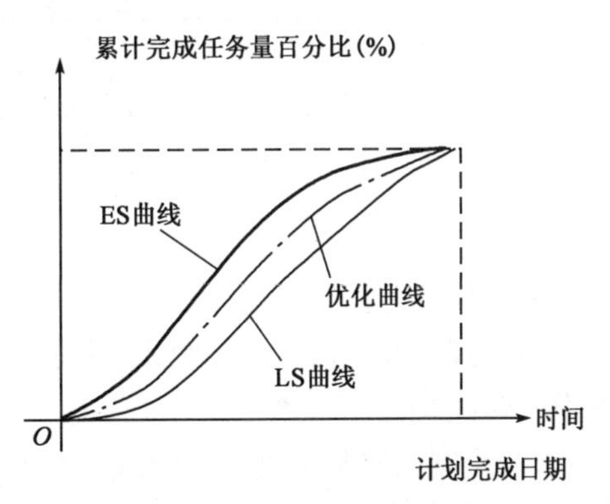

图5-12　香蕉形曲线比较法

在进度比较中,利用香蕉形曲线可获得比S形曲线更多的信息,主要有以下方面:

(1)可以更合理地安排工程项目的进度计划。若工程项目中的各项工作均按ES曲线安排进度,将导致项目的投资加大;若工程项目中的各项工作均按LS曲线安排进度,受影响因素的干扰,易导致工期拖延,使工程进度的风险加大。因此较为科学合理的进度优化曲线应处于ES和LS曲线之间,如图5-12中的点画线所示。

(2)可以定期比较工程项目的实际进度与计划进度。在进度计划实施中,根据每次检查收集到的实际完成任务量,直接在计划进度的香蕉形曲线图上绘制出实际进度的S形曲线,进行计划进度与实际进度的对比:若实际进展点落在ES曲线的左侧,表明此刻实际进度比按最早开始时间安排的计划进度超前;若实际进展点落在LS曲线的右侧,表明此刻实际进度比按最迟开始时间安排的计划进度拖后。即理想状态下的工程实际进展点应落在香蕉形曲线图的范围之内。

(3)可以预测后期工程的进展趋势。在检查之日,该工程的实际进展点均落在ES曲线左侧,表明此刻实际进度超前;以检查之日的实际进展点为起点,可大致绘出检查日之后的后期

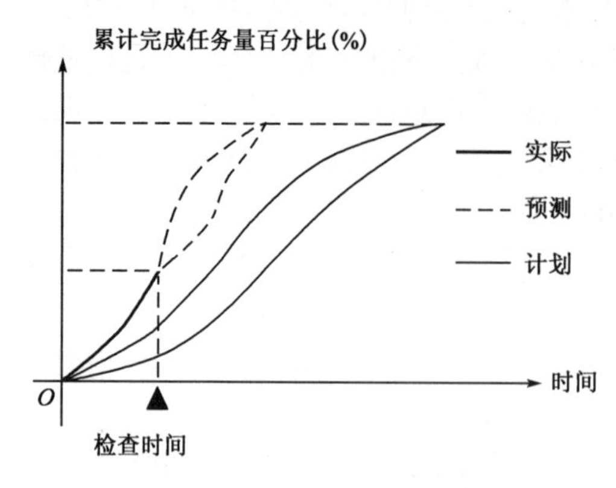

图5-13　后期工程进展趋势预测

工程的香蕉形曲线(如图中虚线所示),由此预计该工程项目将提前完工,如图5-13所示。

4.前锋线比较法

当工程进度计划用时标网络图表示时,可以采用前锋线比较法进行实际进度与计划进度的比较。所谓前锋线,是指从检查时刻的时标点出发,在时标网络计划图上依次用点画线将各项工作的实际进度点连接起来而形成的折线。前锋线比较法就是通过绘制出某检查时刻的工程实际进度前锋线,并根据实际进度前锋线与原计划进度中各工作箭线的交点位置(即实际进度点)来进行进度对比、偏差的确定,如图5-14所示。

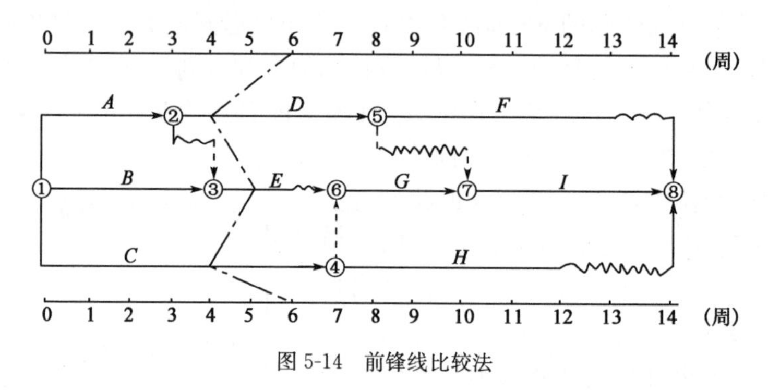

图5-14　前锋线比较法

此种比较方法的步骤为:

(1)绘制出时标网络计划图。为了更加清楚地进行比较,可在时标网络计划图的上、下方各设一时间坐标。

(2)绘制出实际进度的前锋线。从时标网络计划图上方时间坐标的检查日期开始,依次连接相邻工作的实际进度点,最后连接到时标网络计划图下方时间坐标的检查日期为止。对于某一工作的实际进度点,可根据该工作已完成任务量的比例或尚需要作业的时间来进行确定。

(3)进行实际进度与计划进度的比较。若工作实际进度点落在检查日期的左侧,表明该工作实际进度拖后,拖后时间为二者之差;若工作实际进度点落在检查日期的右侧,表明该工作实际进度超前,超前的时间为二者之差;若工作实际进度点与检查日期重合,表明该工作实际进度与计划进度一致。

(4)分析和预测工程整体进度状况。根据前锋线法确立进度偏差后,还可根据工作的自由时差和总时差预测该进度偏差对后续工作及总工期的影响,并由此预测分析工程项目的整体进度状况。

5.列表比较法

当工程进度计划用非时标网络图表示时,可以采用列表比较法进行实际进度与计划进度的比较。采用这种方法应首先记录检查时正进行的工作名称和该工作已作业的时间,然后列表计算有关的时间参数,并根据工作总时差进行实际进度与计划进度的对比,如表5-2

所示。

列表比较法(单位:周)　　表 5-2

工作代号	工作名称	检查计划时尚需作业周数	到计划最迟完成时尚余周数	原有总时差	尚有总时差	情况判断
5—8	F	4	4	1	0	拖后1周,但不影响工期
6—7	G	1	0	0	−1	拖后1周,影响工期1周
4—8	H	3	4	2	1	拖后1周,但不影响工期

采用列表比较法的步骤如下:

(1)根据某工作已经作业的时间,确定在实际进度检查日,该正进行工作的尚需作业时间;

(2)根据原进度计划,计算在实际进度检查日,该正进行工作从检查日到原计划最迟完成日的剩余时间;

(3)根据前两者的差(该工作的尚需作业时间与到原计划最迟完成日的剩余时间之差),计算该工作的剩余总时差;

(4)根据该工作的剩余总时差与原有总时差,进行进度的对比分析:若该工作的剩余总时差与原有总时差相等,表明该工作的实际进度与计划进度一致;若该工作的剩余总时差大于原有总时差,表明该工作的实际进度超前,超前时间为两者之差;若该工作的剩余总时差小于原有总时差,且仍为非负值,表明该工作的实际进度拖后,拖后时间为两者之差,但不会影响总工期;若该工作的剩余总时差小于原有总时差,且为负值,表明该工作的实际进度拖后,拖后时间为两者之差,此刻该工作的实际进度偏差将影响总工期。

四、施工项目进度计划的调整

当通过对工程实施过程中实际进度与计划进度的比较,发现确实存在进度偏差时,需要首先分析该偏差对后续工作及总工期的影响,而后采取相应的调整方法,对原进度计划进行调整,以确保工期目标的顺利实现。

1. 进度偏差对后续工作及总工期的影响

进度偏差的大小及其所处位置的不同,将导致对其后续工作及总工期的影响程度的不同。具体分析如下:

(1)若进度偏差出现在关键线路上的关键工作上,则不论偏差大小,都会对后续工作和总工期产生影响。

(2)若进度偏差出现在非关键线路的工作上,则应根据进度偏差与时差的关系进行分析,具体分析过程如图 5-15 所示。

①当进度偏差大于该工作的总时差时,对总工期和后续工作均会产生影响;反之,当进度偏差小于或等于该工作的总时差时,对总工期不会产生影响,但可根据偏差与自由时差的关系判断是否对后续工作产生影响。

②当进度偏差大于该工作的自由时差时,对后续工作会产生影响;反之,当进度偏差小于或等于该工作的自由时差时,对后续工作不会产生影响。

2. 进度计划的调整方法

当进度偏差对后续工作和总工期产生影响时,需要采取如下调整方法调整原有进度计划:

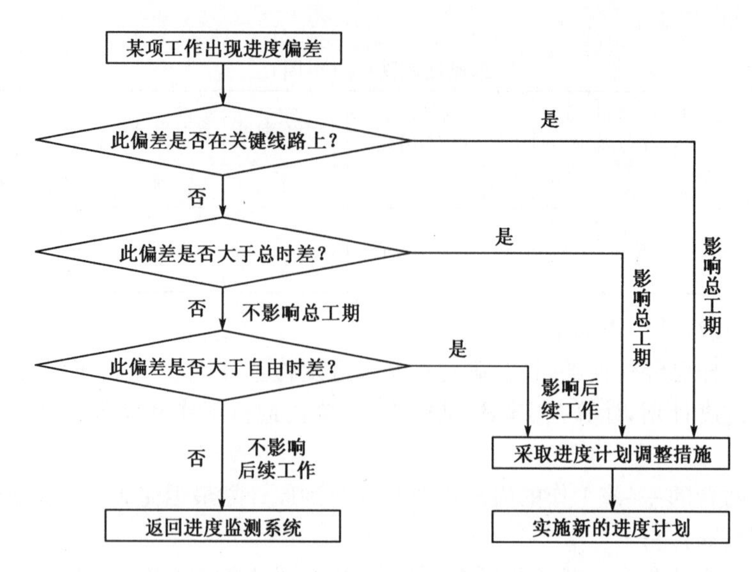

图 5-15　进度偏差对后续工作和总工期的影响分析过程图

(1)改变某些工作间的逻辑关系

此种方法是指当某些相关工作的逻辑关系允许改变时,可通过改变关键线路和超过计划工期的非关键线路上的有关工作之间的逻辑关系来缩短工期。例如:将依次顺序作业改为平行作业、搭接作业及分段流水作业等。

(2)缩短某些工作的持续时间

这种方法是指不改变各项工作之间的逻辑关系,而是通过缩短位于关键线路和超过计划工期的非关键线路上的工作(指持续时间可被压缩的工作)的持续时间,来加快工程进度,保证按期完成工程项目。根据限制条件及对后续工作的影响程度不同,此种方法可分为以下三种情况:

①网络计划中某项工作的拖延时间在自由时差和总时差之间。

此种情况的拖延不会影响总工期,而只会影响后续工作。因此在调整前,首先要确定后续工作允许拖延的时间限制,并以此作为进度调整的限制条件。进度控制人员应寻求合理的调整方案,采取提高劳动效率、增加资源投入等措施来调整或压缩紧前工作的持续时间,把对后续工作的影响减少到最低程度,避免因后续工作的时间变化导致合同不能正常履行而产生的经济索赔现象。

②网络计划中某项工作的拖延时间超过了总时差。

不论该项工作是否为关键工作,此种情况的拖延都会对后续工作和总工期产生影响。其进度调整方法分如下三种具体情况来分析:

a.项目的总工期不允许拖延。此时只有通过缩短关键线路上后续工作的持续时间来保证总工期目标的实现。该方法实质上就是工期优化法。

b.项目的总工期允许拖延。此时只有用实际数据代替原有数据,并重新计算网络计划的各有关参数。

c.项目的总工期允许拖延的时间有限。此时应以总工期的限制时间作为规定工期,通过压缩网络计划中某些工作的持续时间对尚未实施的网络计划进行工期优化，从而使总工期满足规定工期的要求。

上述3种具体的进度调整方式，均是以总工期为限制条件来进行的（即总工期允许拖延、不允许拖延和允许拖延的时间有限）。除此之外，在调整进度时还应考虑网络计划中的一些后续工作在时间上是否也有限制条件，当遇到网络计划中某些后续工作对时间的拖延有限制时，可以此为限制条件按前述方法进行调整。

③网络计划中某项工作进度超前。

在工程计划阶段所确定的工期目标，是综合考虑了各方面因素而确定的合理工期。因此，不论是进度拖延还是超前，都可能造成其他目标的失控，如因工作进度超前，造成费用增加，致使资源的使用发生变化，打乱了资源的合理安排。所以，若出现实际进度超前的情况，进度控制人员必须综合分析进度超前对后续工作产生的影响，拟定合理的进度调整方案，最终确保工期总目标的顺利实现。

【案例5-1】

1. 背景材料

某施工单位承接了一座4×20m简支梁桥工程。桥梁采用扩大基础，墩身平均高10m。项目为单价合同。项目部拟就1～3号排架组织流水施工，各段流水节拍见下表。

段落 流水节拍(d) 工序	1号排架	2号排架	3号排架
扩大基础施工(A)	10	12	15
墩身施工(B)	15	20	15
盖梁施工(C)	10	10	10

注：表中排架由基础、墩身和盖梁三部分组成。

根据施工组织和技术要求，基础施工完成后至少10d才能施工墩身。

2. 问题

(1)计算排架施工的流水工期（列出计算过程），并绘制流水横道图。

(2)流水作业的时间参数有哪些？

分析与答案：

(1)计算排架施工的流水工期（列出计算过程），并绘制流水横道图。

①累加数列：一般按照1～3号排架的顺序施工

扩大基础施工A：10，22，37

墩身施工B：15，35，50

盖梁施工C：10，20，30

②错位减，取大差：

```
          10，  22，  37                      15，  35，  50
  —)            15，  35，  50        —)            10，  20，  30
K_AB=max {10，  7，   2，  −50}       K_BC=max {15，  25，  30，  −30}
    =10                                   =30
```

$K_{AB}=\max\{10, 7, 2, -50\}=10$　　$K_{BC}=\max\{15, 25, 30, -30\}=30$

③流水工期 $T=(K_{AB}+K_{BC})+$最后工序的流水节拍和$+$间歇和

$=(10+30)+(10+10+10)+10=80$

④绘制流水横道图

工序	时间(d)															
	5	10	15	20	25	30	35	40	45	50	55	60	65	70	75	80
扩大基础施工A	1号			2号		3号										
墩身施工B						1号			2号				3号			
盖梁施工C											1号		2号		3号	

(2)流水作业的时间参数有:流水节拍、流水步距、技术间歇、组织间歇、搭接时间。

【案例 5-2】

1. 背景材料

某公路路面工程,里程桩号为 K5+000~K29+000,总长度为 24km。路面结构层分为级配砾石底基层、水泥稳定碎石基层、沥青面层(单层)。建设单位(业主)希望施工单位尽可能用最短时间完成该路面工程施工。施工单位根据自己的能力准备组织两个路面施工队平行施工以完成该路面工程。每个路面施工队的施工能力相同,各完成 12km。根据以往类似工程的施工经验,底基层专业队组(班组)施工进度(速度)200m/d(已经包含各种影响,下同);水泥稳定碎石基层专业队组施工进度 150m/d,养生时间至少 7d,所需工作面的最小长度为 1 000m;沥青面层专业队组施工进度为 160m/d,所需最小工作面长度 1 200m。要求施工单位用最快方式,根据上述给定条件组织路面工程线性流水施工。以下是施工单位所做的计算和施工进度计划横道图:

(1)各结构层工作的持续时间计算为底基层 60d,基层 80d,面层 75d。

(2)底基层与基层之间逻辑关系 STS(开始到开始)搭接关系,搭接时距计算结果为 1 000/200=5(d)。

(3)基层与面层之间的逻辑关系 STS 搭接关系,搭接时距计算结果为 1 200/150=8(d),考虑到基层的养生至少 7d,所以基层与面层的开始到开始时间间隔为 8+7=15(d)。

(4)根据以上计算结果,路面工程的总工期=5+15+75=95(d),其施工进度计划横道图表示如下:

2. 问题

(1)评价采用两个路面施工队平行施工这种施工组织方式的前提条件和实际效果。

(2)评价该施工单位所进行的计算正确性以及进度计划安排的合理与否。

①各工序的持续时间的计算是正确否?有错请改正。

②底基层与基层之间的搭接关系选择正确否?为什么?有错请改正。

③底基层与基层之间的搭接时距计算正确否?有错请改正。

④基层与面层之间的搭接关系选择正确否?为什么?有错请改正。

施工队	工作内容	时间(d)																		
		5	10	15	20	25	30	35	40	45	50	55	60	65	70	75	80	85	90	95
第一路面队	底基层																			
	基层																			
	面层																			
第二路面队	底基层																			
	基层																			
	面层																			

⑤基层与面层之间的搭接时距计算正确否？有错请改正。

⑥路面工程总工期的计算及其施工进度计划横道图表示正确否？有错请改正。

分析与答案：

(1)平行施工(作业)方式的主要特点是进度快，所需的资源量大。采用两个路面施工队的前提条件是该施工单位要有足够的专业设备和人员(即足够资源量)。从背景材料的描述，该施工单位具备此条件。采用平行施工方式能达到缩短工期的要求，两个路面施工队平行施工的组织方式能达到预期效果。

(2)在工作(工序)持续时间计算和进度计划安排方面：

①工序持续时间的计算是正确的。

②底基层与基层之间的搭接关系选择正确，因为底基层快于基层。

③底基层与基层之间的搭接时距计算方面是正确的。

④基层与面层之间搭接关系的分析是错误的；因为面层速度快于基层，不应选择STS(开始到开始)的搭接关系；应该为FTF(完成到完成)搭接关系。

⑤搭接时距计算是错误的；应该除以两者中较快的速度＝1 200/160＝7.5(d)，应该取8d。考虑到养生至少7d，所以FTF＝8＋7＝15(d)。

⑥路面工程总工期的计算错误；应改为，总工期＝5＋80＋15＝100(d)。进度计划横道图的表示是错误的；进度计划横道图的正确表示应为：

施工队	工作内容	时间(d)																			
		5	10	15	20	25	30	35	40	45	50	55	60	65	70	75	80	85	90	95	100
第一路面队	底基层																				
	基层																				
	面层																				
第二路面队	底基层																				
	基层																				
	面层																				

【案例5-3】

1.背景

计算下列网络图的节点时间参数，并确定关键线路。根据第12天晚上检查，F,G,H工序分别还需3d、6d、12d。

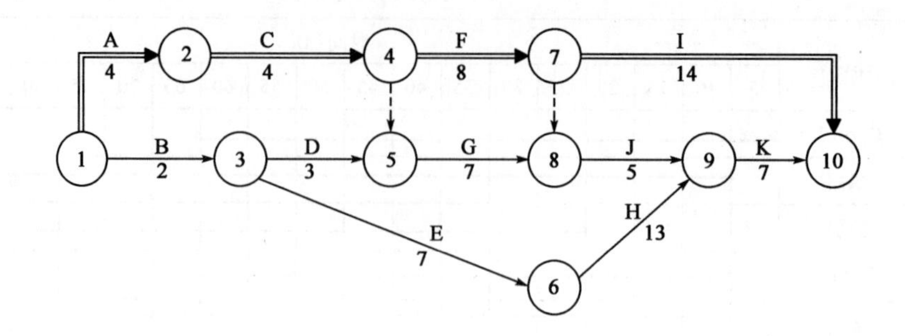

2.问题

试评价各工序进度情况,整个工程计划前途如何?如果上述结果是非承包人责任,承包人的延期申请应批准几天?

分析与答案:

(1)先求节点的时间参数

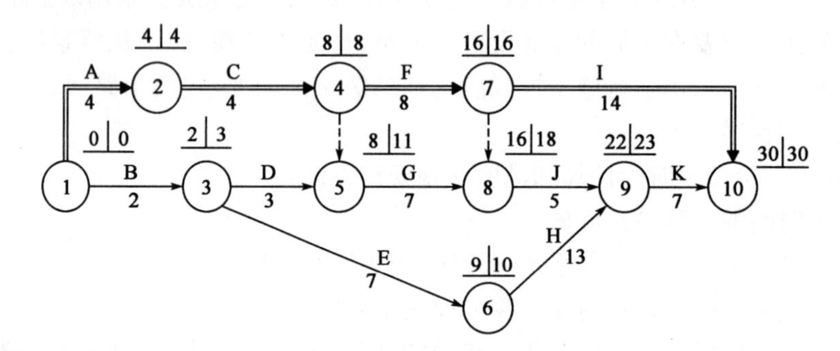

关键线路为:①→②→④→⑦→⑩。

(2)评价各工序进度情况

F 延误,12+3−16=−1(d),提前 1d。

G 延误,12+6−15=3(d),延误 3d,不影响总工期。

H 延误,12+12−22=2(d),延误 2d,成为关键线路,使总工期拖后 1d。

关键线路改为:①→③→⑥→⑨→⑩。应批准 1d。

第六章　公路工程项目成本控制

本章主要介绍了成本、成本计划范围及成本结构，分析了成本计划的编制方法和步骤，施工项目成本目标控制的原则、依据、步骤和主要工作及方法，并重点讲述了施工项目成本核算和效益的分析。

第一节　施工项目成本计划的编制

一、成本的基本概念

工程项目关于价值消耗方面的术语较多，人们常有一些习惯用法，从不同的角度有不同的名称，也常常有不同的含义。例如：

(1)投资和投资计划。这一般是从业主和投资者的角度出发的。

(2)成本和成本计划。成本是为实施和完成工程项目所需要资源的货币表现。通常承包人用得较多。

(3)费用和费用计划。它的意义更为广泛，各种对象都可使用。但在财务上，"成本"和"费用"概念不一样，有些费用可以进入成本项目，有的不能作为成本开支。

上述这三个方面含义都以工程项目的价值消耗为依据，它们在实质上具有同一性。无论从业主或从承包人的角度，其计划和控制方法都是相同的。因为本书主要讨论计划和控制方法，所以在此将它们统一起来，用国内外文献中常用的名称"成本"及"成本计划"。

二、现代工程项目成本计划的范围

成本计划应用于工程项目中由来已久，可以说历史悠久。很久以前人们就对拟建的工程项目进行费用预算(或估算)，并以此作为项目的经济分析和投资决策、签订合同或落实责任以及安排资金的依据。但在现代工程项目中，成本计划不仅不局限于事先的成本估算(或报价)，而且也不局限于作工程的成本进度计划(即S曲线)，其作用还体现在以下五个方面。

(1)成本计划不仅包括按照已确定的技术设计、合同、工期、实施方案和环境预算工程成本，而且包括对不同的方案进行技术经济分析，从总体上考虑工期、成本、质量和实施方案之间的互相影响和平衡，以寻求最优的解决方案。

(2)成本计划已不局限于建设成本，而且还要考虑工程的运营维护，或服务方面的成本，即应采用工程全寿命期成本计划和优化方法。通常对确定的功能要求，若工程质量标准高，建设成本增加，运营费用则会降低；反之，如果建设成本低，运营费用就会提高。这需要通过工程全寿命期经济性比较和费用优化的办法解决。

(3)全过程的成本计划管理。不仅在计划阶段进行周密的成本计划，而且在实施中进行积极的成本控制，不断地按照新的情况(新的实施状况，新的环境，工程变更)调整和修改成本计划,预测工程结束时的成本状态及工程经济效益,形成一个动态控制过程。在项目实施过程中,人们(投资者、业主、承包人)进行任何决策都要做相关的费用预算,评价该决策对成本和项目经济效益的影响。

(4)成本计划的目标不仅是工程建设成本的最小化,而且可以实现项目盈利的最大化。盈利的最大化经常是从整个工程(包括生产运营期)综合效益的角度分析的。

例如,对工程项目经过工期和成本的优化可以选取一个最佳的工期,以节约投资;但如果压缩工期,使工程提前投产,每提前一天带来的运营利润就可能有几十万元。尽管建设费用增加了,但项目的整体效益是最优的。

又如,承包人在决定工期方案时不仅应考虑资源投入量和成本的高低,而且应考虑工期拖延的合同违约金或工期提前的奖励,或合同中规定的其他奖励措施(如项目提前运行实现利润的分成),有时还要考虑到企业信誉和形象。

(5)成本计划的作用还体现在不仅按照预定的工程规模和进度计划安排资金供应,保证项目顺利实施,而且还要按照可获得的资源(资金)量确定项目规模,编制进度计划。

以上作用表明,在现代工程项目管理中成本计划的职能已得到进一步加强。

三、项目成本计划影响因素和精度

1.影响因素

人们总希望制订精确的成本计划,但这是很困难的,因为企业预算可以以往年数据为基础做得比较精确,而项目却是一次性的,没有比较的基础。项目成本的精确度主要与以下因素有关。

(1)工程项目目标和范围的确定性、工程技术设计深度和工程技术标准的精细程度。

(2)所掌握的工程环境信息量和信息的准确性,如市场情况(资源市场价格、通货膨胀、税率等)、地质条件等。

(3)实施方案,如工期方案、组织方案、技术措施、人员和资源计划的确定性。

(4)所掌握的同类工程项目的历史资料、共用的项目成本数据库、国家或企业定额等的详细和精确程度。

(5)其他制约因素,如环境、健康、安全保护标准、风险因素等。

计划成本的精确度完全依赖于上述资料的可靠度、清晰度和精细程度,所以要进行大量的调查,同时应要求工程专业人员尽早地参与项目计划,并及早地拿出技术方案,尽可能详细的描述。但是业主常常对此缺乏理解,有时为了节约建设管理费(主要是咨询费),不愿意尽早地进行技术方案和其他计划的研究,却希望计划人员一开始就拿出准确的成本计划值,并保持到最后。正如前面所述,这是不可能的。

2.成本计划精度

在项目全过程中,成本计划的准确性随着项目的进展而提高。与工程最终实际成本相比较,对于常见的项目(不包括新颖、风险大的项目),目标设计时的计划成本可能有±30%的误差,可行性研究时可能有±20%的误差,初步设计时可能有±15%,施工图预算误差可能有±(5%~10%)。在工程施工前,设计再精细,说明再清楚,但成本计划的精度一般却不可能再提高。其原因如下:

(1)投标人报价的不确定。投标人要考虑到竞争条件,企业的经营方针等。

(2)工程建设过程中由于工程变更、设计错误、环境变化和业主失误等,会导致承包人和其他参与方提出追加费用的要求(索赔)。

只有到工程结束,才能得到准确的成本值(图6-1)。

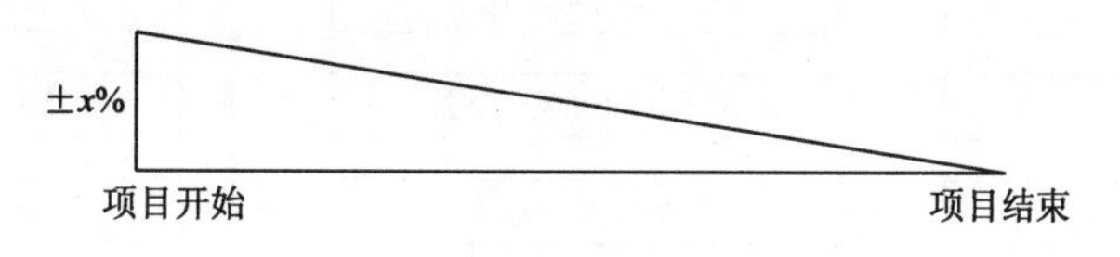

图6-1　计划成本精确度变化

四、工程项目成本的结构分解

为了便于从各个方面和各个角度精确、全面地计划和有效地控制项目成本,必须多方位、多角度地划分成本项目,形成一个多维的严密体系。在工程项目的各个职能管理中,成本管理的信息量最大,其基本原因就是成本计划和核算是多角度的。在项目管理的系统设计和运行中,成本的分解体系、核算过程必须标准化,并与会计、质量定义、项目的结构分解、进度管理有良好的接口。

(一)工程项目成本分解的角度

项目的成本(或投资)可以进行多角度的结构分解。作为项目系统分解方法之一,每一种成本结构分解,都可以用树形结构的形式表达,都应保证完备性和适用性。

1.项目分解结构图中各层次的项目单元

它们首先必须作为成本的估算对象,这对项目成本模型的建立、成本责任的落实和成本控制有至关重要的作用。项目结构分解是成本计划不可缺少的前提条件。

通常成本计划仅分解、核算到工作包,对工作包以下的工程活动,成本的分解、计划和核算都是十分困难的,一般采用资源(如劳动力、材料、机械台班)消耗量进行控制。

2.工程建设投资结构分解

将项目总投资进行分解,则能得到项目的投资分解结构。在我国,建设项目总投资可以分为固定资产投资(即工程造价)和流动资产投资(即流动资金)。而工程造价又可以分解为:

(1)建筑安装工程费用;

(2)设备、工具、器具、家具购置费用;

(3)工程建设其他费用(包括与土地有关的费用、与建设过程有关的费用、与生产经营有关的费用);

(4)预备费(包括基本预备费、价差预备费)。

如果进行工程全寿命期计划成本核算或分析,还必须包括工程运行费用的结构分解。

3.按工程量清单分解结构

这通常是将工程按工艺特点、工作内容、工程所处位置细分成分部分项工程。这在招标文件的工程量目录中列出,承包人按此报价,作为业主和承包人之间实际工程价款结算的对象。

我国公路工程工程量清单计价规范所描述的分解结构见图6-2。

它应与技术规范、工程量计算规则一致,这样能够很好地保证成本管理与质量管理的协调性。

图 6-2 我国公路工程工程量清单计价规范分解结构

4.按公路工程成本要素分解结构

(1)我国公路工程成本可以分为人工费、材料费、机械费、其他工程费、规费、企业管理费、利润和税金等。每一项又有一个具体的统一的成本范围(细目)和内容(表 6-1)。

我国公路工程建筑安装工程费结构表　　表 6-1

<table>
<tr><td rowspan="8">我国公路工程建筑安装工程费</td><td rowspan="4">直接费</td><td rowspan="3">直接工程费</td><td>人工费</td></tr>
<tr><td>材料费</td></tr>
<tr><td>施工机械使用费</td></tr>
<tr><td>其他工程费</td><td>冬季施工增加费、雨季施工增加费、夜间施工增加费、特殊地区施工增加费、行车干扰施工增加费、安全及文明施工措施费、临时设施费、工地转移费、施工辅助费</td></tr>
<tr><td rowspan="2">间接费</td><td>规费</td><td>养老保险、医疗保险、失业保险、工伤保险、住房公积金</td></tr>
<tr><td>企业管理费</td><td>管理人员工资、办公费、差旅交通费、固定资产使用费、工具用具使用费、劳动保险费、工会经费、职工教育经费、保险费、工程保修费、工程排污费、税金、主副食运费补贴、职工探亲路费、职工取暖补贴、财务费用</td></tr>
<tr><td colspan="3">利润</td></tr>
<tr><td colspan="3">税金</td></tr>
</table>

(2)按工程成本要素分解结构的作用。承包人的成本计划和核算通常以它为基础，其主要作用体现在以下四个方面：

①我国预算定额以及取费标准的划分；

②承包人投标报价中详细的成本分项；

③承包人的会计成本核算通常以它为基础；

④承包人和业主之间涉及费用索赔的计算分项。

5.按项目参加者(即成本责任人)分解结构

成本责任通常是随合同、任务书(责任书)委托给具体的负责单位或个人的，例如，工程小组、承(分)包人、供应商、职能部门或专业部门。他们是各项相关工作的承担者，又是成本责任的承担者。计划成本可以作为对他们工作的考核、评估、处罚的依据。例如：

(1)各工程小组的成本消耗指标；

(2)承(分)包人合同价格；

(3)采购(供应)部门费用计划；

(4)各职能部门费用计划等。

6.其他分解形式

如按项目阶段分为可行性研究、设计和计划、实施、运行等各个阶段的费用计划，形成不同阶段的成本结构，还可以按照年度进行分解。

(二)各成本分解角度的信息沟通

在工程项目过程中，在可行性研究报告、项目任务书、招标文件、投标文件、会计核算、工程价款计算、索赔、各种统计报告和竣工决算中，应按照不同阶段的工作内容和特点选择合适的角度估算成本和统计分析成本信息，并保证成本信息的一致性，数据的准确性和相容性。

(1)由于项目的成本分解是多角度的，但计划成本计算和实施过程中成本的核算应是一次性的，并不是从不同的角度做几个独立的计划、核算和统计，而是将一个详细的核算，如承包人的成本预算(报价)，按不同的对象进行信息处理，以得到项目不同的成本结构。这就需要这些不同的分解结构之间应有很好的信息沟通，这是成本信息处理的基本要求。在此，成本编码是几种核算之间沟通的主要手段,特别在采用计算机数据处理过程中,应对不同角度的成本项目采用不同的编码体系,只有这样,成本计划、合同价格、会计的成本核算以及工程的成本核算才能相互协调并取得一致。

(2)业主、承包人和项目经理的成本信息沟通十分重要。因为业主和承包人对成本(投资)信息的要求不同,所以他们的成本信息角度是不同的(图 6-3)。

①业主主要需要工程建设投资分解的信息和工程量清单的价格信息。

②承包人主要需要工程量清单的价格信息和建筑工程成本要素的信息。

所以工程量清单价格的信息是业主的投资管理系统与承包人成本管理系统的信息交汇点,是业主和承包人成本(投资)信息的沟通桥梁。

③项目经理成本管理中必须兼顾业主和承包人,所以他需要各方面的信息。

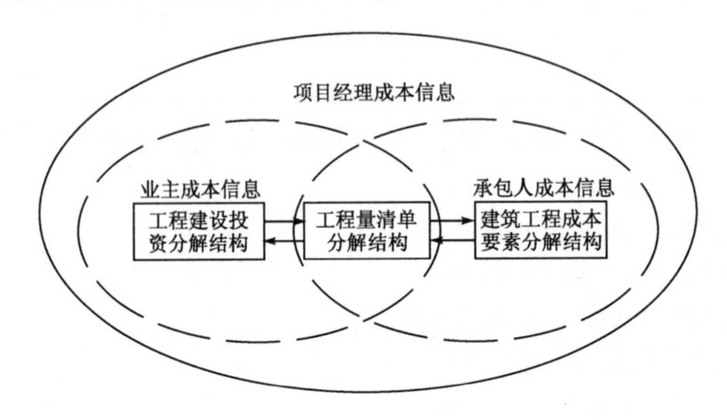

图 6-3　项目成本信息沟通

五、成本计划的编制方法和步骤

计划成本是指具体成本项目(成本对象)的预期成本值,成本计划的结果需要清楚列出各个成本对象的计划(预算)成本值。其结果和计算依据应形成文件,并能追溯其来源。

确定工程项目计划成本的具体工作属于工程估价或概预算的内容,它是专业性非常强的工作,必须由专门人员(造价员或造价工程师)承担。

1. 工程成本计划的编制方法

(1)承包人的投标报价应以完成承包工程范围内工作的计划成本为基础,这就要求承包人的计划成本应该是精确的,而且能反映如下内容:

①工程范围、技术标准,这由合同工程量表、规范、合同条件决定。

②招标文件和合同,合同规定承包人的责任和应承担的风险,合同对报价的要求。

③工程的环境条件,包括现场条件、市场条件、法律规定、现场和周边的环境等。

④工程实施方案,如技术方案、设备方案、组织方案、现场方案、工期方案等。

这些因素之间有不同的交互作用,通常这些方面信息多,而且比较确定,则工程报价的准确性就比较高。所以报价人员必须与工程设计人员、施工人员、现场管理人员共同工作,一起探讨对成本有影响的各种因素,并将它们转化为计划成本的各个因素。

(2)对承包人来说,一方面由于竞争激烈,既要求报价尽可能低于竞争对手,又要保证盈利；另一方面，递交投标书后，从投标截止期开始，承包人即对报价承担责任。一般招标文件和承包合同都规定，承包人必须对报价的正确性、完备性承担责任，承包人的报价应包括完成全部合同责任的所有花费。除了合同规定的情况外，承包人的合同价格是不允许调整的。

(3)在投标报价中，承包人要精确计算成本常常是很困难的，主要原因如下：

①时间紧迫，即做标期短，承包人没有充裕的时间进行详细的招标文件分析和环境调查、制订详细的实施方案、细致地计算工程量和各种费用。通常只有在中标后再做精细的内部控制用的成本预算，详细分析盈亏，并作为项目经理部内部的责任成本和对项目进行成本控制的依据。

②受所能获得的资料的限制。

③由于竞争激烈，中标的可能性较小。如果不中标，则估价等工作白费，业主没有补偿的责任，所以在投标期又不能投入太多的时间、精力和费用做成本计划。

这就要求计划成本的计算既要精确，又要快捷，对报价单中不同的项目可选用不同的计算方法。如可采用A、B、C分类法。

A类分项，即对工程成本有重大影响的工程分项应详细、精确地核算。这些分项数目少(一般仅占10%左右)，但工作量大，价格高，占工程总成本比例高(一般可占到70%以上)。

B类分项，它的数目较多(一般占20%以上)，价格中等，占工程总成本的比例也处于中等水平(通常占20%左右)。这列分项的核算不必非常精细，可以直接使用以往工程资料或定额。

C类分项，它的数目很多(一般占70%左右)，而单项价格低，占工程总价的比例也很低(通常仅占10%以下)，可以较为粗略地估算。如可以参考以往报价资料，参照其他工程的结算资料。它即使误差有10%，然而对工程总价误差也在1%以下。

(4)承包人工程报价的计算过程和方法。

现在国际和国内的报价计算的方法逐渐趋于一致，承包人的工程量清单报价中报出的通常是完全单价，即每个分项工程的单价中有表6-1种所列的各个费用子项。下面以国际工程为例，介绍工程报价的计算过程和方法(图6-4)。

(5)合同价。合同价是业主在分析许多投标书的基础上，评价各个投标人的工程报价，最终选择一个投标人中标，在双方签订的合同文件中确认工程价格，并作为工程结算的依据。合同价对承包人来说，是通过投标报价竞争获得承包资格而确定的工程价格；对业主来说还属于工程的计划成本。

在评标和合同谈判过程中，双方有可能再度商讨并修改工程报价。有时最终合同价与标底，与报价差距很大，如某水电站引水工程的最终合同价是业主标底的58%。

(6)在招标过程中业主应增加工程透明度，尽可能拿出确定性的工程系统说明文件，以防止误导；承包人应尽力弄清业主所要求的，或招标文件所表达的工程范围和细节。但现在在许多工程项目中，投标时经常尚无施工图，而是在合同签订后逐步提出(有的由业主提供，有的由施工单位绘制，再经业主批准)，这给双方确定计划成本和决定工程价格带来了许多问题，增加了许多不确定性。

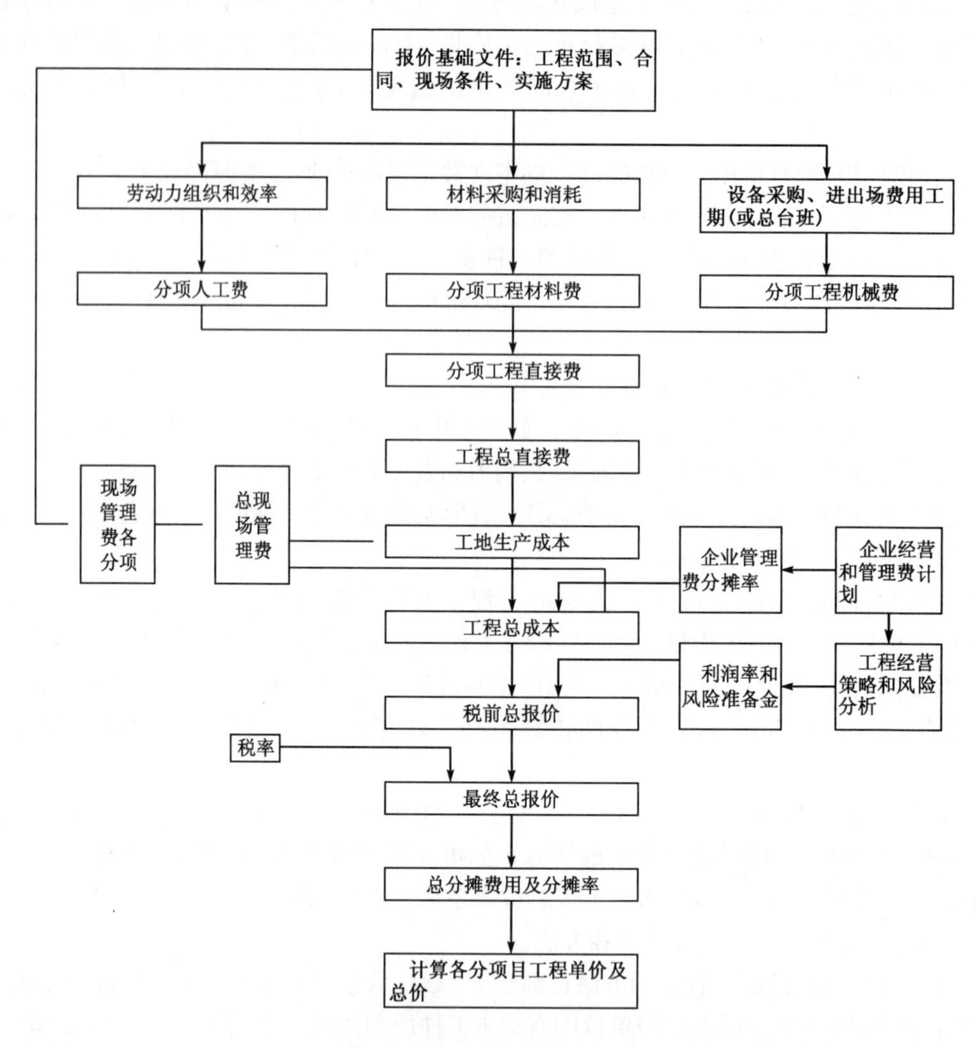

图6-4 承包人工程报价计算流程

2.工程施工中的成本计划工作

在工程施工中,成本计划工作仍在进行,一般包括以下几种类型。

(1)在各控制期末(如月末、年末),对下期的项目成本做出更为详细的计划和安排。

(2)追加成本(费用)计算。由于工程变更、环境变化、合同条件变化、业主干扰等所应该追加的部分。对承包人来说,由于这些原因,成本相应增加,按照合同他有权向业主提出索赔。对业主来说,按照合同应给予承包人赔偿,则应追加合同价格。它同样经过了一个完整的工程成本计划、报价、价格谈判的过程。

(3)剩余成本计划,即按前锋期的环境,计算要完成余下工程(工作)还要投入的成本量。它实质上是项目前锋期以后的计划成本值。这样,项目管理者可以一直对工程结束时成本状态、收益状态进行预测和控制。

(4)其他,如出现新的情况,采用新的技术方案,则需要做新的成本计划工作。

3. 成本数据库的建立和使用

对常规的已完工程项目建立成本数据库，对新工程项目成本计划有非常大的好处，这在许多发达国家已很普遍。成本数据库的建立应注意以下问题：

（1）已完的进入成本数据库的工程应有代表性，并对其具体状况应有足够的说明。如对建设项目应包括工程地点、工程开始时间、持续时间、工程规模、竣工图、工程内容、工程结构、工程特点，以及各种成本项目的实际成本值（绝对值、相对百分比等）。同时，对已完项目的成本数据可以按统一要求和标准定义储存，新项目的成本也要能按标准进行统一的分解，使它与已完工程成本数据库有良好的接口。

（2）这些划分应与实际成本的核算，工程成本的统计在性质上、内容上和范围上高度统一，即实际工程统一按此进行成本分解、计划、核算和统计。这样，以往工程的数据才有参考价值，才可能形成预测、计划、核算、跟踪、诊断、考核、评估和奖罚等统一而又完整的体系。否则，在控制中，计划和实际成本的对比没有实际意义。

（3）为了保证资料的可用性，实际工程成本资料的统计工作应规范化，甚至法制化。不仅必须按照标准的成本分解结构统计，而且按照划定的成本开支范围进行核算和统计，要保证数据的真实性、可靠性。

第二节　施工项目成本目标的控制

施工项目管理是现代企业管理的重要组成部分，而施工项目管理中又以项目成本管理为重中之重。在我国，大多工程项目均以招投标的形式最终确定，项目一旦确定后，整个项目的合同总价也基本锁定。在这种情况下，企业要想获得盈利，实现企业价值最大化这个现代企业所共同追求的目标，只有通过加强对施工项目成本目标的控制来实现。

一、成本目标控制的原则

施工项目成本目标的控制一般要遵循以下原则：

1. 成本最低化原则

承建工程应注重降低成本的可能性和合理的成本最低化。一方面挖掘各种降低成本的能力，使可能性变为现实；另一方面要从实际出发，制订通过主观努力可能达到合理的最低成本水平。

2. 全面成本控制原则

全面控制包括全员控制和全方位控制，要求随着项目施工进展的各个阶段连续进行，既不能疏漏，又不能时紧时松，应使施工项目成本目标自始至终处于各部门、各单位的有效控制之下。

3. 动态控制原则

施工项目是一次性的，成本控制应强调项目的中间控制，即动态控制，因为施工准备阶段的成本控制只是根据施工组织设计的具体内容确定成本目标，编制成本计划，制订成本控制方案，为今后的成本控制做好准备。而竣工阶段的成本控制，由于成本盈亏已基本成定局，即使发生了偏差，也已来不及纠正。

4.责、权、利相结合原则

在项目施工过程中,项目经理部、各部门、各班组在肩负成本控制责任的同时,享有成本控制的权力;同时项目经理部要对各部门、各班组在成本控制中的业绩进行定期检查和考评,实行有奖有罚。

二、成本目标控制的依据

成本目标控制的依据包括以下内容:

1.工程承包合同

施工成本控制要以工程承包合同为依据,围绕降低工程成本这个目标,从预算收入和实际成本两方面,研究节约成本、增加收益的有效途径,以求获得最大的经济效益。

2.施工成本计划

施工成本计划是根据施工项目的具体情况制订的施工成本控制方案,既包括预定的具体成本控制目标,又包括实现控制目标的措施和规划,是施工成本控制的指导文件。

3.进度报告

进度报告提供了对应时间节点的工程实际完成量,工程施工成本实际支付情况等重要信息。施工成本控制工作正是通过实际情况与施工成本计划相比较,找出两者之间的差别,分析偏差产生的原因,从而采取措施改进以后的工作。此外,进度报告还有助于管理者及时发现工程实施中存在的隐患,并在可能造成重大损失之前采取有效措施,尽量避免损失。

4.工程变更

在项目的实施过程中,由于各方面的原因,工程变更是很难避免的。工程变更一般包括设计变更、进度计划变更、施工条件变更、技术规范与标准变更、施工次序变更、工程量变更等。一旦出现变更,工程量、工期、成本都有可能发生变化,从而使得施工成本控制工作变得更加复杂和困难。因此,施工成本管理人员应当通过对变更要求中各类数据的计算、分析,及时掌握变更情况,包括已发生工程量、将要发生工程量、工期是否拖延、支付情况等重要信息,判断变更以及变更可能带来的索赔额度等。

除了上述几种施工成本控制工作的主要依据以外,施工组织设计、分包合同等有关文件资料也都是施工成本控制的依据。

三、成本目标控制的组织和分工

(1)首先要建立一个完善的成本管理组织机构,建立以项目经理为主的成本控制体系。

项目经理负责制是项目管理的特征之一,要求项目经理对项目建设的进度、质量、成本、安全和现场管理标准化全面负责。

(2)制订和完善成本管理责任制,制订出一系列规章制度,使成本控制的责任落实到施工管理的每一个角落和每一个人。

①工程技术人员成本责任。规划施工现场布置,执行技术规范,减少质量成本,减少安全事故,保证安全生产,采取有效的技术措施,走技术和经济相结合的道路。

②材料员的成本责任。选择质量好、价格低、运距短的材料;把好验收关;保证供应;防止

停工待料损失；限额领料；周转材料；减少材料资金占用。

③行政管理人员成本责任。主要是减少非生产性支出。

④财务成本人员成本责任。及时审核、记录、反馈和分析工程各项成本。

四、成本目标控制的步骤

要做好施工成本的过程控制，必须制订规范化的过程控制程序。成本的过程控制中，有两类控制程序，一是管理行为控制程序，二是指标控制程序。管理行为控制程序是对成本全过程控制的基础，指标控制程序则是成本进行过程控制的重点。两个程序既相对独立又相互联系，既相互补充又相互制约。

（一）管理行为控制程序

管理行为控制的目的是确保每个岗位人员在成本管理过程中的管理行为符合事先确定的程序和方法的要求。从这个意义上讲，首先要清楚企业建立的成本管理体系是否能对成本形成的过程进行有效的控制，其次是要考察体系是否处在有效的运行状态。管理行为控制程序就是为规范项目施工成本的管理行为而制订的约束和激励体系，内容如下。

1. 建立项目施工成本管理体系的评审组织和评审程序

成本管理体系的建立不同于质量管理体系，质量管理体系反映的是企业的质量保证能力，由社会有关组织进行评审和认证；成本管理体系的建立是企业自身生存发展的需要，没有社会组织来评审和认证。因此企业必须建立项目施工成本管理体系的评审组织和评审程序，定期进行评审和总结，持续改进。

2. 建立项目施工成本管理体系运行的评审和评审程序

项目施工成本管理体系的运行有一个逐步推行的渐进过程。一个企业的各分公司、项目经理部的运行质量往往是不平衡的。因此，必须建立专门的常设组织，依照程序定期地进行检查和评审。发现问题，总结经验，以保证成本管理体系的保持和持续改进。

3. 目标考核，定期检查

管理程序文件应明确每个岗位人员在成本管理中的职责，确定每个岗位人员的管理行为，如应提供的报表、提供的时间和原始数据的质量要求等。要把每个岗位人员是否按要求去履行职责作为一个目标来考核。为了方便检查，应将考核指标具体化，并设专人定期或不定期地检查。表 6-2 是为规范管理行为而设计的考核表。

项目成本岗位责任考核表　　表 6-2

岗位名称	职　　责	检 查 方 法	检查人	检 查 时 间
项目经理	1. 建立项目成本管理组织 2. 组织编制项目施工成本管理手册 3. 定期或不定期地检查有关人员管理行为是否符合岗位职责要求	1. 查看有无组织结构图 2. 查看《项目施工成本管理手册》	上级或自查	开工初期检查一次，以后每月检查一次
项目工程师	1. 制订采用新技术降低成本的措施 2. 编制总进度计划 3. 编制总的工具及设备使用计划	1. 查看资料 2. 现场实际情况与计划进行对比	项目经理或其委托人	开工初期检查一次，以后每月检查 1～2 次

续上表

岗位名称	职　责	检查方法	检查人	检查时间
主管材料员	1.编制材料采购计划 2.编制材料采购月报表 3.对材料管理工作每周组织检查一次 4.编制月材料盘点表及材料收发结存报表	1.查看资料 2.对现场实际情况与管理制度中的要求进行对比	项目经理或其委托人	每月或不定期抽查
成本会计	1.编制月度成本计划 2.进行成本核算,编制月度成本核算表 3.每月编制一次材料复核报告	1.查看资料 2.审核编制依据	项目经理或其委托人	每月检查一次
成本员	1.编制月度用工计划 2.编制月材料需求计划 3.编制月度工具及设备计划 4.开具限额领料单	1.查看资料 2.计划与实际对比,考核其准确性及实用性	项目经理或其委托人	每月或不定期抽查

应根据检查的内容编制相应的检查表,由项目经理或其委托人检查后填写检查表。检查表要由专人负责整理归档。

4.制订对策,纠正偏差

对管理工作进行检查的目的是为了保证管理工作按预定的程序和标准进行,从而保证项目施工成本管理能够达到预期的目的。因此,对检查中发现的问题,要及时进行分析,然后根据不同的情况,及时采取对策。

(二)指标控制程序

能否达到预期的成本目标,是施工成本控制是否成功的关键。对各岗位人员的成本管理行为进行控制,就是为了保证成本目标的实现。施工项目成本指标控制程序如下。

1.确定施工项目成本目标及月度成本目标

在工程开工之初,项目经理部根据公司与项目签订的《项目承包合同》确定项目的成本管理目标,并根据工程进度计划确定月度成本计划目标。

2.收集成本数据,监测成本形成过程

过程控制的目的就在于不断纠正成本形成过程中的偏差,保证成本项目的发生是在预定范围之内。因此,在施工过程中要定期收集反映施工成本支出情况的数据,并将实际发生情况与目标计划进行对比,从而保证有效控制成本的整个形成过程。

3.分析偏差原因,制订对策

施工过程是一个多工种、多方位立体交叉作业的复杂活动,成本的发生和形成是很难按预定的目标进行的,因此,需要及时分析偏差产生的原因,分清是客观因素(如市场调价)还是人为因素(如管理行为失控),及时制订对策并予以纠正。

4.用成本指标考核管理行为,用管理行为来保证成本指标

管理行为的控制程序和成本指标的控制程序是对项目施工成本进行过程控制的主要内容,这两个程序在实施过程中,是相互交叉、相互制约又相互联系的。只有把成本指标的控制

程序和管理行为的控制程序相结合，才能保证成本管理工作有序地、富有成效地进行。

五、成本目标控制的主要工作

工程项目的成本目标控制的主要工作内容如下：

(1)制订成本控制(管理)办法，包括规定的成本批准、核算、审核和变更等程序，明确相关的控制权力和责任、执行条件和约束条件(如许用限额、应急备用金等)，并形成书面文件。

(2)在成本计划的基础上落实各组织层次的责任成本。

①从业主的角度，签订好工程相关设计、采购、承包合同是投资控制最有效的措施，要严格控制合同价，包括价格水准、付款方式和付款期、价格补偿条件和范围等。

②对承包人而言，要合理确定和落实项目经理部的责任成本。项目经理部责任成本是经过分析的，与项目经理部责任制形式相关，根据设计和(或)实施方案，在资源配置和成本估算的基础上确定的，体现了企业对项目经理部的目标成本要求。

③承包人要签订好各种外包合同(如劳务供应、工程分包、材料供应、设备租赁等)。

④项目经理部在将分项工程或项目单元的成本目标落实到工程小组或职能部门时，还要下达与工作量相应的资源消耗(如用工、用料、费用)和工作效率指标。

(3)成本监督工作。成本监督一定要着眼于成本开支之前和开支过程中，并贯穿工程项目全过程。

①对各种费用开支的审查和批准。即使已经做了计划仍需加强事前批准、事中监督和事后审查。

②应根据合同约定，做好各类各期付款申报、分期结算和竣工结算等工作，监控成本开支，审核各项费用，确定是否按规定支付、有无漏洞，审查已支付的成本相关工作是否已完成，保证每月按实际工程状况定时定量支付(或收款)。

③资源消耗控制是成本控制的基础。要控制成本必须对工程活动的人工、材料和机械消耗进行严格控制，建立定额用工、定额采购、定额领料和用料制度。对于超支，或超量使用的必须有严格的批准程序、手续，要追查原因，落实责任。

④应对项目实施过程中的资金流进行管理，按资金计划和规定程序对项目资金的运作实行严格的监控，包括控制支出，保证及时收入，降低成本和防范资金风险。

(4)成本跟踪，主要是成本分析工作。应编写详细的成本分析报告，从各个成本角度列明成本支出状况，确定实际与计划的偏差，确保成本报告能准确反映项目成本状况。

(5)成本诊断，即评估成本执行情况。包括：

①成本超支量及原因分析。如果成本偏差超出规定的限度，应分析偏离原因并采取措施。成本超支原因分析必须同时考虑其他因素的共同作用，如工程范围的变化、进度的调整、质量的变化等。

对责任成本与实际成本的差异进行分析，应区分项目责任的(项目可控的)偏差和非项目责任的(项目不可控的)偏差。

②剩余工作所需成本预算和工程成本趋势总体分析，研究在总成本预算内完成整个后续工作的可能性，制订调控措施，修订后续工作计划。

在最终成本趋势总体分析中，同样必须考虑合同、技术、工期和组织等的综合影响。

③对下一个控制期可能造成成本增加的内外部风险进行预警和监控，必要时按规定程序做出合理调整，以保证工程项目正常进展。

(6)其他工作。

①与相关部门(职能人员)合作，为相关者提供成本信息，为决策或项目调整提供建议和意见。如提供由于设计变更、实施方案变化而引起的成本变化的信息。

②参与对成本超支问题解决方案的决策，从总成本最优的目标出发，进行技术、质量、工期和进度的综合优化。

③对项目状态的变化，如环境的变化、目标的变化、工程范围变化等所造成的成本影响进行测算分析，并调整成本计划，协助解决费用补偿问题(即索赔和反索赔)。

六、成本目标控制的方法

(一)施工成本的过程控制方法

施工阶段是成本发生的主要阶段，这个阶段的成本控制主要是通过确定成本目标并按计划成本组织施工，合理配置资源，对施工现场发生的各项成本费用进行有效控制，其具体的控制方法为：

1.人工费的控制

人工费的控制实行"量价分离"的方法，将作业用工及零星用工按定额工日的一定比例综合确定用工数量与单价，通过劳务合同进行控制。

(1)人工费的影响因素

①社会平均工资水平。建筑安装工人人工单价必须和社会平均工资水平趋同。社会平均工资水平取决于经济发展水平。由于我国改革开放以来经济迅速增长，社会平均工资也有大福增长，从而导致人工单价的大幅提高。

②生产消费指数。生产消费指数的提高会导致人工单价的提高，以减少生活水平的下降，维持原来的生活水平。生活消费指数的变动取决于物价的变动，尤其取决于生活消费品物价的变动。

③劳动力市场供需变化。劳动力市场如果供不应求，人工单价就会提高；相反则会降低。

④政府推行的社会保障和福利政策也会影响人工单价的变动。

⑤经会审的施工图，施工定额、施工组织设计等决定人工的消耗量。

(2)控制人工费的方法

加强劳动定额管理，提高劳动生产率，降低工程耗用人工工日，是控制人工费支出的主要手段。

①制订现金合理的企业内部劳动定额，严格执行劳动定额，并将安全生产、文明施工及零星用工下达到作业队进行控制。全面推行全额计件的劳动管理办法和单项工程集体承包的经济管理办法，以不超出施工图预算人工费指标为控制目标，实行工资包干制度。认真执行按劳分配的原则，使职工个人所得与劳动贡献相一致，充分调动广大职工的劳动积极性，以提高劳动效率把工程项目的进度、安全、质量等指标与定额管理相结合起来，提高劳动者的综合能力，实行奖励制度。

②提高生产工人的技术水平和作业队的组织管理水平，根据施工进度、技术要求，合理搭

配备各工种工人的数量，减少和避免无效劳动。不断地改善劳动组织，创造良好的工作环境，改善工人的劳动条件，提高劳动效率。合理调节各工序人数安排情况，安排劳动力时，尽量做到技术工不做普通工的工作，高级工不做低级工的工作，避免技术上的浪费，既要加快工程进度，又要节约人工费用。

③加强职工的技术培训和多种施工作业技能的培训，不断提高职工的业务技术水平和熟练操作程度，培养一专多能的技术工人，提高作业工效。提倡技术革新和推广新技术，提高技术装备水平和工厂化生产水平，提高企业的劳动生产率。

④实行弹性需求的劳务管理制度。对施工生产各环节上的业务骨干和基本的施工力量，要保持相对稳定。对短期需要的施工力量，要做好预测、计划管理，通过企业内部的劳务市场及外部协作队伍进行调剂。严格做到项目部的定员随工程进度要求及时进行调整，进行弹性管理。要打破行业、工种界限，提倡一专多能，提高劳动力的利用效率。

2. 材料费的控制

材料费控制同样按照“量价分离”原则，控制材料用量和材料价格。

(1)材料用量的控制

在保证符合设计要求和质量标准的前提下，合理使用材料，通过定额控制、指标控制、计量控制、包干控制等手段有效控制物资材料的消耗，具体方法如下：

①定额控制。对于有消耗定额的材料，以消耗定额为依据，实行限额领料制度。

a. 限额领料的形式

Ⅰ. 按分项工程实行限额领料

就是按照分项工程进行限额，如钢筋绑扎、混凝土浇筑、砌筑、抹灰等，它是以施工班组为对象进行的限额领料。

Ⅱ. 按工程部位实行限额领料

就是按工程施工工序分为基础工程、结构工程等，它是以施工专业队为对象进行的限额领料。

Ⅲ. 按单位工程实行限额领料

就是对一个单位工程从开工到竣工全过程的建设工程项目的用料实行的限额领料，它是以项目经理部或分包单位为对象开展的限额领料。

b. 限额领料的依据

Ⅰ. 准确的工程量。它是按工程施工图纸计算的正常施工条件下的数量，是计算限额领料的基础。

Ⅱ. 现行的施工预算定额或企业内部消耗定额，是制订限额用量的标准。

Ⅲ. 施工组织设计，是计算和调整非实体性消耗材料的基础。

Ⅳ. 施工过程中发包人认可的变更洽商单，它是调整限额量的依据。

c. 限额领料的实施

Ⅰ. 确定限额领料的形式。施工前，根据工程的分包形式，与使用单位确定限额领料的形式。

Ⅱ. 签发限额领料单。根据双方确定的限额领料形式，根据有关部门编制的施工预算和施工组织设计，将所需材料数量汇总后编制材料限额数量，经双方确认后下发。

Ⅲ.限额领料单的应用。限额领料单一式三份,一份交保管员作为控制发料的依据;一份交使用单位,作为领料的依据;一份由签发单位留存,作为考核依据。

Ⅳ.限额量的调整。在限额领料的执行过程中,会有许多因素影响材料的使用,如工程量的变更、设计更改、环境因素等。限额领料的主管部门在限额领料的执行过程中要深入施工现场,了解用料情况,根据实际情况及时调整限额数量,以保证施工生产的顺利进行和限额领料制度的连续性、完整性。

Ⅴ.限额领料的核算。根据限额领料形式,工程完工后,双方应及时办理结算手续,检查限额领料的执行情况,对用料情况进行分析,按双方约定的合同,对用料节超进行奖罚兑现。

②指标控制。对于没有消耗定额的材料,则实行计划管理和按指标控制的办法。根据以往项目的实际耗用情况,结合具体施工项目的内容和要求,制订领用材料指标,以控制发料。超过指标的材料,必须经过一定的审批手续方可领用。

③计量控制。准确做好材料物资的收发计量检查和投料计量检查。

④包干控制。在材料使用过程中,对部分小型及零星材料(如钢钉、钢丝等)根据工程量计算出所需材料量,将其折算成费用,由作业者包干使用。

(2)材料价格的控制

材料价格主要由材料采购部门控制。由于材料价格是由买价、运杂费、运输中的合理损耗等所组成,因此控制材料价格,主要是通过掌握市场信息,应用招标和询价等方式控制材料、设备的采购价格。

施工项目的材料物资,包括构成工程实体的主要材料和结构件,以及有助于工程实体形成的周转使用材料和低值易耗品。从价值角度看,材料物资的价值约占建筑安装工程造价的60%甚至70%以上,因此,对材料价格的控制非常重要。由于材料物资的供应渠道和管理方式各不相同,所以控制的内容和所采取的控制方法也将有所不同。

3.施工机械使用费的控制

合理选择、使用施工机械设备对成本控制具有十分重要的意义,在确定采用何种组合方式时,首先应满足施工需要,其次要考虑到费用的高低和综合经济效益。

施工机械使用费主要由台班数量和台班单价两方面决定,因此为有效控制施工机械使用费支出,应主要从这两方面进行控制。

(1)台班数量

①根据施工方案和现场实际情况,选择适合项目施工特点的施工机械,制订设备需求计划,合理安排施工生产,充分利用现有机械设备,加强内部调配,提高机械设备的利用率。

②保证施工机械设备的作业时间,安排好生产工序的衔接,尽量避免停工、窝工,尽量减少施工中所消耗的机械台班数量。

③核定设备台班定额产量,实行超产奖励办法,加快施工生产进度,提高机械设备单位时间的生产效率和利用率。

④加强设备租赁计划管理,减少不必要的设备闲置和浪费,充分利用社会闲置机械资源。

(2)台班单价

①加强现场设备的维修、保养工作。降低大修、经常性修理等各项费用的开支,提高机械设备的完好率,最大限度地提高机械设备的利用率,避免因使用不当造成机械设备的停置。

②加强机械操作人员的培训工作。不断提高操作技能，提高施工机械台班的生产效率。

③加强配件的管理。建立健全配件领发料制度，严格按油料消耗定额控制油料消耗，做到修理有记录，消耗有定额，统计有报表，损耗有分析。通过经常分析总结，提高修理质量，降低配件消耗，减少修理费用的支出。

④降低材料成本。做好施工机械配件和工程材料采购计划，降低材料成本。

⑤成立设备管理领导小组，负责设备调度、检查、维修、评估等具体事宜。对主要部件及其保养情况建立档案，分清责任，便于尽早发现问题，找到解决问题的办法。

4.施工分包费用的控制

分包工程价格的高低，必然对项目经理部的施工成本产生一定的影响。因此，施工项目成本控制的重要工作之一是对分包价格的控制。项目经理部应在确定施工方案的初期就要确定需要分包的工程范围，决定分包范围的因素主要是施工项目的专业性和项目规模。对分包费用的控制，主要是要做好分包工程的询价、订立平等互利的分包合同、建立稳定的分包关系网络、加强施工验收和分包结算等工作。

（二）挣值法

挣值法克服了成本模型的局限性，考虑项目的实际工程量完成情况对成本的影响，是对项目进度和费用进行综合控制的一种有效方法。挣值法最初由美国国防部于1967年提出，长期以来它一直作为工程项目费用和进度综合控制的一种颇为有效的方法，被人们普遍采用。

1.挣值法的3个基本参数

(1)计划工作量的预算费用(BCWS，Budgeted Cost for Work Schekuled)。BCWS是指到前锋期完成计划要求的工作量所需要的预算费用，它按照计划工作量和预算单价计算，表示按照原定的计划应该完成的工作量，计算公式为：

BCWS＝计划工作量×预算单价

BCWS主要反映按照进度计划应当完成的工作量，对业主，就是计划工程投资额。

(2)已完成工作量的实际费用(ACWP，Actual Cost for Work Performed)。ACWP是到前锋期实际完成的工作量所消耗的实际费用。ACWP主要是反映项目执行的实际消耗指标。

ACWP＝实际工作量×实际单价

(3)已完工作量的预算成本(BCWP，Budgeted Cost for Work Performed)。BCWP是到前锋期实际完成工作量及按预算单价计算出来的费用，是实际工程价值，计算公式为：

BCWP＝实际工作量×预算单价

对业主而言BCWP是完成工程预算费用或实现了的工程投资额，如果采用单价合同，也就是应付给承包人的工程价款，对承包人来说就是他有权能够从业主获得的工程价款，即他的“挣得值”。

2.挣值法的3条曲线

在项目的成本模型图中将过去每个控制期末的上述3个值标出，则形成3条曲线。

(1)BCWS曲线。即计划工作量的预算值曲线，简称计划值曲线。它是按照批准的项目进度计划(横道图)，将各个工程活动的预算成本在活动的持续时间上平均分配，然后在项目持续事件上累加得到的。这条曲线是项目控制的基准曲线。

(2)BCWP曲线。即已完工作量的预算值曲线，亦称挣得值曲线。它按控制期统计已完工作量,并将此已完工作量的值乘以预算单价,逐月累加得到挣得值与实际消耗的费用无关,它是用预算单价来计算已完工作量所取得的实物进展的值,能较好地反映工程实际进展所取得的绩效。

(3)ACWP 曲线。即已完工作量的实际费用消耗曲线,简称实耗值曲线。按照对应已完工作量实际消耗的费用,逐项记录,逐月累加得到。

3. 挣得值法评价指标

通过 BCWS、BCWP、ACWP3 条曲线的对比,可以直观地综合反映项目费用和进度情况(图 6-5)。

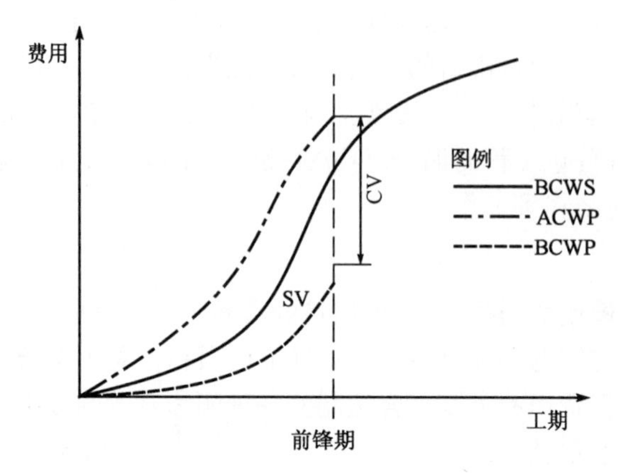

图 6-5　项目费用和进度情况

(1)费用偏差值(CV,Cost Variance)

①CV,是指前锋期的 BCWP 与 ACWP 之间的差异,其计算公式为:

$$CV=BCWP-ACWP$$

由于两者均以已完工作量为计算基准,因此两者的偏差即反映出项目的费用差异。

当 CV 为负值时表示执行效果不好,即实际费用超过"挣得值",费用超支;反之,当 CV 为正值时表示实际费用低于"挣得值",费用节余或效率高;CV 为 0,表示实际消耗费用与"挣得值"相等。

②CPI(Cost Performed Index)是指"挣得值"与实际费用值之比:

$$CPI=BCWP/ACWP$$

它反映费用执行指标。当 CPI＞1 时,表示实际费用低于"挣得值",说明效益好或效率高;

当 CPI＜1 时,表示实际费用超出"挣得值",说明效益差或效率低;

当 CPI=1 时,表示实际费用与"挣得值"吻合,说明效益或效率达到预定目标。

(2)进度偏差分析

①进度偏差值(SV,Schedule Variance)。SV 是指 BCWP 与 BCWS 之间的差异。

$$SV=BCWP-BCWS$$

BCWP 是已完的工作量按预算单价计算的费用值,而 BCWS 是按计划应完成工作量的预算费用,两者都是以预算单价为计算基础,因此两者的偏差即反映出前锋期完成工作量的差异,即进度差异。

当SV为正值时，表示到前锋期，实际完成工作量多于计划应完成工作量，进度提前；当SV为负值时，表示进度延误；当SV等于0，表示项目实际进度与计划进度相吻合。

②SPI(Schedule Performed Index)是进度执行指标。按下式计算：

$$SPI=BCWP/BCWS$$

当SPI>1时，表示进度提前；

当SPI<1时，表示进度延误；

当SPI=1时，表示实际进度等于计划进度。

4.挣值法的应用

运用挣值法原理可以对成本和进度进行综合控制。

(1)挣值法的优点

①可以形象地用S曲线对整个项目和各项活动的计划费用、实际支出与“挣得值”相比较，可以很直观地发现项目实施过程中实际和计划的工作量和单价的差异，能对项目的实施情况进行客观的评估，有利于查找问题的根源，并能判断这些问题对进度和费用产生影响的程度。

②在项目的费用、进度综合控制中引入挣值法，可以克服以往进度、费用分开控制的缺点，使控制更加准确有效。

③便于分清责任。

(2)挣值法应用于工程项目中存在的问题

①应用对象要有明确的能够度量的工作量和单位成本(或单价)，但在工程中有许多工程活动是不符合这一要求的。

②它仅适用于工作量变化的情况，而工程中不仅有工作量的变更，而且还会有质量、工作条件和难度的变化以及外界的不可抗力的影响，它们都会导致实际成本的变化。

③在前锋期，许多已开始但未完成的分项工程的完成程度，以及已领用但未完全消耗的材料等的量度的准确性，都会影响挣值法的分析结果。虽然对此可采用折算的办法，但人为因素对分析效果的影响较大，从而产生偏差。

第三节　施工项目成本核算与效益分析

一、实际成本核算过程

(1)一旦项目开工就必须记录完成各工程分项或工作包消耗的人工、材料、机械台班及费用的数量，这是成本核算的基础工作。

有些消耗是必须经过分摊才能进入工程分项或工作包的，如在一段时间内几个工作包共用的原材料、劳务、设备，则必须按照实际情况进行合理的分摊。

在工程项目中，许多大宗材料已经领用但尚未用完，对已消耗量(或剩余量)的估计是十分困难的，而且人为的影响因素很大，这就导致了实际成本核算的不准确。

(2)控制期内工程完成状况的量度，必须按照工程量清单规定的单位测量实际完成的工程量。由于实际工程进度是作为成本花费所获得的已完产品，它的量度的准确性直接关系到成本核算、成本分析和趋势预测(剩余成本估算)的准确性。

在此,已完工程的量度比较简单,而对已开始但尚未结束的分项工程(或工作包)的已完成程度的客观估算是困难的。在实际工程中人为的影响较大,可能会造成项目成本大起大落。

人们可以按照工作包中工序的完成进度进行计算。

(3)工程项目工地管理费及总部管理费实际开支的汇总、核算和分摊。

(4)各分项工程及整个工程的各个费用项目核算及盈亏核算,提出工程成本核算报表。

在以上的各项核算中,许多费用开支是经过分摊进入分项工程成本或工程总成本的,如周转性材料、工地管理费和总部管理费等。

由于分摊是选择一定的经济指标按比例核算的,如企业管理费按企业同期所有工程总成本(或人工费)分摊进入各个工程项目;工地管理费按本工程各分项工程直接费总成本分摊进入各个分项工程。由于它是平均计算的,所以不能完全反映实际情况。其核算和经济指标的选取受人为因素的影响较大,这会影响成本核算的准确性和成本评价的公正性。因此,对能直接核算到分项工程的费用应尽量采取直接核算的办法,尽可能减少分摊费用值及分摊范围。

(5)项目费用决算。这是在项目结束时确定从项目开始到项目结束的全部费用。

①决算的内容包括项目全过程各个阶段支付的全部费用;

②决算的依据主要是合同、合同的变更、支付文件等;

③决算的结果是项目决算书,它经项目各参与方共同签字后作为项目验收的核心文件。项目决算书由两部分组成。

a. 文字说明。主要包括:工程概况、设计概算、实施计划和执行情况,各项技术经济指标的完成情况,项目的成本和投资效益分析以及项目实施过程中的主要经验、存在的问题、解决意见等。

b. 决算报表。主要包括:竣工项目概况表、财务决算表、交付使用财产总表、交付使用财产明细表等。

二、成本和工期动态控制

成本和工期动态控制是通过网络图进行的。在前锋期,考虑到剩余工程(包括工作量、质量、实施方案等)的状况,工期推迟和风险等因素,应用项目的成本模型进行后期的成本趋向预测,分析项目结束时总成本和收益状况,这项工作十分重要,具体方法如下所述。

(1)按前锋期前各期末的实际工期和实际成本值,绘制项目"实际成本—工期"曲线,并与计划成本模型进行对比。

(2)以目前的经济环境(最主要是价格)、近期的工作效率和实施方案为依据,对后期各工程活动的剩余成本进行估算。如考虑采取加速措施,就需对人力、物力、施工过程、费用等进行调整。这里包括后期尚未订购的材料和设备、尚未签订的合同、尚未完成的项目单元,可能发生的合同处罚或奖励以及各种新的调整措施。

这是一个新起点的工程计划工作。

(3)按后期计划的调整,及后期工程活动的安排,再次沿用前面的计划过程和方法,以目前的工期和实际成本为基点(即图 6-6 中 O' 点)做后期的成本计划。由于剩余成本被认为是未完的或将完成的工程的实际成本,所以它必须反映目前的状况(市场、方案、项目实施现状等),并做合理的预测。这样才能给管理者提供正确的信息。

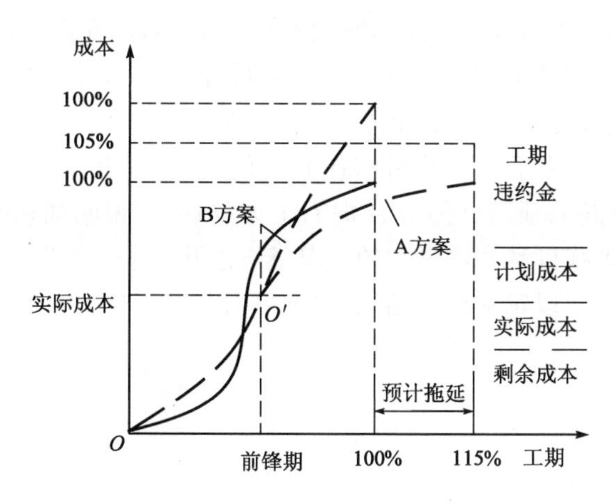

图 6-6　成本分析和预测图

在进度与成本预测时可以考虑现有拖延引起的成本超支，现有的干扰事件的影响及可能的、持续的影响，后期可能采取的赶工和降低成本的措施等。

图 6-6 是某工程项目的成本分析和预测图。它是基于实际和计划成本模型的对比基础上，到了控制期（即前锋期），经分析发现关键工作拖延，如果不采取任何措施（即图 6-7 中 A 点方案），仍按原计划执行，则工期延长 15％，到最后成本增加了（包括因工期拖延的违约金）5％。如果采取加速措施（即图 6-7 中 B 方案）则工期仍按原计划（合同）完成，但由于增加了投入，成本增加了 10％，当然还可以采用不同的方案进行对比。

由于工程一直在进行中，不断地接近终点，所以这个预测的可信度在逐渐增大，比项目初期的成本计划更有意义。

(4)最终状态描述。在图 6-7 中，坐标平面分为 4 个象限。

第Ⅰ象限：工期延长，成本增加；

第Ⅱ象限：工期缩短，成本增加；

第Ⅲ象限：工期缩短，成本下降；

第Ⅳ象限：工期延长，成本下降。

而 O 点为原计划方案。

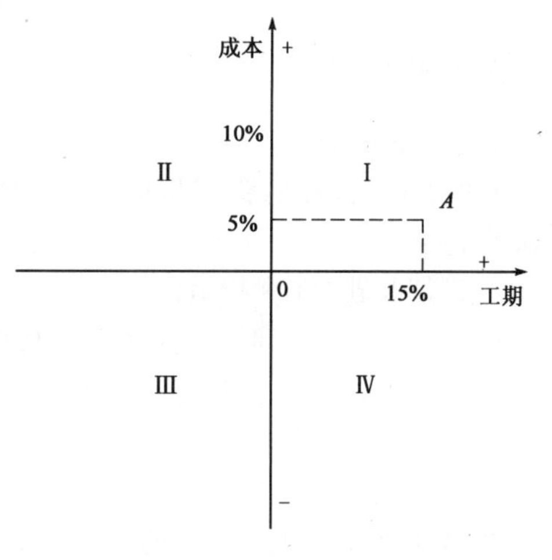

图 6-7　不同方案的结果状态

综合运用图 6-6 和图 6-7 可以进行成本和工期的动态控制。图 6-6 反映各控制期实际和计划成本及工期差异，而在图 6-7 上可以反映各控制期预测项目最终状态点的系列，而从这些点分布和发展趋向，即可以判断并分析项目成本和工期的动态变化情况，从而进行动态控制。

①工程开始后的几个控制期（月），预测点分布在 O 点周围，则说明项目实施是正常的。

②随着工程项目的进展，预测点逐渐向右上方运动，到达 A（图 6-8），则说明，工期拖延逐渐严重，成本也在不断增加，且这种趋势尚未得到遏制。

③到达 A 点后，发现最终工期拖延达 15％，成本增加 5％，这是不允许的。经研究决定总

体控制目标为:工期拖延在 5%以内,成本增加不超过 12%,则在图 6-8 上形成一个控制目标区间,显然这时的 A 是不符合目标的。为了达到控制目的,拟定多个方案进行比较分析,若 B 是符合要求的。经上级批准,采取加速措施,实施 B 方案。

④自实施 B 方案后,新的预测点应分布在 B 点的周围,或由 A 向 B 移动,说明运行正常,措施有效。而如果后期新的预测点仍由 A 向右上方移动,则说明加速措施仍然无效,或由于新的干扰事件,致使工期拖延和成本增加的状况继续恶化(图 6-9),这时必须考虑采取新的措施。因此,通过图示不仅可以预测最终结果,而且可以对控制方案的效果进行分析。

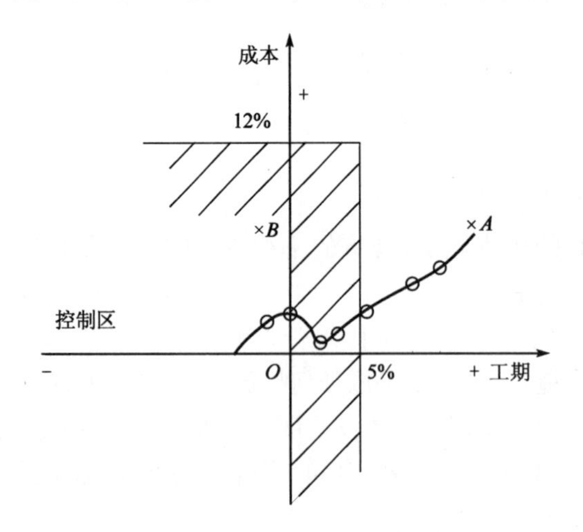

图 6-8 形成工期和成本控制目标

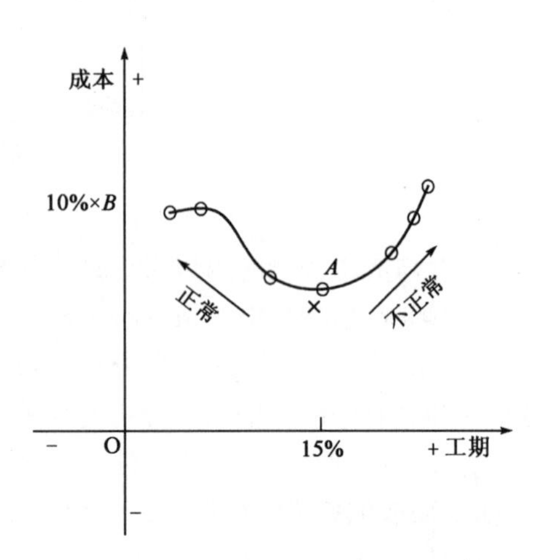

图 6-9 由预测点的移动进行预测、控制和分析

三、成本状况分析

1. 成本分析指标

成本分析的指标很多,可以按照不同的需要选择相应的指标,也可以自己灵活设计,通常有如下几类。

(1)工期和进度的分析指标:

时间消耗程度=已用工期/计划总工期×100%

工程完成程度=已完成工程量/计划总工程量×100%或

=已完成工程价格/工程计划总价格×100%或

=已投入人工工时/计划使用总工时×100%

(2)效率比,这仅对已完成的工程的各个成本项目:

机械生产效率=实际台班数/计划台班数

劳动效率=实际使用人工工时/计划使用人工工时

与它们相似的,还有材料消耗的比较及各项费用消耗的比较。

对工程成本的评价,效率指标比较准确、明了,无论对一个分项工程或整个工程均可以使用。由于它是以实际工作量为基础的,所以比较的尺度是统一的。

当机械生产效率小于 1,说明实际台班数比计划台班数少,节约了;当劳动效率小于 1,说明实际人工消耗小于计划使用工时数。同样,可以进行材料消耗的比较。

(3)成本分析指标。对已完成的工程：

成本偏差＝实际成本－计划成本

成本偏差率＝(实际成本－计划成本)/计划成本×100％

利润＝已完工程价格－实际成本

在各个成本要素、分部工程成本、总工程成本的比较分析中都可以采用偏差值和偏差率指标。它们可以比较直观地反映偏差的程度，这样管理者就可以始终把握每一个费用项目、每一分项工程以及总工程的成本状况和总利润状况。

(4)因素差异分析法。对一些分项工程的费用，用因素差异分析法不仅可以确定实际值和计划值的差异，而且可确定差异影响因素以及他们各自的影响份额，因此可以用于责任分担。

如原计划砌筑 2 000m^3 挡土墙，预计劳动效率为 5.4 工时/m^3，工时单价为 25 元，则：

计划人工费＝25 元/工时×2 000m^3×5.4 工时/m^3＝270 000 元

但是，最后实际工作量为 2 600m^3，实际劳动生产率为 5.0 工时/m^3，工时单价为 26 元，则：

实际人工费＝26 元/工时×2 600m^3×5.0 工时/m^3＝338 000 元

成本差异＝338 000－270 000＝68 000 元

由于工作量增加造成的成本变化为：

(2 600－2 000)×25×5.4＝81 000(元)

由于工时单价引起的成本变化为：

2 600×(26－25)×5.4＝14 040(元)

由于劳动效率引起的成本变化为：

2 600×26×(5.0－5.4)＝－27 040(元)

更进一步可以分析工程量增加、人工单价增加、劳动效率提高的更细的原因，并明确其责任人。

2.成本分析报告

(1)不同层次的管理人员需要不同的成本信息及分析报告。对工程小组组长、领班，要提供成本的结构、各分项工程的成本(消耗)值、成本的正负偏差以及可能采取的措施和趋向分析；对项目经理要提供比较全面的成本信息，主要包括项目实施的结果、项目的总成本现状、主要的节约和超支的成本项目和分析；而业主要求掌握已完成的工程价格，工程价款的变更信息等。

(2)不同版本成本之间的分析比较。由于成本计划是一个复杂的过程，产生不同的计划成本版本，如目标总成本、工程投资估算、概算、修正概算、预算、合同价、工程结算价、竣工决算等。所以，为了准确地反映项目成本变化情况，在成本分析报告中经常要进行不同版本成本数据的对比分析。

(3)成本报告通常包括各种分析报表、图和文字说明等。

四、成本超支的原因分析

经过对比分析，发现某一方面已经出现成本超支，或预计最终将会出现成本超支，则应将它提出，作进一步原因分析。成本超支的原因可以按照具体超支的成本对象(费用要素、工作包、工程分项等)进行分析。原因分析是成本责任分析和提出成本控制措施的基础，成本超支的原因是多方面的，通常为以下情况：

(1)原成本计划数据不准确，估计错误，预算太低，不适当地采用低价策略；承包人(或分包人)报价超出预期的最高价；原工作范围定义不正确。

(2)外部原因，如上级、业主的干扰，阴雨天气，物价上涨以及不可抗力事件等。

(3)实施管理中的问题，如：

①不适当的控制程序，费用控制存在问题，有许多预算外开支，或被罚款。

②成本责任不明，实施者对成本没有承担义务，缺少成本(投资)方面限额的概念，同时又缺乏节约成本的奖励措施。

③劳动效率低，工人频繁地调动，施工组织混乱。

④采购了劣质材料，工人培训不充分，材料消耗增加，浪费严重，发生事故，返工，周转资金占用量大，财务成本高。

⑤合同不利，在合同执行中存在失误，分包人、供应商提出赔偿要求。

(4)工程范围的增加，设计修改，功能和建设标准提高，以及工作量大幅度增加等。

成本超支的原因很多，不胜枚举。一旦在项目的目标设计、可行性研究、设计和计划、施工等某一阶段，或者在技术、组织、管理和合同等某一方面出现问题，都会反映在成本上，造成成本超支。

原因分析可以采用因果关系分析图进行定性分析，在此基础上又可利用因素差异分析法进行定量分析。

五、降低工程项目成本的措施

成本偏差若影响了项目目标的实现，就要决定采取措施纠正偏差，使成本偏差控制在允许的范围内。

通常，要压缩已经超支的成本，且不损害其他目标是十分困难的，压缩成本的措施必须与工程的功能、工期、质量和合同等目标统一考虑。

1.降低成本的具体措施

(1)寻找更经济、效率更高的技术方案，采用符合规范而成本较低的原材料。

(2)购买部分产品，而不采用完全由自己生产但其成本较高的产品。

(3)重新选择供应商，以降低采购费用，但会产生已签订合同的供应商索赔，造成供应风险，且重新选择需要时间。

(4)改变实施过程，改变工程质量标准。

(5)变更工程范围，删去部分工程活动，减少项目范围内的工作量。这可能损害工程的最终功能，降低质量。

(6)索赔。

2.采取降低成本的措施应注意的问题

(1)一旦成本失控，要在原按计划成本范围内完成项目是非常困难的。在项目一开始，就必须牢固树立成本观念，密切关注导致成本超支的任何迹象，提倡事前控制。

(2)发现成本超支时，人们常常通过其他手段，在其他工作包上节约开支。这会损害工程质量和工期目标，甚至有时贸然采取措施，主观上企图降低成本，但最终却导致更大的成本超支。

(3)在设计阶段采取降低成本的措施是最有效的，不会引起工期问题，且对质量的影响较小。

(4)成本的监控重点应放在以下事项中：

①超支最大的工作包或成本项目；

②近期将要实施的活动；

③具有较大的预算成本的活动。

(5)成本计划(或预算)的修订、成本措施的选择应顾及项目的其他目标和工作(如进度、实施方案、设计、采购)，注意与项目参与各方的沟通协调。

【案例】 某公路工程项目成本核算与效益分析。

A项目是×××一级公路第一标段，该标段全长4.8km，总价8 606.4万元，其中路基工程2 500.2万元。分析该标段路基工程的成本与效益，见表6-3～表6-6。

A项目目标成本表(单位：万元)　　表6-3

工程项目	工程价格	企业下达10%的利润	企业成本目标	施工预算成本	项目目标成本
路基工程	2 500.2	250.0	2 250.2	2 080.5	1 950.2
A项目	8 606.4	860.6	7 745.8	7 150.4	6 714.0

路基工程预算成本与目标成本比较(单位：万元)　　表6-4

工程项目		预算成本	目标成本	目标成本比预算成本降低额
路基工程	人工费	72.8	69.3	3.5
	材料费	1 310.7	1 247.7	63.0
	机械费	374.5	327.6	46.9
	其他费用	322.5	305.6	16.9
	小计	2 080.5	1 950.2	130.3

路基分项工程目标成本表(单位：万元)　　表6-5

工程项目		人工费	材料费	机械费	其他费用	总目标成本
路基工程	场地清理	2.2		8.1	9.8	20.1
	路基挖方	5.3	4.3	135.5	110.7	255.8
	路基填方	20.4	533.7	142.3	121.0	817.4
	特殊路基处理	4.7	351.4	23.9	22.8	412.8
	路基观测	1.5	0.8		7.9	10.2
	排水工程	9.3	114.3	3.8	6.5	130.9
	护坡、护面墙	14.5	127.5	4.3	7.3	153.6
	挡土墙	9.7	114.8	3.9	8.7	137.1
	取、弃土场恢复	1.7	0.9	5.8	12.9	21.3
	小计	69.3	1 247.7	327.6	305.6	1 950.2

路基工程实际成本与目标成本对比(单位:万元) 表 6-6

成本项目	目标成本	实际成本	实际成本降低额	实际成本降低率(%)
人工费	69.3	71.6	−2.3	−3.3
材料费	1 247.7	1 123.9	123.8	9.9
机械费	327.6	310.7	16.9	5.2
其他费用	305.7	310.5	−4.8	−1.2
合计	1 950.2	1 871.7	133.5	6.8

第七章　公路工程施工环境保护

本章主要介绍了公路工程施工对周边环境影响并提出了环境保护措施，分别从生态环境、水土保持、声环境及振动环境、水环境、大气环境、固体废物等几大方面进行讲述。此外还列举某公路工程施工合同段的环境保护案例，突出其采取比较有特色的环境保护措施。

第一节　施工环境保护概述

1. 公路工程施工的环境保护内容

环境保护是我国的一项基本国策。随着我国国民经济的蓬勃发展，公路建设步伐越来越大。伴随着公路的高速发展，公路污染、公路对周边环境影响等问题也大量凸现出来。环境与发展已成为人们共同关心的重大问题，公路交通领域的环境保护工作越来越引起人们的关心和高度重视。保护和改善环境，实行可持续发展战略，促进公路交通事业与环境发展已成为公路界的共识，特别是在当前实施的交通大开发，加快公路交通发展必须解决好环境保护问题。

环境与环境保护定义。环境是指人类和生物生存的空间。《中华人民共和国环境保护法》对环境的定义是：环境是指影响人类生存和发展的各种天然的和经过人工改造的自然因素的总体，包括大气、水、土地、矿藏、森林、草原、野生动物、野生植物、水生生物、名胜古迹、风景游览区、温泉、疗养区、自然保护区、生活居住区等。按照环境的自然和社会属性分类，环境包括自然环境和社会环境。

环境保护是指人类有意识地保护自然资源并使其得到合理的利用，防止自然环境受到污染和破坏；对受到污染和破坏的环境必须做好综合治理，以创造出适合于人类生活、工作的环境。

公路环境保护内容公路环境保护是基于生态可持续发展原则调节与控制“公路工程与路域环境”对立统一关系的发生与发展。公路环境保护由两项基本工作组成：一是分析修建公路对环境产生的各种影响及其影响的程度和范围，根据需要采取专门的环境保护措施，积极开展环境保护的有关工作；二是在公路的设计、施工及运营管理过程中，注意凸显公路各组成部分的环保功能，使公路在运输功能发挥的同时，对沿线环境的负影响最小。

随着交通大开发的实施，高等级公路的修建，影响环境的因素是多方面的，首先是高挖深填必将引起公路范围内的地貌特征、自然排水改变，植被破坏，水土流失，边坡失稳等环境问题，使自然景观生态遭到破坏，失去原有的和谐统一。其次施工中取土场、弃土堆、隧道弃渣等固体废物，会成为新的水土流失发生源。因此，我们对公路的各个环节都要把保护环境作为重要的因素来考虑，既要充分考虑资源与能源的节约，减少空气、噪声、水、土壤的污染及道路对景观的影响，努力打造生态公路系统。

公路交通环境保护规划应纳入公路交通行业发展规划，并与环境管理制度相结合，确保环保规划的实施。合理确定公路交通发展规模、路线布局等，最大程度地降低对环境的影响，使交通发展不仅为经济繁荣、社会进步服务，而且为防治环境污染。维护生态平衡，保障人类有一个良好的生态环境服务。

2.公路工程施工的环境保护要求

施工阶段是环境保护的关键阶段,既有环境的破坏又有环境的保护。施工部门要依照环保报告书的要求,加强环保管理,制止野蛮施工,尽量采用先进的技术、工艺、材料、设备,降低施工噪声、扬尘,合理选用取料场和弃土场,合理用水和弃水,防止水土流失和水污染,减少临时用地和对路域绿地的破坏。落实责任制,不能先破坏后治理,特别是对废渣要按设计中指定的地方堆放,不准往河内、山坡和其他敏感地方倾倒。

公路建成后要加强植被恢复和全面绿化,建设良好的公路生态系统。施工临时用地的植被恢复、取料场的复耕或造田还耕,在很大程度上可减少公路建设对环境的破坏,而全面的公路绿化,不仅可以保护路基、美化路容、改善景观,还可以降低噪声干扰、防止水土流失和环境污染。

3.公路工程施工的环境保护措施

环境保护是我国的一项基本国策,加快公路交通必须采取相应的有力措施,加强环境保护,这是各参建单位不可推卸的责任。进入21世纪,人类逐渐认识到长期以来对环境破坏所带来的灾难,提出了可持续发展的战略,人与自然之间走向和谐统一,这是人类对自身与环境关系认识的升华,我们要有高度的环境意识,在公路施工和营运环境中自觉地提高环保意识,以高度的责任感给公路赋予以美学的氛围,达到经济效益、社会效益和环境效益的统一,实现公路交通可持续发展。

施工期的环境保护措施主要为以下几点:

(1)施工期间对生态环境的保护措施。工程永久性占地、取弃土场、砂石料场、施工便道、临时生活营地的设置等施工活动可能对沿线生态环境造成的破坏影响很大,需要合理的措施加以保护。

(2)施工期间对水土保持的防治措施。在施工过程中对水土保持的影响主要由于开挖、填筑、弃土等对植被和水系的破坏,雨季容易导致水土流失,需要合理的措施加以保护。

(3)施工期间声环境及振动环境的保护措施,噪声和振动由现场机械、机械打桩、振动压实、爆破产生,为了能有效地降低施工噪声、振动,需要采取选择合理的机械、工作时段,远离居民区等措施。

(4)施工期间水环境的保护措施。防止桥梁施工、施工营地生活污水及施工机械维修产生的污水对水环境的污染。

(5)施工期间大气环境的保护措施。土石方施工和施工车辆行驶会引起尘土飞扬,异味气体扩散等,需要合理的措施缓解。

(6)施工期间固体废物的防治措施。弃土、弃渣、废材料、生活垃圾等人为污染源,需要合理的措施缓解。

(7)其他环保措施。体现在社会环境的土地征用、拆迁安置、沿线交通及居民出行、沿线水利设施、沿线文物古迹的保护。

第二节 施工环境影响及保护

1.公路工程施工对生态环境的影响及保护措施

公路工程建设可能对生态环境产生的影响主要表现在:工程永久性占地、取弃土场、砂石料场、施工便道、临时生活营地的设置等施工活动可能对沿线生态环境造成破坏。

其施工期生态保护措施如下：

(1)工程占地的生态影响减缓措施及土地补偿恢复

①合理安排施工进度，缩短临时占地使用。

②各种临时用地在工程完成后应尽快进行整边绿化、复耕。

③使用荒地或其他闲散地也应及时清理整治、恢复植被，防止土壤侵蚀。

④加强农田水利及农机、农电建设，实现用地利用的集约化。

⑤积极提倡科技兴农，提高作物单产，使中低产田经改造后变成高产、高效田，提高经济效益。

(2)取、弃土场临时占地布设及生态恢复

①取、弃土场的设置应远离公路沿线。

②不宜在自然保护区、水源保护区、敏感区范围内设置取土场。

③取、弃土场的设置应考虑对景观的影响，当其无法与沿线景观协调时，应另外选址。

④工程在下列地带不得设置取土场：绿地带和植被发育良好的地带、不良地质地带、横坡明显的坡地边。

⑤选址时应注意：不宜设置在软土区域；不宜设置在上游汇水面积过大的沟、谷内；不宜占用沟渠。

⑥取土场施工作业前进行表土剥离工作，清表厚度 30cm；剥离的表土用于后期绿化。

⑦取土方式根据取土场生态恢复的需求合理选取。

⑧在表土堆放区顶面撒播草籽，取土场施工作业结束后对坡面和退台平面进行植草绿化。

⑨根据地形在取土场四周设置临时挡水土埂，防止外来水体入侵取土场，同时修建排水沟与下游沟道相连。

(3)施工驻地、施工便道等临时占地生态保护

①施工营地的布设可尽量租用当地村民们房屋，在公路征地范围内布设，不能损坏营地以外植被。

②施工便道应尽量利用村庄自然道路进出，但应在施工结束后立即清理整治，恢复植被，防止水土流失。

③便道修建应基本符合路线设计走向，以便正式筑路时加以利用，避免造成过多的环境破坏和工程浪费。修便道要注意农田保护，新建段便道修建应最大可能地与公路线位一致，以便减少环境破坏和工程浪费。

④合理规划设计施工便道及便道宽度，并要求各种机械和车辆固定行车路线，不能随意下道行驶或另行开辟便道，要严格按设计规定的路线和范围使用，并有专人进行施工便道维护。

⑤施工营地恢复，要清除施工期临时设施，进行用地翻耕；然后播撒种植、施肥、浇水恢复原有植被。

⑥施工便道使用前多数在路面铺设料石土方，在施工期结束后，应将铺设料石土方先行去除，翻耕、恢复原有的基础地面。在工程施工结束后，通过上述恢复措施，并进行绿化等生态恢复措施，促进植被的恢复。

(4)其他生态保护要求

施工期如涉及自然保护区、水源保护区、风景名胜区、文物古迹保护区或一些野生动物较丰富水域,都应注意按照相关法律法规要求和环境影响评价中的环境保护要求进行营地、线路选取,并进行相应保护。

2. 公路工程施工对水土保持的影响及保护措施

在施工过程中水土保持的影响主要由于开挖、填筑、弃土等对植被和水系的破坏,雨季容易导致水土流失,事前、事中、事后控制措施尤为重要。

施工期水土保持保护措施如下:

(1)弃土场弃土填筑施工前,必须在山腰位置依照山势条件设置一定数量的汇水沟渠,将降雨时的地表水流通过汇水沟进行汇流,做好拦排水,防止雨水在新弃土表面形成径流,对新地表冲刷造成水土流失,对弃土场下方造成污染。

(2)在弃土过程中,严格按照堆弃、碾压程序施工,严禁未经碾压直接摊铺新土层,土层摊铺过程中,依照施工进展形成内高外低的坡势,在汇流沟渠上设置一定数量的集流槽,将水流中的泥土进行沉淀。

(3)在弃土场的周围外坡面做砌筑排水沟、在坡脚砌筑挡土墙,并做到引排水顺畅,保证水土不流失,并达到环境保护的目的。

(4)及时掌握天气变化情况及当地汛情,提前做好排水沟与集流槽的清淤工作,完善排水沟等设施。

(5)施工中要尽可能减少对原地面的扰动,减少对地面草木的破坏,需要爆破作业的,按规定进行控爆设计。有计划地开辟施工作业面,不盲目破坏征地范围内的植被。

(6)工程在进行路基开挖、取弃土场、临时施工场所等进场前,应对上述场地的表层有肥力的耕作层土壤进行保护,以便于施工后期的场地绿化和植被恢复。

(7)公路施工时路基的填挖造成植被破坏、边坡裸露,易被雨水冲刷形成水土流失。可采用工程措施和植物措施相结合的办法进行防护。有一定汇水面积的路堑开挖前先在挖方坡顶按设计要求挖设截水沟,铺砌防护,把水流集中引出路基以外。施工时由上到下,逐级开挖,开挖一级防护一级。缩短因施工作业而暴露的时间,以防止坡面崩塌。

3. 公路工程施工对声环境及振动环境的影响及保护措施

公路工程施工建设期间对周围环境的主要噪声影响是施工设备作业时所产生的机械噪声,如打桩、振动压实、爆破产生振动等。

施工期声环境防护措施如下:

(1)根据《中华人民共和国环境噪声污染防治法》的规定,工程在施工期应符合国家规定的建筑施工场界标准;在开工五日前向工程所在地环境保护行政主管部门申报工程的项目名称、施工场所和期限、可能产生的环境噪声值以及所采取的噪声污染防治措施;在声环境敏感建筑集中区域,禁止夜间进行产生环境噪声污染的施工作业,因特殊需要必须作业的,必须有县级以上人民政府环保主管部门的批准,并将批准的夜间作业公告附近居民。

(2)结合公路工程实际情况,评价对施工期噪声环境影响提出以下对策措施和建议:噪声级较大的机械,如发电机、空压机等应尽量布置在偏僻处,并远离居民区、学校、医院等声环境敏感点,拌和场、搅拌场、预制场等距离居民区一般应大于 200m,难以选择合适地点的,应采取封闭隔音措施,并对机械定期保养,严格执行操作规程。

(3)合理安排施工时间,夜间尽量不进行施工或安排低噪声施工作业。噪声声级高的施工机械在夜间(22:00～6:00)应停止施工。若因特殊需要连续施工的,须事前得到有关部门的批准,并同时做好居民的沟通工作。进行夜间施工作业的,应采取措施,最大限度减少施工噪声。对人为的施工噪声应有管理制度和降噪措施,并进行严格控制。承担夜间材料运输的车辆,进入施工现场严禁鸣笛,装卸材料应做到轻拿轻放,最大限度地减少噪声扰民。

(4)施工期应协调好施工车辆通行的时间,在既有交通繁忙的情况下,工程建设方、施工方及交管部门应加强沟通、协调工作,避免交通堵塞,夜间运输要采取减速缓行、禁止鸣笛等措施;材料运输道路尽量避免穿越乡镇及村庄,将施工噪声的影响降低到最低限度。

(5)优化施工方案,合理安排工期,将建筑施工环境噪声危害降到最低程度,在施工招投标时,将噪声防治措施列为施工组织设计内容,并在合同中予以明确。

(6)做好施工期的施工场界环境噪声监测工作,施工现场应依照《建筑施工场界噪声测量方法》进行噪声值监测,噪声值不应超过相应的噪声排放标准。报告书在环境管理与监测计划中制订环境管理监测方案,施工过程的相关单位应严格遵照执行,做好监测,将施工场界噪声控制在允许的范围之内,将施工对居民生活环境的影响降到最小。

(7)爆破作业尽量选择在白天进行,降低爆破产生的噪声、振动等对周围居民产生的影响。

(8)爆破作业应以浅眼小型及松动爆破为主,严禁过量爆破。

(9)靠近居民楼等建筑施工时,其爆破、压实振动、打桩等作业需要调整工艺,采用弱振动或静力等方式施工作业,避免破坏邻近建筑物。

4.公路工程施工对水环境的影响及保护措施

施工期产生的水环境影响包括:桥梁施工对水环境的影响、施工营地生活污水及施工机械维修产生的污水对水环境的污染。

桥基施工在河底挖泥、建筑材料冲洗、开挖桩基础泥浆等环节如不加以控制,将引起水质混浊,水体中悬浮物增加。

施工区生活污水主要来源于各施工营地,主要是施工人员就餐和洗涤产生的污水及粪便水,主要含动植物油、食物残渣、洗涤剂等。

施工过程中施工机械的维修将产生少量油污,如不妥善处理,随意洒落或用水冲洗,都将对水环境产生污染影响。

施工期水环境保护措施如下:

(1)跨河流、水体桥梁的基础施工应尽量选择在枯水期,避免由于雨季施工造成泥浆、机械漏油,对水质产生影响,采取先进的施工工艺、科学管理,尽量缩短水下作业时间,同时加强对施工设备的管理和维修保养,杜绝泄漏石油类污染物质以及所运送的建筑材料等,减少对水域污染的可能性。

(2)施工期间,桥梁基础开挖产生的弃渣严禁堆放在河道、水体两侧,要及时运到指定弃土场统一处理;开挖桩基础泥浆不能随意流入水体,需要沉淀后排放。

(3)跨河桥梁的施工营地及料场选址应离开河岸有一定的缓冲隔离,防止生产生活过程对水体造成污染,防护隔离一般应在150m以上,确保施工人员生活污水及施工机械检修产生的含油生产污水不排入水体中。在二级水源保护区内禁止建设施工生活、生产营地。

(4)工程混凝土拌和站应选址在离开居民点300m之外,水泥必须防水、雨存放,拌和物及其他用料必须在料场堆放,注意清洁生产。冲洗砂石料的水必须设沉淀池,并尽量做到重复利用,排放污水应做到达标排放。在向桥墩运送混凝土拌和物时应避免物料的散落而影响水质。设置的混凝土拌和站必须有除尘设备,避免灰尘对环境空气和水的污染。

(5)由于施工营地分散,生活污水集中处理有一定难度,建议施工人员宿营地设旱厕或环保厕所,并加强管理,及时清掏,尤其是防止雨季污物随水漂流,污染周围的水环境。

(6)施工机械维修点应设硬化地面及干化池,防止机械维修、清洗污水对水体、土壤的污染。加强施工机械的检修,严格施工管理,避免施工机械的跑、冒、滴、漏油。对于有含油污水排放的施工点应设小型隔油、集油池。含油污水经过隔油处理后排放。

(7)当堆料场存放特殊性的物质,如沥青、水泥等应设篷盖,防止被雨水冲刷造成流失,污染环境。

5. 公路工程施工对大气环境的影响及保护措施

根据公路工程的施工特点,公路在施工阶段对周围环境空气质量的影响主要是扬尘与沥青烟气污染。施工期大气保护措施如下:

(1)施工便道和运输道路应定时洒水,每天至少两次(上、下班),经过村庄密集地段时,要加强洒水频率和强度,保证无浮土。施工场地除作业场地外均应当进行硬化处理,作业场地应坚硬平整。

(2)运送散装含尘物料的车辆,要用篷布覆盖,以防物料飞扬。对运送砂石料的车辆应限制超载,不得沿途洒漏。粉状材料应罐装或袋装,粉煤灰采用湿装湿运。土、水泥、石灰等材料运输禁止超载,并盖篷布。

(3)沥青拌和站应设在开阔、空旷的地方,以拌和站为圆心,半径 300m 范围内不能有居民区。拌和站需安装必要的密封除尘装置。沥青熔化、加温、搅拌应在密封的容器中作业,不得使用敞开式简易方法熬制沥青,并配备除尘设备、沥青烟净化和排放设施。沥青烟排放应达到现行《沥青工业污染物排放标准》(GB 4916)的一级标准(沥青油烟小于 150mg/m^3)。

(4)石灰、水泥和砂石料的拌和采取站拌方式,但要慎重选择地址,拌和站应远离居民区敏感点(采取先进设施,适当距离应大于 300m),另外拌和站须配备除尘设备。灰土集中拌和,合理安排拌和点,尽量减少拌和点设置。灰土拌和站不得选在环境敏感点上风向,与其距离也应在 300m 以上。

(5)筑路材料堆放地点选在环境敏感点下风向,距离在 300m 以上。堆放时应采取防风措施,并设置围栏,定时洒水防尘,遇恶劣天气加蓬覆盖。粉状材料如水泥、石灰等应罐装或袋装。禁止散装运输,严禁运输途中扬尘、散落。堆放应由篷布遮盖,运至拌和场应尽快使用,减少堆放时间。物料运输禁止超载,并盖篷布,严禁沿途散落。

(6)施工现场出入口必须设置车辆冲洗台和冲洗设施,专人负责冲洗清扫车轮、底盘,保证车辆不带泥上路。出入料场的进路、施工便道及未铺装的进路应经常洒水,以减少粉尘污染。路基施工时应及时分层压实,并注意洒水除尘。

(7)严禁在施工现场焚烧废弃物和会产生有毒有害气体、烟尘、臭气的物质等,施工工作人员炊事设施应设立在远离人群的地方.并且要求使用清洁燃料。

6. 公路工程施工对固体废物的影响及保护措施

桥梁、隧道施工产生的废渣和弃土必须弃至指定的弃土(渣)场,不得乱堆乱弃。施工人员生活垃圾主要产生于施工工地，且产生量较小，如在施工营地设置临时的垃圾桶，并将收集的垃圾定期运送至当地的垃圾场，不会对周围环境产生影响。

施工建筑垃圾的随便倾倒和堆存，将可能会大量占用宝贵的农田和其他土地资源，侵入河道影响行洪等，一些有毒有害垃圾的不当堆存和处置还有可能造成区域地下水受到污染影响。

施工期固体废弃物环保措施如下：

(1)施工营地设置临时垃圾桶，并将收集的垃圾定期运送至当地的垃圾场。

(2)及时清理施工场地、河道、临时占地产生的弃渣。施工过程中产生的少量废弃钢筋、电缆及木料等。对于废弃钢筋、电缆由有关单位及个人进行分拣，把有用的钢筋、木料、电缆等东西进行回收再利用。

(3)弃渣全部运弃渣场填埋处理，并对弃渣场采取妥善水土保持恢复措施。施工生活垃圾应集中堆放，定期运送至当地的垃圾场。

7. 公路工程施工对社会环境的影响及保护措施

对土地征用、拆迁安置、沿线交通及居民出行、沿线水利设施、沿线文物古迹的影响属于对社会环境的影响。施工期社会环境保护措施如下：

(1)征地、拆迁安置措施。重点是认真落实国家和地方有关征地、拆迁安置补偿政策，制订出完整合理的征地补偿、拆迁安置计划及执行进度计划。对于临时占地，一般施工期为1～3年，施工完成后，应立即对所用的临时占地进行平整，并着手进行植被恢复。对于平整后可改造为耕地的临时占地，应尽量改造为耕地，为当地的农业生产增加新的来源。

(2)对沿线交通及居民出行影响减缓措施。在公路施工过程中，先要做好施工期交通疏导计划和交通疏导组织、标示等工作。在公路施工结束后，对损坏的基础设施进行完善修复，使得这些基础措施能够更好地得到利用。

(3)对沿线水利设施影响的减缓措施。施工单位需要认真核查沿线河流、沟渠、灌渠的分布和水流方向，制订周密的水利设施的保畅通、保功能的实施计划，并在施工中严格执行。以保证区域泄洪通道畅通、排涝能力的稳定、农田灌溉设施完善，尤其是被公路分隔开的农田的灌溉能力不降低，使沿线水利设施不发生大的变化。

(4)对沿线文物古迹影响的减缓措施。为了做好线路途经区域内的文物保护工作，确保地下文物安全，在最终确定线路施工前，应依照《文物保护法》的要求，由文物业务部门实施征占地(包括取土场)范围内相应的考古勘探和考古发掘工作。此外还要提高施工单位的文物保护意识，在施工中发现文物，应立即停工，保护现场并及时报告当地文物局，由文物业务部门进行紧急处理。施工中发现的其他零散文物须交由文物部门保管。

第三节　某公路工程施工环境保护方案编制案例

××高速公路LJ合同段施工环境保护方案

一、综合利用

1. 编制依据

(1)××高速LJ合同段两阶段设计施工图；

(2)××高速 LJ 合同段周边环境调查情况;

(3)《环境管理体系的要求及使用指南》(GB/T 24001—2004);

(4)《环境保护法》;

(5)《建设项目环境保护管理条例》;

(6)《建筑施工现场环境与卫生标准》;

(7)《固体废物污染环境防治法》;

(8)《危险废物污染防治技术政策》;

(9)《大气污染防治法》;

(10)《大气污染物综合排放标准》;

(11)《环境空气质量标准》;

(12)《水污染防治法》;

(13)《环境噪声污染防治法》;

(14)《建筑施工场界噪声限值》;

(15)现行国家、行业及××省有关公路工程的标准规范、法规和规程等。

2. 编制原则

(1)认真贯彻"预防为主、防治结合、综合治理"原则,将施工引起的对环境的干扰、破坏降低到最低限度;

(2)贯彻"三同时"的原则:环保与水保工程和主体工程同时设计、同时施工、同时投入使用,力争各项环境指标达到规范要求;

(3)全面规划,合理布局,预防为主,综合治理,强化管理,把环保水保工作的好坏作为工程是否创优的重要标准,严格贯彻执行"谁污染谁治理,谁破坏谁恢复"的原则;

(4)坚持做到"少破坏、多保护,少扰动、多防护,少污染、多防治",使环境保护和水土保持监控项目与监控结果达到设计文件及有关规定,教育培训率达 100%,贯彻执行率和覆盖率达 100%。

3. 编制范围

本方案编制范围为××高速公路 LJ 合同段范围内的临建、路基、涵洞、弃土场、隧道工程。

二、工程概况

1. 项目概况(略)

2. 自然条件(略)

三、环保水保目标

做到依法施工,文明施工,杜绝违法施工、野蛮施工事件发生;环保、水保工程与主体工程"三同时",不留尾巴,不留后患。

做到环境污染控制有效;土地资源节约利用;工程绿化完善美观;节能、节材和水保措施落实到位;努力建成一流的资源节约型、环境友好型高速公路。

在施工过程中各项条件都符合国家、交通运输部及地方政府有关环保的要求;排放标准达到国家、交通运输部及当地政府有关规定、标准的要求。

四、管理机构及保证体系

1. 管理组织机构

为做好本合同段环境保护和水土保持工作，做到组织有力、管理到位、责任到人、取得实效，特成立××××公司××高速 LJ 合同段项目部环保水保专项工作领导小组（具体组织机构图略）。

2. 环保水保专项工作领导主要职责（略）

3. 保证体系（图略）

贯彻执行《环境管理体系—规范及使用指南》（GB/T 24001—2004），针对工程及环境特点，从人、机、料、法、环、测六个方面建立完整的环境保护和水土保持保证体系，保证环保水保管理体系的有效运行。

五、环境保护与水土保持控制措施（仅列举部分重点措施）

1. 临时工程环保水保控制措施

弃土场进行详细设计，设置必要的防护、环保设施，经监理工程师审批后，先施工防护设施，然后才能弃土。弃土完成后，应进行地表绿化美化，力争与原地貌保持一致。

取土场应尽可能设在视线以外的隐蔽处，以减少工程完工后因植被差异或裸露而带来的不和谐。

（1）便道工程环保水保措施

隧道施工便道铺设不小于 30cm 碎石基层、20cm 混凝土面层，防止雨水冲刷基层土体，造成水土流失。

全合同段工程完工后，本项目部负责将临时便道拆除恢复原貌，在拆除过程中，应注意对便道的渣土进行集中堆放，或联系当地村民，将渣土利用。

（2）拌和站的环保水保措施

所有废水均应通过沉淀池进行沉淀后，循环利用。

每个拌和站专门建设厕所和洗漱池，生活污水进行处理后专门排放，设置垃圾池，生活垃圾集中处理。

混合料拌制加工场地须采取必要的防尘、除尘装置，控制大气粉尘污染。

（3）临时钢筋加工场地环保水保措施

对钢筋加工机械注意保养，防止油污渗漏污染地面。

对于钢筋加工制作过程中的废料集中处理，防止废铁等其他易污染田地的杂物散落在地上。

（4）水环境保护措施

施工及生活中产生的污水或废水，设排污井集中处理沉淀后排放，不得直接排放。

现场存放油料，必须对库房地面进行防渗处理，如采用防渗混凝土地面、铺油毡等措施。使用时，要采取防止油料跑、冒、滴、漏的措施，以免污染水体。

建设驻地的食堂，污水排放时应设置简易有效的隔油池，定期清理，防止污染。施工营地的生活污水化粪处理后用于绿化或农用，不得直接排放地表水体，工地临时厕所、化粪池应采取防渗漏措施。

禁止将有毒有害废弃物作土方回填。

化学用品、外加剂等要妥善保管,库内存放,防止污染环境。

2.路基工程环保水保控制措施

(1)场地清理

清表前,路基范围内清理出的草皮、表土,尤其是种植土,应划分出专门的区域集中堆放,待路基本体填筑完成后用于中央分隔带、边坡表面做边坡植草的基料和弃土场内的回填土等。在选择堆放场地时,堆放场不得选在河道和地方排灌水系上,尽量选择在荒地和荒山区域,避免占用农田,影响地方农作物的生长。

(2)挖方路基

石方爆破作业应以浅眼小型及松动爆破为主,严禁过量爆破,若地质情况为硬质岩石,应采用预裂、光面爆破开挖边坡,边坡开挖距设计坡面 2～3m 时,采用光面爆破或人工开挖,确保坡面平整、美观、稳定。

在自然边坡较陡的山坡修建路基,应注意滚落的土石对路基以下山坡植被的破坏,施工前应当编制详细的专项施工方案并设置能有效拦截土石的设施(如竹木栅栏、防落网、拦土坝等),报监理工程师批准。未经监理工程师批准,不准动工。

(3)填方路基

施工期间,应采取切实可行的措施并设置临时排灌水系统,防止雨水冲刷路基,避免泥沙冲淤农田、阻塞沟渠等现象发生,防雨措施应报监理工程师批准。

3.隧道工程环保水保控制措施

(1)隧道洞门及边仰坡施工

做好洞顶、洞门及洞口的防排水系统工程,并妥善处理好陷穴、裂缝,以免地面水侵蚀洞体周围,造成岩体破碎带坍塌。

根据业主和设计要求,视洞门地形情况,洞门围岩较好的采取零开挖进洞,洞门围岩较差的土质,采取合适的加固措施后进洞,避免大开大挖造成山体植被大面积破坏,保证洞口土体稳定。

(2)隧道洞身开挖及衬砌施工

隧道开挖爆破时,必须按照设计的爆破参数进行施工。爆破后,应采取风筒进行排烟 15min 后方可进入施工现场,洞身较长时,还应采取喷雾洒水等措施进行降尘。

隧道爆破作业尽量选择在白天进行,降低爆破产生的噪声对周围居民的影响。

第八章　公路工程施工资料管理

本章主要介绍了公路工程竣工文件编制与归档内容的划分，编制工作流程、工程划分及质检台账建立和编制要求，重点讲述了竣工文件（包括规范化表格等）收集、分类整理、文件材料密级、临时档案、保管期限鉴别、文件材料组卷、文件材料装订、档号编写、档案验收和移交等内容。

第一节　施工项目文件材料的内容

公路工程文件材料是从公路工程建设项目的提出、立项、审批、勘察设计、施工到竣工验收全过程中形成的，具有保存、考查价值的各种载体的文件材料都应收集齐全，归入公路工程档案中。公路工程文件材料是高速公路工程建设项目的历史记载，也是公路维护、扩建、改建的重要依据。

按照交通运输部的要求，文件材料必须根据《公路工程竣（交）工验收办法实施细则》的通知（交公路发〔2010〕65 号）附件 2《公路工程竣工档案目录》及《公路建设项目文件材料立卷归档管理办法》通知（交办发〔2010〕382 号）附件 1《公路建设项目文件材料收集归档单位》的内容，进行收集、整理和归档。文件材料根据立项、准备、施工和竣工四个阶段，按照文件材料的自然形成规律和成套性的原则，分类科学，便于查找利用；施工项目文件资料的内容如下。

第一部分：综合文件

竣（交）工验收文件、建设依据及上级有关指示、征地拆迁资料、工程管理文件。

第二部分：决算和审计文件

支付报表、财务决算文件、工程决算文件、项目审计文件、其他文件。

第三部分：监理资料

监理管理文件、工程质量控制文件、工程进度计划管理文件、工程合同管理文件、其他文件、其他资料。

第四部分：施工资料

1. 竣工图表

变更设计一览表、变更图纸、工程竣工图。

2. 工程管理文件

施工组织机构及人员、岗位责任划分、施工组织设计、技术交底文件、会议纪要等。

3. 施工质量控制文件

(1)工程质量管理文件。

①工程质量往来文件(质量保证体系,专项施工方案等)。

②工程质量自检报告及工程质量检验评定资料。

③工程质量事故及处理情况报告、补救后达到要求的认可证明文件。

④桥梁荷载试验报告。

⑤桥梁基础检验汇总资料。

⑥施工中遇到的非正常情况记录、处理方案、施工工艺、质量检测记录及观察记录、对工程质量影响分析。

⑦交工验收施工单位的自检评定资料。

(2)材料及标准试验。

①原材料、外购成品、半成品抽检试验报告及资料。

②外购材料(产品) 出厂合格证书、检验报告及质量鉴定报告。

③各种标准试验、配合比设计报告。

(3)施工工序资料。

①路基工程。

路基土石方、工程防护工程、小桥工程、排水工程、涵洞工程。

②路面工程。

施工工序检查资料、材料配合比抽检(油石比、马歇尔试验等)资料、压实度、弯沉、强度等试验检测报告及汇总资料。

③桥梁工程。

基坑放样、开挖处理、试验检测资料、基础施工检查、试验资料,桩基检测资料、墩台、现浇构件、预制构件、预应力等施工工序检查、成品检测资料、各工序施工、检测记录砂浆强度、混凝土强度、台背回填压实度等试验报告及汇总表、引道工程施工检测、试验资料。

④隧道工程。

洞身开挖施工、检查资料、衬砌施工、检验资料、隧道路面工程施工、检查资料、照明、通风、消防设施施工、检查资料、洞口施工检查资料、各种附属设施检验施工资料、各环节工序检查、验收资料、隧道衬砌厚度、混凝土(砂浆)强度试验检测资料。

⑤交通安全设施。

各种标志牌制作安装检查记录、标线检查资料、施工记录、防撞护栏、隔离栅及附属设施施工、检查资料、照明系统施工、检测资料、各中间环节检测资料、成品检测资料。

⑥房屋建筑工程。

按建筑部门有关法规、资料编制办法管理、汇总。

⑦机电工程。

⑧绿化工程。

4.施工安全及文明施工文件

安全生产的有关文件、安全事故的调查处理文件、文明施工的有关文件。

5.进度控制文件

进度计划(文件、图表)、批准文件、进度执行情况(文件、图表)、有关进度的往来文件。

6.计量支付文件

7. 合同管理文件

8. 施工原始记录

施工日志、天气、温度及自然灾害记录、测量原始记录、各工序施工原始记录（未汇入施工质量控制文件的部分）、会议记录、纪要、施工照片、音像资料、其他原始记录。

第五部分：科研、新技术资料

施工单位负责收集、整理公路工程施工阶段形成的文件材料及竣工图表。其中开工报告、施工组织设计、施工计划、施工日志及中间验收等，分别按合同段的完成顺序整理。各项施工原始记录、竣工图表按路线进行方向，结合单位工程（含分部、分项）及不同专业，分别整理组卷。

第二节　施工项目文件材料的编制

1. 文件材料编制工作流程

文件材料的编制程序及周期因各个参建单位工作性质的不同而不同。施工单位是以计量期数为报送周期，其流程为：施工单位专业技术人员资料收集→现场监理审核签字→施工单位资料整理汇总→每期计量前报送监理单位审核汇总（审核合格）→建设单位或第三方服务机构核签（审核合格）→建设单位签准计量支付。报送时间为每月计量截止日期三天以前均可报送，报送的为上一期计量的相关质量保证资料，分项（子分项）工程已完工的，其文件存入建设单位或第三方服务机构临时档案室；未完工者，经审核后返回给施工单位临时存档，待其分项（子项）工程完成后再次报送给建设单位或第三方服务机构。

2. 单位、分部、分项工程的划分

根据建设任务、施工管理和质量检验评定的需要，应在工程施工准备阶段根据《公路工程质量检验评定标准》（JTG F80/1—2004）附录A（单位、分部、分项工程的划分）（表8-1、表8-2）的规定，结合工程特点，对建设项目按单位工程、分部工程和分项工程逐级进行划分，直至详细列出所有的每一个分项工程的编号、名称或内容、桩号或部位，整个工程项目中工程实体与划分的项目相对应，单位、分部和分项的数量、位置都一目了然，为竣工文件的编制做好准备工作。建设单位、监理单位、施工单位应按相同的项目划分，划分体系应保持一致。此工程划分方案作为建设单位、施工单位、监理单位、质监部门进行工程质量评分的依据。工程划分应根据实际的工程情况，增加项目，编号接已有的分项工程编号。

一般建设项目的工程划分　　表8-1

单位工程	分部工程	分项工程
路基工程（每标段）	路基土石方工程（1～3km路段）	土方路基，石方路基，软土地基，土工合成材料处置层等
	排水工程（1～3km路段）	管节预制，管道基础及管节安装，检查（雨水）井砌筑，土沟，浆砌排水沟，盲沟，跌水，急流槽，水簸箕，排水泵站等
	小桥及符合小桥标准的通道，人行天桥，渡槽	基础及下部构造，上部构造预制、安装或浇筑，桥面，栏杆，人行道等

续上表

单位工程	分部工程	分项工程
路基工程(每标段)	涵洞、通道	基础及下部构造,主要构件预制、安装或浇筑,填土,总体等
	砌筑防护工程(1～3km路段)	挡土墙,墙背填土,抗滑桩,锚喷防护,锥、护坡,导流工程,石笼防护等
	大型挡土墙,组合式挡土墙	基础,墙身,墙背填土,构件预制,构件安装,筋带,锚杆、拉杆,总体等
路面工程(每标段)	路面工程	底基层,基层,面层,垫层,联结层,路缘石,人行道,路肩,路面边缘排水系统等
桥梁工程(特大、大、中桥)(每座)	基础及下部构造	扩大基础,桩基,地下连续墙,承台,沉井,桩的制作,钢筋加工及安装,墩台身(砌体)浇筑,墩台身安装,墩台帽,组合桥台,台背填土,支座垫石和挡块等
	上部构造预制和安装	主要构件预制,其他构件预制,钢筋加工及安装,预应力筋的加工和张拉,梁板安装,悬臂拼装,顶推施工梁,拱圈节段预制,拱的安装,转体施工拱,劲性骨架拱肋安装,钢管拱肋制作,钢管拱肋安装,吊杆制作和安装,钢梁制作,钢梁安装,钢梁防护等
桥梁工程(特大、大、中桥)(每座)	上部构造现场浇筑	钢筋加工及安装,预应力筋的加工和张拉,主要构件浇筑,其他构件浇筑,悬臂浇筑,劲性骨架混凝土拱,钢管混凝土拱等
	总体、桥面系和附属工程	桥梁总体,桥面防水层施工,桥面铺装,钢桥面铺装,支座安装,搭板,伸缩缝安装,大型伸缩缝安装,栏杆安装,混凝土护栏,人行道铺设,灯柱安装等
	防护工程	护坡,护岸,导流工程,石笼防护,砌石工程等
	引道工程	路基,路面,挡土墙,小桥,涵洞,护栏等
互通立交工程	桥梁工程	桥梁总体,基础及下部构造,上部构造预制、安装或浇筑,支座安装,支座垫石,桥面铺装,护栏,人行道等
	主线路基路面工程	见“路基、路面等分项工程”
	匝道工程	路基,路面,通道,护坡,挡土墙,护栏等
隧道工程	总体	隧道总体等
	明洞	明洞浇筑,明洞防水层,明洞回填等
	洞口工程	洞口开挖,洞口边仰坡防护,洞门和翼墙的浇(砌)筑,截水沟、洞口排水沟等
	洞身开挖	洞身开挖(分段)等
	洞身衬砌	(钢纤维)喷射混凝土支护,锚杆支护,钢筋网支护,仰拱,混凝土衬砌,钢支撑,衬砌钢筋等
	防排水	防水层、止水带、排水沟等
	隧道路面	基层,面层等
	装饰	装饰工程
	辅助施工措施	超前锚杆、超前钢管等
环保工程	声屏障	声屏障
	绿化工程	中央分隔带绿化,路侧绿化,互通立交绿化,服务区绿化,取弃土场绿化等
交通安全设施(每标段)	标志	标志
	标线、突起路标	标线,突起路标等
	护栏、轮廓标	波形梁护栏,缆索护栏,混凝土护栏,轮廓标等

续上表

单位工程	分部工程	分项工程
交通安全设施(每标段)	防眩设施	防眩板、网等
	隔离栅、防落网	隔离栅、防落网等
机电工程(每标段)	监控设施	车辆检测器，气象检测器，闭路电视监视系统，可变标志，光电缆线路，监控(分)中心设备安装及软件调测，大屏幕投影系统，地图板，计算机监控软件与网络等
	通信设施	通信管道与光电缆线路，光纤数字传输系统，数字程控交换系统，紧急电话系统，无线移动通信系统，通信电源等
	收费设施	入口车道设备，出口车道设备，收费站设备及软件，收费中心设备及软件，IC卡及发卡编码系统，闭路电视监视系统，内部有线对讲及紧急报警系统，收费站内光，电缆及塑料管道，收费系统计算机网络等
	低压配电设施	中心(站)内低压配电设备，外场设备电力电缆线路等
	照明设施	照明设施
	隧道机电设施	车辆检测器，气象检测器，闭路电视监视系统，紧急电话系统，环境检测设备，报警与诱导设施，可变标志，通风设施，照明设施，消防设施，本地控制器，隧道监控中心计算机控制系统，隧道监控中心计算机网络，低压供配电等
房屋建筑工程	(按其专业工程质量检验评定标准评定)	

特大斜拉桥和悬索桥为主体建设项目的工程划分　　表8-2

单位工程	分部工程	分项工程
塔及辅助、过渡墩(每座)	塔基础	钢筋加工及安装，扩大基础，桩基，地下连续墙，沉井等
	塔承台	钢筋加工及安装，双壁钢围堰，封底，承台浇筑等
	索塔	索塔
	辅助墩	钢筋加工，基础，墩台身浇(砌)筑，墩台身安装，墩台帽，盖梁等
	过渡墩	
锚碇	锚碇基础	钢筋加工及安装，扩大基础，桩基，地下连续墙，沉井，大体积混凝土构件等
	锚体	锚固体系制作，锚固体系安装，锚碇块体，预应力锚索的张拉与压浆等
上部结构制作与防护(钢结构)	斜拉索	斜拉索制作与防护
	主缆(索股)	索股和锚头的制作与防护
	索鞍	主索鞍和散索鞍制作与防护
	索夹	索夹制作与防护
	吊索	吊索和锚头制作与防护等
	加劲梁	加劲梁段制作，加劲梁防护等
上部结构浇筑与安装	悬浇	梁段浇筑
	安装	加劲梁安装，索鞍安装，主缆架设，索夹和吊索安装等
	工地防护	工地防护
	桥面系及附属工程	桥面防水层的施工，桥面铺装，钢桥面板上防水黏结层的洒布，钢桥面板上沥青混凝土铺装，支座安装，抗风支座安装，伸缩缝安装，人行道铺设，栏杆安装，防撞护栏等
	桥梁总体	桥梁总体

续上表

单位工程	分部工程	分项工程
引桥		(参见表8-1"桥梁工程")
引道		(参见表8-1"路基工程"和"路面工程")
互通立交工程		(参见表8-1"互通立交工程")
交通安全设施		(参见表8-1"交通安全设施")

3.表格种类

表格分类具体见表8-3,各单位根据各自要求选择使用。在施工过程中,由于施工工艺、新材料、规范的更新或管理需要可根据具体情况进行修改或增加,但表格修改和增加需报送建设单位或第三方服务机构审核,并统一用于本项目。

表格种类 表8-3

序号	表类名称	用纸规格	序号	表类名称	用纸规格
1	施工监理用表	A4	8	竣工验收质量评分表	A4
2	计量支付用表	A4	9	工程监理月报	A4
3	质量检验用表	A4	10	附属房建用表	A4
4	监理质量抽检用表	A4	11	竣工工程汇总表	A3
5	测量与试验用表	A4	12	竣工决算用表	A3
6	监理测试抽验用表	A4	13	责任备查用表	A4
7	交工验收质量评定表	A4	14	工程质量评定表格	A4

填表时要求字迹清晰、工整,宜用楷书(或类似楷书),不允许随意涂改;签署意见时可以用行书,但严禁用草书;签名则宜用草书,但不宜狂草。严禁使红色墨水、纯蓝色墨水、圆珠笔、铅笔填表、签署意见与签名,应使用不易褪色的蓝黑墨水、黑墨水书写。填表可以打印,但签名严禁打印。复件不允许用复写纸复写。

4.文件资料编制要求

1)总体要求

文件材料编制工作总的要求是在保证文件材料的内在质量的基础上,注重提高外在品质,对于施工过程中的资料要求及时收集,及时分析,及时报送,以便指导管理和施工。所谓内在质量是指文件材料的内容要原始、准确、真实、完整、规范;外在品质则是指及时和美观。

2)具体质量要求

文件材料必须书写工整,字迹、线条清晰耐久,均采用A3、A4两种尺寸,所有的签名都应该是本人签名或授权代签名,代签名必须是签代理人本人的名字,不允许代替别人签名;表格中的意见、结论填写用语必须严谨规范,描述准确,不能用模棱两可的"基本合格"等词汇,应提供一套完整的原件,个别的特殊情况可用复印件,尽可能减少使用复印件。

文件材料编制的具体质量要求包括书写、纸张规格、版本、笔迹、表格填写等方面。

3)竣工图编制要求

(1)竣工图应能完整、准确、清晰、规范,全面、真实地反映路线、路基、路面、桥梁、隧道等工程完工后的真实面貌和特征。

(2)为确保竣工图编制的质量和验收时间的要求，竣工图编制的时间与工程进度同步进行，以保证竣工图的准确性、及时性。一般来说，完工3个月内完成竣工图的编制。

(3)绘制竣工图应符合《道路工程制图标准》(GB 50162—1992)。

(4)竣工图应将设计通用标准图中不需要的部分去掉，例如：斜交盖板钢筋尺寸数量通用图中可能有0°、5°、10°、15°等不同角度的尺寸，那么具体某个盖板涵时采用相关要求。

(5)常用符号以交通运输部《公路工程基本建设项目设计文件编制办法》(2007)为基准，参考《道路工程制图标准》(GB 50162—1992)规定。

(6)竣工图图框一律使用附件中的标准图框。

(7)签名严禁打印，必须手工草签(即本人且能辨认的手写体)。

(8)竣工图号由分类代号、承包合同号、合同段同一类工程按里程的顺序号、流水号组成。

(9)图纸由多人绘制时，各个绘图员应相互沟通，并采用同一种字库，避免因字体相同字库不同，而造成字体上的差异。

(10)竣工图由施工单位负责编制。编制完成的竣工图应由编制单位逐张加盖竣工图章并签署，经监理审核签字认可；如项目法人指定由设计单位编制或施工单位委托设计单位编制的，应明确施工单位和监理单位的审核及签字认可责任。

(11)一般性变更及符合要求的，可在原施工图上修改，要注明修改依据，并加盖竣工图章作为竣工图；凡结构、工艺、平面布置等重大变更及图面变更面积超过10%的，须重新绘制竣工图；重新绘制竣工图的图签如能全面反映施工和监理单位签署情况的，可不另加盖竣工图章。重绘竣工图纸在原施工图号前加“竣”字。

(12) 同一构筑物、建筑物重复使用的标准图、通用图可不编入竣工图中，但应在图纸目录中列出图号，指明该图所在位置并在编制说明中注明；不同构筑物、建筑物应分别编制。

(13)出图时，采用激光打印机时，应保证打印质量，禁止出现字体模糊不清、不饱满，脱墨等现象。房建工程等有条件的单位可采用蓝图。

(14)报送电子版一份，且刻录成光盘，电子文档的文件名应进行编号，与打印件的排列顺序保持一致。

第三节　施工项目文件材料的收集与整理

1. 文件材料的收集提供

在施工阶段形成的与施工单位有关的文件材料，由各施工单位负责其全部文件的收集；若有分包商，则先由分包商收集，然后由施工单位进行汇总，并负责对分包单位的文件材料进行审核把关。

公路工程文件材料必须按文件材料形成的先后顺序或公路工程建设项目完成进展情况，及时收集。

2. 文件材料整理的基本要求

公路工程施工阶段形成的施工文件材料由施工单位负责临时组卷。

(1)原材料质量保证文件、配合比设计文件属单位(分部、分项)工程专用的，按单位(分部、分项)工程，分别集中整理组卷。除此之外，可以合同段为单位分别集中整理组卷。

(2)施工原始文件,包括就工序施工质量控制问题印发的整改指令性文件及相关整改报告等,如开工报告、施工组织设计、施工计划、施工日志及中间验收等,均应按照分项(分部、单位)工程,结合施工工序,归入相应部分分别整理组卷。

(3)竣工图按照专业、图号分别整理组卷。

档案的整理步骤为:分类→组卷→卷内文件排列→案卷编目→案卷装订→案卷装盒→案卷排列→编制分类目录。

3.临时档案室及竣工文件临时归档要求

(1)每个单位必须设置单独的档案室,并且面积不少于 $20m^2$。

(2)档案室必须配置"九防"(防盗、防火、防高温、防潮、防强光、防尘、防虫、防鼠、防有害物质)等必要设施,保持清洁、通风和干燥。

(3)一个项目部的档案架应采用统一的型号或规格,并排放整齐。

(4)档案室资料必须分类摆放,并在档案架有明显的分类标签。

(5)应根据质检台账,预估资料数量,配置足够的档案盒,并在档案盒背脊上注明施工单位合同编号、台账编码、所属单位(分部)工程名称、资料题名等内容。

(6)各施工原始记录按照工程质量评定、开工报告、测量放样、工序施工记录、成品质检的顺序排列。

(7)档案室应有专人管理。

(8)档案进出应仔细清点和登记,案卷调用后应准确无误地放回原处。

4.文件资料的鉴别

为确保归档文件材料的质量,在整理时,首先要做好文件材料的鉴别工作。鉴别的内容包括:文件材料属性的鉴别、质量鉴别、密级及保管期限鉴别。

(1)文件资料属性鉴别

文件材料属性鉴别,就是判定文件材料的性质和归属,公路工程文件材料属于科技文件材料,把科技文件材料、科技资料、日常行政文件区别开来,以便把应当归档的科技文件材料立卷归档。

(2)文件资料的质量鉴别

原始性鉴别、完整性鉴别、准确性鉴别、真实性鉴别、规范性鉴别。

(3)文件材料密级和保管期限鉴别

①密级的鉴别

建设项目文件材料的密级划分为三级,即绝密、机密和秘密。根据文件材料的内容、性质和作用,要确定不同的密级,将不同密级的文件材料分别组卷,以便保管和利用。

②保管期限的鉴别

根据有关规定和标准,鉴别文件材料的保存价值,从而确定文件材料的保管期限。保管期限划分为永久、30年和10年三种。

第四节 施工项目文件资料的组卷与移交

1.文件材料组卷要求

案卷(册或分册或本)组成及其排列顺序是:案卷封面→副页→卷内文件目录→文件材料→

备考表→封底。

(1)案卷封面

①同一公路建设项目的案卷封面颜色应尽量统一。

②案卷封面的内容组成及填写。

③案卷封面要求打印。

(2)副页

副页不编页号，放在案卷内文件目录之前，副页要求打印，字号、字体前后要统一。

(3)卷内目录

①序号，按照文件排列顺序，用阿拉伯数字从1起依次标注。

②文件编号，填写文件材料的原始编号或图号。

③责任者，填写文件材料的形成单位或主要形成单位。属原材料报验和工序报验文件，责任者应填写施工单位和监理单位。

④文件题名，填写卷内文件材料标题的全称，没有标题或标题不能说明文件材料内容的，应自拟标题，并加“[ ]”。案卷内每份独立成件及单独办理报验和批准手续形成的文件材料，均应逐件填写文件标题。

⑤日期，填写文件材料形成最终日期。

⑥页次，填写每份文件材料首页上标注的页号，最后一份文件标注起止页号；属已装订成册的文件材料，在卷内文件目录页次栏中填写册数，并在备注栏中注明累计总页数。

⑦备注，填写需注明的情况。

⑧卷内目录需纸质目录及电子目录各一份。

⑨卷内目录不编页号，放在案卷内文件材料之前，卷内目录要求打印，字号、字体前后要统一。

(4)文件内容

文件材料放在卷内目录之后，每册(或分册)内容见《范本》第四章。要求编写页号，从文件内容的第一页开始，在右下角编写页号，双面书写的文件内容，正面在右下角、背面在左下角编写页号。

(5)备考表

①卷内备考表要标明案卷内文件材料的件数、页数以及在组卷和案卷使用过程中需要说明的问题，如说明复印件归档原因和原件存放地；立卷人指案卷组卷人员，检查人应为部门或项目技术负责人及监理。页数要求填写卷内每件页数相加之总和。

②备考表排列在卷内文件材料尾页之后。

2.文件材料装订要求

(1)文件材料采用三孔一线方法装订。装订前，应去除塑胶、塑封、塑膜、胶圈等易老化腐蚀纸张的封面或装订材料。

(2)用档案专用线装订，装订时靠装订边和下边对齐，也就是左边和下边对齐。

(3)案卷整理装订完毕后，尽量采用一卷一盒，盒脊背的档号、案卷题名与所装案卷的档号和案卷题名相一致。

(4)软卷皮、卷盒、卷内表格规格及其制成材料的质量要求应符合相关规定。

(5)不装订的图纸及成册文件材料,每份需加盖档号章。档号章内容包括该份文件材料所在案卷的档号和本案卷中所在页次。

3. 档号的编写

(1)每一案卷均要求编写档号,由于存在不同的接收单位,所以每册(或分册、本)要求编写一个档号,用铅笔(B 型)书写。亦可由项目建设单位根据档案部门的要求统一填写。

(2)档号由档案分类号和案卷顺序号组成,档案分类方法是以单项工程为单位,按照《交通部科学技术档案分类编号办法》([87]交办字 315 号文件)中所确定的公路工程类别进行分类,高速公路工程的特点用字母或数字的形式表示该案卷所代表的工程类别、项目名及合同段、部、册、分册。

(3)档号的标注方法为:

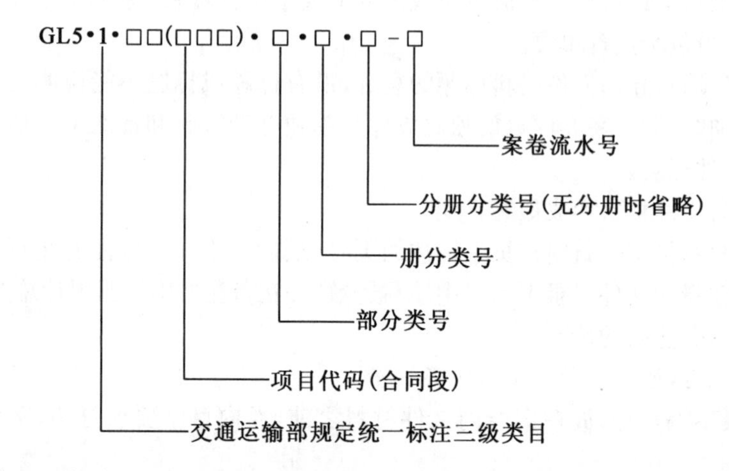

高速公路竣工文件大类为公路(GL),属类为公路工程(5),小类为道路(圆点后 1)。项目名称取两个大写的汉语拼音代号,合同段取合同代号,部、册、分册用阿拉伯数字,案卷流水号从"1"开始编写。档号如下:

①按合同段归卷时为:GL5·1·"项目(合同段)"·部·册·分册-流水号。

②不按合同段归卷时为:GL5·1·"项目"·部·册·分册-流水号。

③为避免档号过长,不考虑分册时为:GL5·1·"项目(合同段)"·部·册-流水号。

(4)举例说明

①长沙高速公路第一部第二册第一本(案卷),档号为:GL5·1·CS·1·2-1。

②京珠高速公路 07 合同段第四部第二册第四分册第一本(案卷),档号为:GL5·1·JZ(07)·4·2·4-1。

4. 档案盒规格及填写要求

(1)档案盒规格

档案盒外表尺寸按规定编制。

(2)装盒

应选择合适规格的档案盒,尽量采用一卷一盒,必要时每盒可装多本(案卷)。

(3)档案盒封面填写

①档号；②档案馆号；③立卷单位；④起止日期；⑤保管期限；⑥密级；⑦脊背上档号可分几行写，宜上为分类号，下为案卷顺序号（流水号）。其案卷题名应先打印，然后粘贴上去。

5. 工程档案排列及分类目录

（1）工程档案的排列

工程档案的排列，应以一个工程项目的全部档案为单位，按照分类方案的顺序，对不同的类分别进行排列。施工单位以合同段为单元，再按照路基、路面、桥梁互通、隧道、环保绿化、交通安全设施、机电、房建等设施的顺序分别进行排列。排列方法应统一，前后保持一致，不得任意改动。

（2）工程档案分类目录编制

工程档案分类目录，是用以揭示工程档案内容，提供工程档案存放线索，以利查找工程档案的工具。工程档案分类目录编制好后，应将其装订成册（一般为一式三份）。装订时，要根据分类的实际情况和目录页数来装订，可以一个类装订成一本，也可以相邻几个类装订成一本。为便于管理，每本分类目录应编制顺序号。

6. 特殊载体档案内容

特殊载体档案内容主要有声像档案、电子档案、实物档案等。

7. 档案的验收和移交

（1）各单位在交工验收前完成一套原件竣工文件档案，由建设单位、监理单位等有关单位对竣工文件进行初验，初验合格后，才能申请交工验收。

（2）交工验收合格后一个月内按规定上交的套数，填写档案归档移交单，向建设单位或第三方服务机构移交。

（3）在工程竣工验收前，建设单位或第三方服务机构进行竣工档案单项验收，包括初验。

（4）工程竣工档案验收完后，三个月内，建设单位或第三方服务机构将分类目录和竣工档案移交给管养单位。

【案例】 某高速公路的路基工程的第 6 标段，其中 K12＋300～K15＋200 为路基土石方工程，现对此段路基土方工程资料进行收集、归档和移交。

具体步骤如下：

1. 工程资料的收集和整理

根据《公路工程质量检验评定标准》(JTG F80/1—2004)标准附录 A，将建设项目划分为单位工程、分部工程和分项工程的要求，其中 1～3km 的路基土石方工程为分部工程，土方工程、石方工程为分项工程。土方收集的资料如表 8-4 所示。

2. 竣工图表的编制

通过计算机按要求绘制竣工图草图→施工单位自检→监理审核→建设单位审核→形成竣工图表。

3. 案卷的组成及装订

案卷的组成及其排列顺序是：案卷封面→副页→卷内目录→文件材料→备考表→封底。

案卷封面内容及格式（如案卷题名、起止桩号、编制单位、编制日期、档号）按相关要求编制，案卷封面要求打印。

副页的组成内容及填写（如项目法人、项目法人代表机构、设计单位、监理单位、施工单位、竣工文件编制人员等)按相关要求编制,副页不编页号,放在案卷内文件目录之前,副页要求打印,字号、字体前后要统一。

土方收集资料　　表 8-4

序　号	表　名	备　注
一	工程分项开工报告	
1	分项工程开工申请批复单	
2	施工放样报验单	
3	进场设备/构配件报验单	
4	施工组织设计	
二	检验表	
1	检验申请批复单	
2	表土清除现场质量检验报告单	
3	路基分层填筑工序检验单	每层检验
4	压实度试验记录表	
5	土方路基现场质量检验报告单	路床顶检验
6	路床现场质量检验报告单	上路床完成检验
三	施工表	
1	填土路堤施工原始记录	每层检验
2	冲击碾压施工记录	
3	路基填筑松铺厚度检查记录	96 区完成填写
4	路基填筑期间宽度及中心线检查记录	96 区完成填写
5	挖方路基(路床处理)施工记录	挖土方用此表
6	水准测量记录表	每层
7	清理前后高程测量记录	
8	路基、路面标高、横坡检测记录表	96 区完成填写
9	路基(路面结构层)宽度、横坡检验记录表	96 区完成填写
10	路线桩位检测验收记录表	96 区完成填写
11	路基、路面平整度检测记录表	96 区完成填写
四	交工资料	
1	中间交工证书	按 93、94、96 区完成分别填写
2	分项工程质量检验评定表	
3	分项工程实测值或实测值偏差值统计表	

卷内目录的内容及填写(如序号、文件编号、责任者、文件题名、日期、页次、备注等)按相关要求编制。卷内目录要求打印,不用编页号,放在案卷内文件资料之前,字号、字体前后要统一。

文件资料放在卷内目录之后。

备考表排列在卷内文件资料尾页之后。

案卷的装订：分两种卷面规格装订，即 A4、A3 规格，按相关要求的尺寸用档案专用线装订，文件资料一律不得裁剪切，纸张幅面过小无法装订的应粘贴在 A4 的幅面的空白纸上。不装订的图纸及成册文件资料（设计单位提供的成套图纸、监理日记等）可不拆装，但需加盖档号章。案卷整理装订完毕后，需装盒保存。

4. 档案的移交

在项目通过竣工验收后三个月内，建设单位向管养单位及其他有关单位办理档案移交手续。

参 考 文 献

[1] 李新梅.公路施工项目管理[M].北京:人民交通出版社,2008.

[2] 陈明宪,李冠平.公路建设专家手册[M].北京:人民交通出版社,2010.

[3] 全国一级建造师执业资格考试用书编写委员会.建设工程项目管理[M].第4版.北京:中国建筑工业出版社,2015.

[4] 成虎,陈群.工程项目管理[M].北京:中国建筑工业出版社,2009.

[5] 陈华卫.公路工程施工组织设计[M].第2版.北京:人民交通出版社,2011.

[6] 曹吉鸣,林知炎.工程施工组织与管理 [M].上海:同济大学出版社,2011.

[7] 中华人民共和国交通运输部.公路工程标准施工招标文件(2009年版)[M].北京:人民交通出版社,2009.

[8] 交通运输部工程质量监督局.公路水运工程施工安全标准化指南[M].北京:人民交通出版社,2013.

[9] 江苏省交通工程建设局.江苏省高速公路建设现场安全管理标准化技术指南[M].北京:人民交通出版社,2012.

[10] 中华人民共和国行业标准.JTG F80/1—2004 公路工程质量检验评定标准[S].北京:人民交通出版社,2004.

[11] 中华人民共和国行业标准.JTG F71—2006 公路交通安全设施施工技术规范[S].北京:人民交通出版社,2006.

[12] 浙江省交通厅工程质量监督站.公路工程施工环境保护监理[M].北京:人民交通出版社,2006.

[13] 公路工程竣(交)工验收办法实施细则.交公路发〔2010〕65号.

[14] 公路建设项目文件材料立卷归档管理办法.交办发〔2010〕382号.

[15] 交通运输部工程质量监督局.公路工程工地试验室标准化指南[M].北京:人民交通出版社,2013.